MANUEL

DE

LÉGISLATION FORESTIÈRE

NANCY. — IMPRIMERIE BERGER-LEVRAULT ET C.

MANUEL

DE

LÉGISLATION

FORESTIÈRE

PAR

A. PUTON

Professeur de Droit à l'École forestière, ancien élève de cette École
Avocat à la Cour de Nancy

PARIS

LIBRAIRIE CENTRALE D'AGRICULTURE ET DE JARDINAGE

Rue des Écoles, 62, près le musée de Cluny

Auguste GOIN, Éditeur

1876

AVERTISSEMENT

Ce livre continue une série de *Manuels* sur la *Sylviculture*, la *Botanique* et l'*Arpentage* publiés par les professeurs de l'École forestière de Nancy et destinés à l'enseignement des écoles secondaires organisées par M. le Directeur général des forêts dans nos principaux centres forestiers.

Il ne pouvait, dès lors, contenir ni discussion de doctrine, ni analyse d'arrêts, ni opinions d'auteurs, et devait se limiter à l'exposé concis d'une législation aujourd'hui bien assise par la jurisprudence et éclairée par les impartiales études de M. Meaume, notre savant prédécesseur à la chaire de Droit de l'École forestière.

Tout en suivant le programme de l'arrêté ministériel du 8 avril 1870, nous nous sommes efforcé d'en élargir le cadre en opposant toujours le droit général au droit spécial et les droits des propriétaires particuliers à la situation faite à l'administration : on ne comprend bien l'exception que par la règle générale ; les particuliers sont à chaque instant en contact avec les services administratifs ; il n'y a enfin de bonne gestion que celle qui s'inspire constamment des droits du public.

Nous avons pensé ainsi dissiper peut-être bien des préventions et intéresser les communes et les propriétaires de bois aux efforts d'une administration qui ne peut assurer que par une législation spéciale la conservation d'une de nos richesses nationales les plus importantes.

A. PUTON.

MANUEL

DE

LÉGISLATION FORESTIÈRE

PREMIÈRE PARTIE

GÉNÉRALITÉS

CHAPITRE Iᵉʳ. — ORGANISATION DE L'AUTORITÉ JUDICIAIRE.

1. Principes généraux. — Notre organisation judiciaire, qui remonte à 1808, est fondée sur diverses considérations :

D'abord, la justice répressive doit être rendue par les mêmes magistrats que la justice civile, dans le but de rehausser l'éclat de la première de toute la considération qui s'attache à la connaissance des contestations sur les intérêts privés. Ainsi furent supprimés les tribunaux exclusivement criminels.

Ensuite, les circonscriptions judiciaires doivent être calculées de façon à rapprocher le justiciable de la justice. De là, des tribunaux dans chaque canton, dans chaque arrondissement et des tribunaux supérieurs, appelés cours d'appel, dans 26 grandes divisions territoriales embrassant plusieurs départements.

Enfin, les tribunaux inférieurs doivent juger les litiges civils et les faits punissables en réservant au public le droit de se pourvoir en appel près des tribunaux supérieurs, droit considéré comme la garantie essentielle d'une équitable justice.

Relativement à la juridiction répressive, les infractions à la loi pénale sont divisées en :

Contraventions, punies de peines de simple police, c'est-à-dire d'amende de 15 francs et au-dessous ou d'un emprisonnement qui n'est pas supérieur à 5 jours (I. cr. 137);

Délits, punis de peines correctionnelles, c'est-à-dire d'amende supérieure à 15 francs et d'emprisonnement de plus de 5 jours (I. cr. 179);

Crimes, punis de peines afflictives et infamantes (C. pén. 7).

Relativement à la juridiction civile, les litiges sont divisés suivant l'importance pécuniaire des demandes formulées par les plaideurs ou suivant des cas particuliers spécialement indiqués dans nos lois de procédure.

C'est d'après ces bases générales d'organisation que les *tribunaux de canton* composés d'un magistrat unique, le juge de paix, jugent les *contraventions* de police : sans appel, quand aucun emprisonnement n'est prononcé et quand l'amende et les condamnations civiles autres que les frais ne dépassent pas 5 francs, à charge d'appel dans tous les autres cas. (On a rétabli l'homogénéité dans notre organisation judiciaire en supprimant, le 27 janvier 1873, la juridiction des maires comme juges de police dans leur commune.) Ces tribunaux jugent également les affaires civiles minimes, tantôt souverainement, tantôt à charge d'appel dans des cas spéciaux dont différentes lois, et notamment celles des 25 mai 1838, 20 mai 1854 et 2 mai 1855, contiennent l'énumération. Ils ont dans leurs attributions toutes les affaires possessoires (Pr. civ. 3). Ils statuent sur les demandes en conciliation, préliminaire indispensable des procès civils plus importants (Pr. civ. 48). Le tribunal du juge de paix a la juridiction ordinaire en matière répressive, spéciale et exceptionnelle en matière civile. L'appel, au civil comme au criminel, se porte devant le tribunal d'arrondissement.

Composés d'au moins deux juges et d'un président, les *tribunaux d'arrondissement* statuent sur les délits; mais ils ne les jugent jamais qu'à charge d'appel, qui se porte à la cour d'appel. Ils jugent également les contestations civiles : sans appel, pour les affaires concernant une demande mobilière inférieure à 1,500 francs ou un immeuble dont le revenu constaté par bail est supérieur à 60 francs, à charge d'appel pour toutes les autres affaires (Loi 11 avril 1838). Ils ont la juridiction ordinaire en matière répressive comme en matière civile.

Les *cours d'appel* statuent sur les délits qui sont portés à leur connaissance par voie d'appel des jugements rendus en cette matière par les tribunaux d'arrondissement (chambre correctionnelle composée d'au moins cinq conseillers et d'un président). Mais par une dérogation à la règle générale formulée en 1808, les cours ne jugent point les crimes. Ces graves infractions à la loi pénale sont jugées souverainement, dans chaque département, par les *cours d'assises*, tribunaux composés de juges qui appliquent la loi pénale et de jurés qui statuent sur la question de culpabilité. Les cours d'appel ne participent au jugement des crimes qu'en fournissant aux cours d'assises des magistrats chargés de présider ou de composer les juges de la cour d'assises et en statuant dans une section particulière (chambre des mises en accusation) sur la qualification du fait, c'est-à-dire sur la question de savoir si un prévenu doit être traduit comme accusé de crime devant la cour d'assises.

En matière civile, la cour d'appel statue sur toutes les contestations privées qui ont été jugées au premier degré par les tribunaux d'arrondissement et dont la réformation du jugement est demandée par les parties (chambre civile composée d'au moins sept conseillers et d'un président). Là s'arrête la possibilité du recours à un tribunal supérieur; car nous n'avons jamais que deux degrés de juridiction et la *Cour de cassation* n'examine les affaires civiles ou criminelles qui lui sont déférées qu'au point de vue de la violation de la loi : elle ne statue pas dans l'intérêt des parties et ne peut jamais substituer sa décision à celle d'un tribunal ou d'une cour.

Une autre règle d'organisation doit également être signalée : chaque fois qu'un fait punissable, contravention, délit ou crime, a causé un préjudice à une personne, celle-ci peut, à son choix, demander la réparation pécuniaire de ce préjudice devant les tribunaux civils ou devant les tribunaux criminels (I. cr. 3). On a voulu faciliter la découverte des faits punissables en favorisant par ce choix de juridiction l'action civile de la personne lésée. Mais quand celle-ci a choisi une fois un tribunal, elle ne peut l'abandonner pour demander justice à l'autre. Si elle a choisi le tribunal civil, celui-ci doit suspendre son jugement pendant tout le temps que dure le procès pénal : *Le criminel tient le civil en estat*, disait-on déjà dans nos anciens parlements.

D'autres principes président enfin à l'organisation de notre autorité judiciaire au point de vue de ses rapports avec les autres branches de l'autorité publique.

Ainsi, pour assurer la séparation des pouvoirs, les tribunaux ne peuvent statuer que sur le litige qui leur est soumis et jamais par voie de disposition générale ou réglementaire (C. civ. 5).

Pour assurer l'indépendance de l'administration, les fonctions de magistrat sont incompatibles avec toutes les fonctions administratives (Loi 24 vendém. an III) et les juges ne peuvent statuer sur une affaire qui leur est soumise quand l'administration en a réclamé la solution pour les corps administratifs. Cette réclamation ne sera pas tranchée, toutefois, par l'administration, mais par un tribunal supérieur et spécial séant à Paris et appelé *tribunal des conflits* (C. pén. 127 et 128).

Pour la garantie des justiciables, les juges sont, en général, inamovibles et ne peuvent jamais refuser de statuer sous prétexte d'obscurité ou d'insuffisance dans la loi (C. civ. 4).

Enfin, les juges sont irresponsables des erreurs ou des torts qu'ils commettent par leurs décisions.

La dignité de la justice serait gravement atteinte par des recours en responsabilité, et ce n'est que dans des cas très-exceptionnels dans la loi et très-rares, à l'honneur de notre magistrature, que les juges peuvent être pris à partie (Pr. civ. 505).

2. Ministère public. — Dans presque tous les tribunaux on trouve le ministère public, dont l'établissement remonte au moyen âge et que Montesquieu a pu appeler la plus belle institution des temps modernes.

Il fait partie intégrante du tribunal, mais ne participe pas au jugement. Les officiers du ministère public ou du parquet sont amovibles et sont placés sous l'autorité du procureur général de la cour d'appel. Celui-ci a sous ses ordres : 1° près de la cour, des avocats généraux et des substituts chargés de prendre la parole devant les différentes chambres et devant la cour d'assises; 2° près des tribunaux d'arrondissement, des procureurs et des substituts de la République.

Devant les tribunaux de simple police, les fonctions de ministère public sont remplies par le commissaire de police ou, à son défaut, par le maire ou l'adjoint du chef-lieu de canton, ou enfin par le maire ou un conseiller municipal d'une commune voisine désignés pour une année entière par le procureur général (Loi 27 janv. 1873).

Il n'existe pas de ministère public devant le tribunal du juge de paix statuant au civil.

Les fonctions du ministère public sont différentes selon les juridictions :

1° Dans les affaires répressives, l'officier du ministère public poursuit et requiert l'application de la peine; il est partie principale par opposition aux parties civiles, qui ne demandent au tribunal que la réparation du préjudice causé à leurs intérêts privés. Il laisse donc ces intérêts privés s'agiter en dehors de lui et ne s'occupe que de la punition du prévenu, qu'il poursuit au nom de la vindicte publique(¹). Il jouit du droit d'appel pendant dix jours, comme toutes les parties en cause dans le procès, et son chef, le procureur général, a, de son côté, le droit d'appeler pendant un délai qui peut aller jusque deux mois (I. cr. 205). Par exception à ces principes, le ministère public en simple police n'a pas le droit d'appel pour les contraventions, infractions dont le peu de gravité ne rend pas nécessaire son recours à une juridiction supérieure (I. cr. 172, 177).

Les agents forestiers exercent près des tribu-

(¹) Par exception, et à cause du système particulier des dommages-intérêts employé par le Code forestier, le ministère public a qualité pour demander la condamnation aux réparations civiles au profit des propriétaires de forêts contre les délinquants prévenus de délits forestiers.

naux correctionnels et pour la poursuite des délits forestiers, des fonctions analogues à celles du ministère public, puisqu'ils ont qualité pour demander au tribunal l'application de l'amende, de l'emprisonnement et de toutes les peines édictées par le Code forestier, sans préjudice des restitutions, dommages-intérêts et autres réparations civiles au profit des propriétaires, État, communes et établissements publics dont ils administrent les forêts. Ce droit, qui n'appartient pas aux particuliers, ne saurait toutefois aller jusqu'à les faire considérer comme magistrats ni à leur faire réclamer le droit d'être jugés par la cour pour les délits qu'ils peuvent eux-mêmes commettre (n° 74), ni enfin jusqu'à empêcher le tribunal de condamner leur administration aux frais lorsqu'ils succombent dans un procès où ils ont été, à la fois, partie publique et partie civile (Décr. du 18 juin 1811, art. 158).

Pour donner une idée plus complète des attributions du ministère public dans les affaires criminelles, il faut remarquer que s'il a *la poursuite* tendant à l'application de la peine, l'action publique, selon le langage du droit, il n'a pas, en général, et sauf le cas de flagrant délit, le droit de *constatation*. Celle-ci est séparée de la poursuite dans le but de rendre cette dernière plus impartiale et plus indépendante. Soumise à certaines formalités qui sont des garanties organisées en faveur des prévenus, la constatation est faite par des auxiliaires de l'autorité judiciaire connus sous le nom d'*officiers de police judiciaire* et qui ne doivent pas être confondus avec la police administrative (nº 74).

2º Dans les affaires civiles, le ministère public a pour fonctions d'éclairer de son avis les magistrats du tribunal. Toutefois, si sa présence est indispensable, il n'est nullement tenu d'y prendre la parole. Les intérêts purement privés peuvent se débattre en dehors de lui; mais dans un but de protection sagement entendu, les dossiers des affaires qui intéressent l'État, les communes, les établissements publics, les femmes mariées, les mineurs, etc., doivent lui être communiqués (Pr. civ. 83). Il est alors tenu de prendre la parole et de donner son avis sur le litige sans en être pour cela le défenseur forcé.

3. Fonctions des juges. — La juridiction, pouvoir complexe de dire le droit et de l'appliquer aux justiciables, appartient au tribunal composé, dans son ensemble, des juges, d'un ministère public et d'un greffier.

Mais les tribunaux ne sont pas des bureaux de consultation pour l'interprétation de la loi; ils n'appliquent et ne déclarent le droit que quand ils sont valablement *saisis*, c'est-à-dire mis en mesure et dans l'obligation de statuer sur une contestation par une valable assignation qui s'appelle *ajournement* en matière civile et *citation* en matière répressive.

Devant le tribunal, le ministère public ou les parties poursuivent; le greffier recueille et garde le jugement; les juges rendent seuls la décision (jugement ou arrêt), qui est prononcée par le président, sans que celui-ci puisse jamais avoir voix prépondérante. Seulement leur pouvoir de juger (l'office du juge, selon le langage du droit) est différent selon qu'il s'agit d'affaires criminelles ou d'affaires civiles.

1° Dans les matières répressives, les juges sont investis d'une véritable autorité publique qui, sans leur permettre de statuer sur des faits nouveaux révélés à l'audience, leur donne le droit de punir le coupable selon les inspirations de leur conscience, dans les limites de la loi pénale et sans être liés par les conclusions du ministère public ni même par son désistement. Dans toute affaire criminelle, le tribunal a toujours trois questions à résoudre : les faits, la qualification et la culpabilité.

Les faits sont-ils constants et prouvés suivant les preuves légales, tant sous le rapport de leur existence que sous le rapport de leur auteur ?

Ces faits rentrent-ils dans les cas punissables déterminés strictement par la loi pénale, hors de laquelle il n'est permis de prononcer aucune peine ?

L'auteur de ces faits est-il coupable, c'est-à-dire les a-t-il accomplis avec cette intention mauvaise qui seule est punissable ?

Telles sont les points de fait et de droit qui constituent l'office du juge dans son ensemble. Seulement, leur entière solution n'est réellement dans les attributions des juges que dans les tribunaux correctionnels et de simple police : en matière de crimes, devant les cours d'assises, les questions de fait et de culpabilité sont tranchées par le jury. Il faut même remarquer que, dans les délits forestiers, de chasse, et en général dans les infractions aux lois pénales, la question d'intention ne peut se poser; ces infractions sont punies rien que pour les faits matériels qui les caractérisent, sans que la bonne foi ni aucune excuse puissent jamais être invoquées.

Dans ces conditions, le tribunal n'est donc jamais lié par les conclusions du ministère public; son désistement ne l'oblige pas à acquitter; il est libre de qualifier les faits comme il l'entend, de leur appliquer la loi dans les limites qu'elle impose à sa conscience; il a le droit et le devoir d'opposer d'office les causes légitimes de pardon, comme la prescription, l'amnistie et la transaction (n° 30), les nullités de constatation et même de citation.

2° Dans les affaires civiles, le jugement est au contraire un contrat judiciaire, une véritable convention faite entre des parties qui n'ont pu s'accorder à l'amiable. Il en résulte que les parties peuvent toujours se désister en tout état de cause; elles exposent par leurs avoués leurs qualités, c'est-à-dire leur nom, leur domicile, l'objet et la nature de leur demande. Cette demande lie le tribunal, il ne peut statuer ni en deçà ni au delà, accorder plus qu'il n'est demandé, opposer d'office les causes légitimes de déchéance ou de prescription, s'opposer à la liberté des conventions ou des constatations, sauf en tout ce qui est contraire à l'ordre public.

4. Compétence des tribunaux relativement aux affaires forestières. — Si par *affaires forestières* on entend tous les litiges qui peuvent s'élever à l'occasion des immeubles soumis au régime forestier, on peut dire que tous les tribunaux sont également compétents suivant les règles générales de leur juridiction. Ainsi, en matière civile, les juges de paix connaissent des actions possessoires, des dommages aux champs, etc.; les tribunaux d'arrondissement, des revendications de propriété, des litiges sur les partages, les baux, les échanges, etc.; les cours, de l'appel des jugements rendus en cès matières. Sous ce rapport, le droit commun régit les propriétés de l'État et des communes, sauf certains cas réservés aux tribunaux administratifs (n° 19) et sauf certaines formes spéciales de procéder (n° 15). En matière répressive également, les tribunaux de simple police peuvent avoir à statuer sur des *contraventions* commises à l'occasion des forêts : infraction à des arrêtés de police (C. pén. 471, n° 15), abandon de volailles (Loi 23 therm. an IV), etc.; les tribunaux correctionnels, sur des *délits :* incendie involontaire (C. pén. 458), destruction de bornes ou de fossés (C. pén. 456), etc.; les cours d'assises sur des *crimes :* incendie volontaire (C. pén. 434), faux marteaux (C. pén. 142), etc. A cet égard, le droit pénal ordinaire s'applique dans toute son étendue, et ce n'est que dans les cas où la loi forestière dispose spécialement, que le Code pénal fléchit et cède à la loi spéciale ; celle-ci l'emporte alors sur les dispositions du droit commun.

Mais nous entendons par *affaires forestières* celles dans lesquelles les agents forestiers sont compétents pour poursuivre au nom de leur administration, personnifiant ainsi l'État et les communes. Ils n'intentent jamais les procès purement civils (C. for. 171, n° 14 et 31); ils ne soutiennent l'action publique et l'action civile que pour les faits prévus ou punis par le Code forestier. C'est assez dire (ce Code ne formulant aucun crime) qu'ils sont incompétents devant la cour d'assises; mais cela ne veut pas signifier que tous les faits prévus par le Code forestier seront valablement poursuivis par les agents forestiers, sous le nom d'affaires forestières. C'est à une étude plus détaillée de ce Code qu'il faut en demander la distinction. Tout ce qu'on peut dire, en général, c'est que les agents forestiers poursuivent les faits prévus dans le Code, qui portent une atteinte plus ou moins directe au sol forestier (C. for. 144, 146, 147, 192, 193, 194, 199, etc.), et qu'ils sont incompétents, au contraire, chaque fois que le fait, bien qu'inscrit dans le Code, rentre par sa nature dans les dispositions de la loi générale (C. for. 18, 19, 21, 22, 100, 101, etc.).

Cette détermination des affaires forestières, qui a une grande importance au point de vue de la constatation (n° 25) de la poursuite (n° 24) et du système de pénalité (C. for. 203), n'en a pas une moins grande au point de vue de la compétence des tribunaux.

Dans le but d'éviter aux agents forestiers des déplacements trop fréquents, dont pourraient souffrir la surveillance et la gestion des forêts, l'article 171 du Code forestier donne compétence exclusive aux tribunaux correctionnels pour juger les simples contraventions commises dans les bois régis par l'administration des forêts. Cette dérogation aux règles générales de la compétence ne profite qu'aux agents forestiers et nullement au ministère public; elle n'a pas pour effet d'appliquer au jugement des contraventions les règles de poursuite et de procédure des délits (C. for. 187), mais produit relativement à l'appel un effet remarquable.

Ressort. On désigne sous le nom de ressort tantôt la compétence territoriale d'un tribunal ou d'une cour, tantôt le degré de sa juridiction, et on dit, dans ce dernier cas, qu'un jugement est en premier ressort, ou en premier et dernier ressort, selon qu'il est ou non susceptible d'appel.

Comme il est de principe que les tribunaux correctionnels ne jugent jamais qu'en premier ressort, et qu'on ne peut priver un justiciable du bénéfice de l'appel, il faut en déduire que tous les jugements des affaires forestières, qu'ils statuent sur des délits ou sur des contraventions, peuvent être déférés à la juridiction supérieure de la cour d'appel.

Ainsi, une simple contravention de police, par exemple le fait d'enlever un fagot (C. for. 194), commise dans un bois de particulier, qui serait jugée par le juge de paix en dernier ressort, pourra avoir les honneurs de la cour d'appel si elle est commise dans un bois soumis au régime forestier et poursuivie par l'administration.

Non-seulement les agents forestiers sont compétents pour poursuivre les affaires forestières devant les tribunaux correctionnels, mais ils peuvent suivre ces mêmes affaires devant la cour d'appel quand elles lui sont déférées, soit par eux, soit par les parties en cause (C. for. 183).

5. Notions sommaires sur l'appel. — Nous avons vu que l'appel est le recours à une juridiction supérieure contre un jugement émané d'une juridiction inférieure. Il résulte de cette définition que la cour peut émender (modifier), infirmer ou confirmer le jugement, — qu'elle peut lui substituer une nouvelle décision, faire, en un mot, tout ce que les premiers juges auraient pu et dû faire, — qu'elle peut, en général, admettre tous les moyens, même nouveaux, — mais que, statuant comme autorité judiciaire supérieure, elle ne peut prononcer sur des demandes nouvelles qui n'auraient point été soumises aux premiers juges.

Pour ne point compromettre l'autorité qui s'attache aux actes de la justice, la loi a enfermé la faculté d'appeler dans des délais assez courts: dix jours pour les parties qui ont figuré en première instance. C'est que, en effet, tant que l'appel est possible et tant qu'il n'est pas jugé, l'exécution du jugement est suspendue. Le même délai enferme toutes les parties du jugement de première instance, ministère public, prévenus, complices, parties civiles, personnes civilement responsables, Mais l'appel peut avoir des effets différents selon qu'il émane de l'un ou de l'autre. Les appelants, prévenus, complices, parties civiles, ou personnes civilement responsables, n'agissent que dans leur intérêt et sont réputés n'avoir l'intention que d'améliorer leur position; leur appel pur et simple ne peut donc leur préjudicier. L'appel du ministère public est dévolutif, c'est-à-dire remet tout en question, et dès que celui-ci a formulé son appel dans les délais qui lui sont impartis, la cour peut, en réformant le jugement, aggraver la situation des appelants, comme elle peut diminuer leurs condamnations et les acquitter.

L'appel de l'administration forestière est assimilé à celui du ministère public, attendu que cette administration poursuit tant au point de vue de l'application de la peine que de la réparation du préjudice causé au domaine forestier.

Le Code forestier (art. 187) rendant applicables aux affaires forestières toutes les dispositions de la loi générale, il s'ensuit que les agents forestiers formulent leur appel par une déclaration au greffe du tribunal correctionnel (I. cr. 203), — joignent à l'appui un mémoire ou requête d'appel,

— font assigner par les gardes les prévenus à comparaître devant la cour au jour qui leur est indiqué par le procureur général, — y soutiennent leurs conclusions suivant les règles tracées par le Code d'instruction criminelle.

Ils exercent leur droit d'appel sans préjudice de la même faculté qui est réservée au ministère public, lequel peut toujours en user (C. for. 184) quand l'action n'est pas éteinte par une amnistie, une transaction, ou un acquiescement de l'administration forestière. Il en résulte que l'appel du ministère public profite à cette administration et que si, par exemple, le procureur général a usé de son droit d'interjeter appel dans le délai de deux mois qui lui est spécial (n° 2), les agents forestiers peuvent valablement y intervenir et profiter de l'effet de cet appel comme s'ils l'avaient interjeté eux-mêmes.

Les agents forestiers ont toujours le droit d'interjeter appel, parce que, en ce faisant, ils ne compromettent aucun des intérêts dont la gestion leur est confiée ; mais les règles administratives veulent qu'ils ne donnent suite à leur appel qu'avec l'autorisation soit du conservateur, soit du directeur général des forêts. Ils ne peuvent, non plus, se désister d'un appel qu'avec l'autorisation du chef de leur administration (C. for. 183).

CHAPITRE II. — ORGANISATION DE L'AUTORITÉ ADMINIS-
TRATIVE DANS LES DÉPARTEMENTS.

6. Fonctions des préfets. — Les règles générales qui président à l'organisation de l'administration publique, et dont les plus importantes datent de l'an VIII, sont les suivantes :

1° Les agences collectives d'administration, les corps administratifs qui avaient été institués par les lois révolutionnaires et directoriales, ont été supprimés et remplacés par des fonctionnaires d'autorité active près desquels on a placé des conseils purement consultatifs. « Délibérer est le fait de plusieurs, agir est celui d'un seul », disait le premier consul.

2° Les fonctionnaires sont soumis à une hiérarchie sévère et indispensable qui place les inférieurs sous les ordres, mais non sous la responsabilité civile, des supérieurs, et place en réalité l'administration dans les mains du chef du pouvoir exécutif. La puissance administrative n'est, en effet, qu'une branche du pouvoir donné au chef de l'État de faire exécuter les lois et d'en procurer le bénéfice à tous les citoyens.

3° L'autorité de commandement sur les hommes et sur les choses a été *concentrée* entre les mains d'un petit nombre de fonctionnaires, dans le but de leur imprimer plus facilement les vues d'ensemble du chef de l'État. En vertu de ce système, qui n'est pas sans inconvénients et que la subordination hiérarchique serait souvent suffisante à remplacer dans les départements, les services administratifs spéciaux, contributions directes et indirectes, mines, ponts et chaussées, forêts, etc., n'ont pas l'autorité active. Ils ne constituent que des services auxiliaires chargés de la préparation des actes de l'autorité active. Celle-ci est concentrée, en général, entre les mains des ministres, préfets, sous-préfets, maires, commissaires de police; nous disons : en général, parce qu'il y a quelques exceptions, notamment dans l'administration des services militaires et de l'instruction publique.

4° L'autorité administrative active est *libre*, en ce sens que nul n'a, comme en Amérique, le droit de contraindre judiciairement un fonctionnaire à faire un acte de ses fonctions. Elle est *discrétionnaire*, en ce sens qu'elle apprécie souverainement les motifs qui l'engagent à faire un acte d'administration; mais elle n'est pas *omnipotente*, comme on se plaît trop souvent à le répéter. Elle est entièrement subordonnée à la loi dont elle doit faire une exacte application, dont elle doit observer toutes les formalités (aujourd'hui nombreuses) imaginées pour la garantie des administrés, et dont elle ne saurait s'affranchir. Il en résulte qu'on peut toujours faire annuler, par le Conseil d'État, les actes administratifs illégaux pour toute cause d'incompétence, pour omission des formalités substantielles ou pour usage du pouvoir dans un but autre que celui que le législateur avait en vue. Ce *recours pour excès de pouvoir*, qui s'intente directement et sans frais et dont la loi du 24 mai 1872 a puisé le germe dans la loi des 7-14 octobre 1790, est indépendant du simple recours hiérarchique que les intéressés peuvent toujours faire valoir devant les supérieurs d'un fonctionnaire contre tous ses actes illégaux, ou non, positifs ou négatifs. Ce recours purement gracieux, et qui n'est, à vrai dire, qu'une réclamation, ne fait nul obstacle à l'exercice du recours pour excès de pouvoir. Ajoutons que, dans bien des circonstances, la garantie de ce recours est complétée par le pouvoir qu'ont les tribunaux ordinaires d'apprécier la légalité d'un acte administratif et de le considérer ainsi comme non existant et sans force s'il est illégal, quand cet acte concerne la propriété, l'état des personnes ou le domicile, ou quand il entraîne une peine contre celui qui le transgresse (C. pén. 471, n° 15).

5° La gestion des immenses intérêts qui naissent de la vie sociale oblige à distinguer des in-

térêts généraux (l'État) des intérêts locaux (départements, communes, sections de communes) et
des intérêts spéciaux (établissements publics),
qui sont autant d'organes du mécanisme national.
Chacun de ces organes ayant une existence propre, une vie civile leur donnant la faculté d'avoir
des droits et de contracter des obligations, possède une représentation particulière, des libertés
spéciales et des règles propres d'administration.
Or, il ne fallait point que la cohésion nationale
fût un vain mot et que ces groupes d'intérêts
pussent former autant d'États dans l'État. La
centralisation, qui forme une autre règle de notre
système administratif, est donc une conséquence
naturelle de notre unité nationale. Elle s'exerce,
en France, par une surveillance tutélaire qui n'est
raisonnablement placée qu'entre les mains de l'É-
tat. Ce contrôle a été souvent appelé tutelle de
l'État, mais cette dénomination est certainement
impropre parce que le tuteur agit pour le mineur,
tandis que l'État ne peut, en général, agir à la
place des communes ou des départements négli-
gents ou incapables. Il constitue une centralisation dont la nécessité n'a jamais été sérieusement
contestée, mais dont le système d'organisation a
été souvent l'objet de vives critiques. Quoi qu'il
en soit, voici les bases générales de son mécanisme actuel : Les organes d'intérêts locaux ont

la liberté absolue de ne pas faire; c'est seulement quand ils veulent faire un acte de la vie civile que leur liberté est surveillée. Cette surveillance est plus ou moins étroite selon qu'il s'agit des départements ou des communes. Le législateur pouvait se montrer plus libéral pour les premiers que pour les secondes, qui sont au nombre de 36,000 environ et dont les plus humbles comme les plus grandes sont régies par la même loi. Enfin, pour exercer cette surveillance d'une façon plus efficace, l'autorité exécutive dans les affaires locales est confiée non à un représentant spécial des départements ou des communes, mais aux agents de l'État, les préfets et les maires.

Ainsi, suppression des agences collectives, hiérarchie, concentration d'autorité, faculté de recours et centralisation, tels sont les caractères généraux de notre organisation administrative. Il faut toutefois se persuader qu'il existe de nombreuses exceptions et que les lois administratives étant faites pour la satisfaction des besoins réels bien plus que pour s'adapter systématiquement à une idée théorique, les dérogations sont pour ainsi dire aussi nombreuses que les lois spéciales.

Le préfet est le fonctionnaire de l'État qui exerce le plus et le plus souvent l'autorité active dans les départements; ses attributions doivent donc être envisagées à différents points de vue.

1º *Comme chef de l'administration générale dans le département.* — A cet égard, les préfets ont des attributions fort nombreuses qui ont été notablement étendues par des décrets, dits de décentralisation, du 25 mars 1852 et du 13 avril 1861, dont le but était de rapprocher l'administré de l'administrateur sans rien lui faire perdre en garantie d'impartialité. Il est impossible d'entrer dans le détail complet de ces attributions ; on ne peut qu'en préciser la nature suivant deux ordres d'idées bien distinctes.

Les préfets exercent leur autorité tantôt à la façon d'un intendant gérant la bourse commune et les immenses intérêts de la vie collective, tantôt à la façon d'un garde vigilant chargé de veiller à la sécurité dans la société et d'y imposer des règles de conduite. Dans le premier mode d'action, le préfet fait des actes *de pure administration* ; dans le second, il prend des arrêtés dits *réglementaires.*

Suivant le premier mode d'action, les préfets ont la surveillance sur les services administratifs auxiliaires. Ils *nomment* un certain nombre d'employés ; facteurs des postes, cantonniers et gardes éclusiers des ponts et chaussées, gardes forestiers communaux, lieutenants de louveterie, etc. Ils *statuent* dans un grand nombre d'affaires administratives instruites et préparées par les divers

services auxiliaires et dont la longue énumération ne pourrait être faite qu'en rappelant toutes
les lois administratives spéciales : c'est ainsi qu'ils
autorisent les établissements dangereux ou incommodes, les explorations pour recherche de
mines dans les propriétés ouvertes, l'occupation
de ces terrains pour les travaux publics, les
constructions à distance prohibée des forêts, la
mise en régie des travaux non exécutés dans les
coupes, les enquêtes pour les travaux de reboisement, les battues aux animaux nuisibles dans
les bois et les campagnes, etc., etc. Ils n'émettent,
au contraire, qu'un avis dans les affaires administratives d'un ordre plus élevé dont la solution
est réservée soit au Ministre soit au Président de
la République. On peut citer pour exemple : la
décision sur l'opposition faite par le conservateur
aux défrichements des bois de particuliers (C. for.
219); la fixation d'un périmètre de reboisement
obligatoire (Décr. 10 nov. 1864); la plantation
d'office des dunes (Décr. 14 déc. 1810), etc.

Suivant le second mode d'action, les préfets
sont de véritables législateurs au petit pied; ils
imposent aux habitants des règles de conduite
obligatoires pour tous, ou complètent la loi pour
les détails dans lesquels le législateur n'a pu entrer. Ainsi, ils font des règlements contre le ma-
raudage, et pour l'emploi du feu dans les forêts

sartées ou dans les pineraies des dunes (Loi 22 déc. 1789-janv. 1790), pour l'interdiction de tout feu dans les forêts et landes des Maures et de l'Esterel (Loi 6 juill. 1870), pour la chasse des animaux nuisibles, les modes de chasse des oiseaux de passage (Loi 3 mai 1844) et même leur détermination (Loi 22 janv. 1874).

Il est important, à bien des égards, de distinguer les arrêtés réglementaires et ceux de pure administration : les premiers entraînent, en cas d'infraction, l'application d'une peine édictée par les lois spéciales ou, dans le silence de celles-ci, par l'article 471, n° 15, du Code pénal. Ils ne sont exécutoires que s'ils ont été régulièrement publiés et affichés et s'ils font de la loi une exacte application. Les tribunaux ont le pouvoir d'apprécier leur légalité et de les réputer, par conséquent, non existants et sans force dans le cas contraire.

Les seconds sont exécutoires par eux-mêmes quand ils ont été notifiés aux parties intéressées (Avis Cons. d'État 25 prair. an XIII); mais ils sont susceptibles d'être attaqués pour excès de pouvoir devant le Conseil d'État, et annulés par lui s'ils sont illégaux pour inobservation des formalités substantielles ou pour toute cause d'incompétence. Ce pourvoi, toutefois, ne suspend pas leur mise à exécution, qui demeure obligatoire tant que le Conseil d'État ne les a pas annulés ou que l'au-

torité administrative n'en a pas prononcé la suspension.

2° Comme représentant du domaine de l'État. —
L'État, considéré comme personne civile, possède
des propriétés que la loi des 19 août-12 septembre 1791 a placées sous l'autorité du Ministre des
finances. L'administration de l'enregistrement et
des domaines est le service administratif auxiliaire chargé de la préparation des actes de conservation de ce domaine, rôle qu'elle remplit avec
l'avis consultatif des autres services administratifs
auxquels l'immeuble domanial est affecté. Mais
des lois nombreuses et des règlements non moins
nombreux ont établi des dérogations à ce principe en transportant à diverses autorités certains
actes de gestion et de conservation de diverses
portions du domaine. Le préfet possède un certain nombre de ces attributions. Ainsi, il représente le domaine de l'État en demandant ou en
défendant dans les procès civils (Pr. civ. 69) ; il
autorise les locations après estimation contradictoire, lorsque le prix n'excède pas 500 francs
(Décr. 25 mars 1852), — la concession des servitudes conventionnelles à titre de tolérance révocable (*idem*), — les délivrances d'urgence aux
usagers dans les forêts de l'État (O. rég. 123). Il
est le notaire de l'État pour la passation de tous
les actes administratifs concernant son domaine,

et notamment pour les actes des ventes forestières (O. rég. 86), — fixe en conséquence le jour des adjudications, — nomme les agents forestiers experts pour les délimitations (O. rég. 59), pour les partages des forêts indivises avec l'État (O. rég. 149), — prononce la décharge des obligations nées du contrat de vente des coupes de bois (C. for. 51), — accorde des permissions d'allumer du feu à distance prohibée des forêts (Décis. min. 14 juill. 1841), etc.

D'autres fois, l'autorité sur le domaine appartient au chef de l'État, qui autorise par exemple les aménagements (C. for. 15), les coupes extraordinaires (C. for. 16), les cantonnements (C. for. 63); ou au législateur lui-même pour les aliénations et les échanges (Loi 9 mai-21 sept. 1790).

Enfin, l'administration des forêts elle-même, bien que service auxiliaire, a pour les forêts qui sont confiées à sa gestion l'occasion d'exercer de nombreux actes d'autorité (n° 11).

Mais dans tous les cas non expressément délégués à ces diverses autorités par une disposition de loi ou de règlement, le Ministre des finances est l'administrateur général et ordinaire du domaine de l'État (par exemple, autorisations de travaux, partages de biens indivis, baux des terrains domaniaux, locations pour le service de l'État, concessions de servitudes légales, etc.). Le préfet

exerce dans les départements les mêmes attributions, mais avec cette différence qu'il ne fait que
les actes conservatoires et ne statue que prépa-
ratoirement. Ainsi il reçoit les mémoires et assignations, interjette appel, requiert les inscrip-
tions hypothécaires, mais sans pouvoir se désister
d'un appel, transiger sur les procès civils, donner
mainlevée d'une inscription, etc. Il donne enfin
son *avis* dans un grand nombre d'affaires domaniales dont la solution ne lui appartient pas :
opportunité des cantonnements et des rachats
(Décr. 19 mai 1857), partage des bois indivis
(Ord. 12 déc. 1827), etc.

Il ne faut pas confondre le domaine de l'État
que celui-ci possède comme un simple particulier
avec le *domaine public,* qui est, en quelque sorte,
à la nation et au public bien plus qu'à l'État
considéré comme propriétaire. Ce domaine a pour
caractère essentiel d'être inaliénable et imprescriptible et d'entraîner le droit d'expropriation
pour cause d'utilité publique. Il est constitué
par les rivières navigables et flottables, routes,
canaux, chemins de fer, édifices publics, domaines militaires, etc., etc. Il est administré tantôt
par l'État, tantôt par les départements et les
communes; il est régi par les règles particulières
qui constituent les services des ponts et chaussées,
du génie militaire ou des chemins vicinaux.

3° *Comme agent de la tutelle de l'État sur les communes ou établissements publics.* — Nous avons défini le caractère et la nécessité de la surveillance de l'État sur les communes et les établissements publics, surveillance improprement appelée tutelle, en ce sens que le préfet n'agit pas en général au lieu et place d'un mineur incapable de faire les actes de la vie civile. Toutefois il existe certains cas dans lesquels le préfet agit à la façon d'un tuteur et fait d'office l'acte que néglige ou refuse la commune. Mais il faut toujours que la commune ait été appelée à en délibérer préalablement et qu'il s'agisse d'actes expressément déterminés dans la loi et dont l'accomplissement intéresse, en quelque sorte, l'honneur public. C'est ainsi que si une commune refuse de payer les instituteurs, les gardes forestiers, les dettes reconnues judiciairement, les dépenses liquidées des travaux régulièrement autorisés et toutes autres dépenses déclarées obligatoires par la loi, le préfet peut, après avoir appelé le conseil municipal à en délibérer, mandater d'office la dépense sur les fonds existant dans la caisse du receveur municipal, et créer même, au moyen d'une imposition spéciale, des ressources destinées à y faire face. (Loi 18 juill. 1837, art. 39.) Dans les autres circonstances, l'action de l'État sur les actes des communes n'est qu'une véritable surveillance qui s'exerce de deux manières principales et dont l'agent le plus habituel est le préfet.

Lorsque l'acte est assez grave pour intéresser la fortune de la commune, il ne devient parfait, exécutoire que par l'accord de volonté du préfet, représentant l'État, avec le conseil municipal, représentant la commune. On dit alors que le conseil municipal *délibère* sous l'*autorité* du préfet ; sa volonté n'est susceptible d'être mise à exécution que lorsqu'elle a été approuvée par le préfet, libre de donner cette approbation pour tous motifs même d'utilité ou d'opportunité (Loi 18 juill 1837, art. 19 et 20).

Lorsque l'acte est moins important et rentre dans la catégorie des simples actes d'administration, la délibération du conseil municipal est exécutoire par elle-même. On dit alors que le conseil *règle* souverainement l'affaire sous le simple con*trôle* du préfet, qui peut seulement l'annuler pour cause de violation de la loi et non pour motif d'opportunité ou de convenance (Loi 18 juill. 1837, art. 17).

Lorsque les actes sont simplement conservatoires, c'est-à-dire ne peuvent qu'améliorer ou garder la fortune communale, aucune surveillance n'est imposée aux actes de la commune, le maire les accomplit même sans le concours du conseil municipal (Loi 1837, art. 14).

Enfin, lorsque les actes sont négatifs, c'est-à-dire si les autorités communales refusent ou négligent de prendre les mesures même les plus utiles, la liberté de ne pas faire est complète pour la commune, sauf les cas exceptionnels déterminés dans la loi. C'est ainsi que le préfet ne peut modifier une délibération qu'il refuse d'approuver, ne peut nommer un délégué pour intenter ou soutenir un procès auquel la commune ne veut ni demander ni défendre [Cass. ch. réunies, 3 avr. 1867] (nº 12).

Le préfet n'est pas l'unique agent de la surveillance de l'État sur les communes : les ministres, le chef de l'État, parfois les maires, quelquefois même les agents forestiers, ont mission de l'exercer, chacun dans les cas explicitement indiqués par les lois administratives. C'est donc par une erreur de langage, malheureusement trop répandue, que l'on considère souvent le préfet comme le tuteur des communes. C'est l'État seul qui a ce rôle et encore cette tutelle se réduit-elle, le plus souvent, à un simple contrôle.

7. Fonctions du conseil de préfecture. — A coté du préfet se trouve, au chef-lieu de chaque département, un conseil de préfecture composé d'au moins trois fonctionnaires, nommés par décrets du chef de l'État, agissant sous la présidence du préfet ou d'un vice-président également nommé par décret. Ce conseil, qui date de l'an VIII et dont les attributions ont été plus ou moins étendues, selon les idées politiques du moment où les lois administratives ont été faites, est tantôt un corps consultatif, tantôt et rarement un organe d'autorité active, tantôt enfin un tribunal administratif.

1° *Comme conseil du préfet.* — En outre des rapports et renseignements fournis par les services administratifs auxiliaires, le préfet peut s'éclairer de l'avis du conseil de préfecture, sur la décision à prendre, sans que cet avis cesse jamais d'être purement consultatif.

Dans un grand nombre d'actes d'autorité active, le préfet est obligé de prendre cet avis. L'arrêté est dit alors *rendu en conseil de préfecture.* L'avis de celui-ci est d'ordre intérieur et ne doit pas être connu de l'administré; mais cette obligation forme une garantie dont l'omission constituerait un excès de pouvoir capable de faire annuler l'acte administratif rendu sans cette formalité. Par exemple, les autorisations de construction à distance prohibée des forêts soumises au régime forestier, les concessions de tolérances révocables (Décr. 25 mars 1852), etc., etc.

D'autres fois le préfet est libre de consulter son conseil de préfecture; les actes de nomination des gardes forestiers communaux, des cantonniers, des ponts et chaussées, sont de cette catégorie.

2° *Comme juge des affaires administratives contentieuses.* — Il y a des procès qui se portent, non devant les tribunaux ordinaires, mais devant des tribunaux administratifs au-dessus desquels se trouve placé, comme juridiction supérieure, le Conseil d'État (n° 19). Le conseil de préfecture est un de ces tribunaux; mais il n'a qu'une juridiction spéciale et exceptionnelle, en ce sens qu'il ne peut juger une contestation que lorsqu'un texte de loi la lui a expressément attribuée. Dans ce tribunal, les conseillers de préfecture jugent sous la présidence du préfet, qui a voix prépondérante, ou, le plus souvent, sous celle du vice-président du conseil. Les membres du conseil général font l'office de juges suppléants (Décr. 16 juin 1808). Le secrétaire général de la préfecture y exerce les fonctions de ministère public ou de commissaire du gouvernement. Le greffe est tenu par un secrétaire spécial. Les audiences sont publiques. Les affaires s'y traitent en général sur mémoires écrits ; mais les parties peuvent y présenter leurs observations verbales ou les y faire soutenir par un mandataire. C'est à ce titre que les agents forestiers peuvent y plaider quand ils sont autorisés par leur administration. La procédure y est très-simple : le seul dépôt d'un mémoire sur timbre saisit le conseil; le président nomme un conseiller rapporteur qui ordonne la communication de la demande au défendeur et prescrit toutes les mesures d'information, expertises, enquêtes, etc. Les parties sont prévenues, par lettre ou par notification administrative, du jour de l'audience, si elles ont annoncé leur intention de présenter des observations verbales. Le ministère des huissiers et des avoués y est inconnu.

Les arrêtés des conseils de préfecture rendus sur les contestations qui leur sont soumises sont de véritables jugements qui ont tous les effets des décisions de l'autorité judiciaire, sont susceptibles d'être mis à exécution par les mêmes moyens, confèrent l'hypothèque judiciaire (Avis C. d'État 16 therm. an XII), et ont l'autorité inattaquable de la chose irrévocablement jugée quand ils n'ont pas été déférés à la juridiction d'appel ou de cassation du Conseil d'État.

Les principales contestations qui sont de la compétence des conseils de préfecture sont les suivantes :

— Demandes en décharge ou en réduction des contributions directes et des taxes qui leur sont assimilées, telles que taxes sur les chiens, les chevaux et voitures, prestations des chemins vicinaux, taxes d'affouages, répartition des dépenses faites par les syndicats autorisés pour la défense de certaines propriétés.

— Contestations sur le sens et la validité des contrats de vente des biens nationaux, sur le sens seulement des aliénations faites par le domaine de l'État depuis les lois révolutionnaires.

— Contestations entre l'administration et les entrepreneurs de travaux publics sur le sens et l'exécution de leurs marchés, ou entre administration et particuliers, ou même entre entrepreneurs et particuliers pour les torts et dommages causés par les travaux publics (n° 22).

Ils connaissent encore de certaines affaires forestières, telles que les contestations entre l'administration des forêts et les adjudicataires ou les entrepreneurs, à l'occasion de la vérification de leurs coupes (n° 20); — entre l'administration et les usagers pour la possibilité et la défensabilité des forêts grevées de droits d'usage (n° 21); — entre les affouagers et les communes sur le mode de partage des bois qui leur sont délivrés dans les forêts communales (C. for. 105, loi 10 juin 1793); — entre l'administration et les communes sur la possibilité ou la défensabilité de leurs propres forêts (C. for. 112); — entre l'administration et les usagers sur l'absolue nécessité de leurs droits de pâturage (C. for. 64), et même entre les usagers et les particuliers propriétaires de bois sur ce préliminaire du rachat des droits de pâturage (C. for. 120).

Enfin, dans certains cas, les conseils de préfecture ont la juridiction répressive et prononcent des peines pour les infractions aux lois sur la grande voirie, la police du roulage, les lignes télégraphiques, les digues et ouvrages à la mer, les fortifications, etc., etc. Parmi les attributions contentieuses des conseils de préfecture, on doit encore signaler le jugement sur les comptes des receveurs des communes et des établissements publics qui n'ont pas 30,000 francs de revenus. (La Cour des comptes juge les autres.) Mais en ce faisant le conseil ou la Cour des comptes qui juge en appel, ne statue que sur la matérialité et *la ligne* du compte, ainsi que sur ses justifications, et non sur les opérations des autorités administratives qui ont ordonné les recettes ou les dépenses. Ces sortes de jugements ne sont point rendus en audience publique.

3° *Comme corps administratif émettant des décisions.* — Pour donner plus de garantie aux justiciables des corps administratifs considérés comme tribunaux, les fonctionnaires qui les composent ne sont pas directement en contact avec les hommes et les choses à administrer et ne font point d'actes d'administration active.

Toutefois, dans certaines circonstances importantes et exceptionnelles, on a conféré aux conseils de préfecture le droit de prendre des décisions qui sont de véritables actes de pure administration, en ce sens que les questions agitées devant eux sont de simples intérêts ou de simples convenances et non des questions de droits lésés comme lorsqu'il s'agit de leurs attributions juridictionnelles.

Nous en citerons deux exemples :

Lorsque les communes et les établissements publics veulent intenter un procès civil ou défendre à un procès qui leur est intenté, il leur faut l'autorisation du conseil de préfecture qui décide non sur le fond du procès, mais sur sa convenance ou son opportunité. On ne veut pas que la bourse communale s'épuise en stériles contestations ou en débats suscités par des rivalités locales (Loi 18 juill. 1837, art. 49).

Lorsque l'administration des forêts propose de planter en bois et de soumettre au régime forestier (n° 75) des terrains en nature de pâturage, la décision sur cet acte d'administration important est rendue, en cas d'opposition de la commune, par le conseil de préfecture (C. for. 90).

Dans ces deux cas, le conseil de préfecture ne fait pas autre chose qu'un acte de pure administration. Ne rendant pas de jugement, il peut statuer en audience non publique et sans que les parties soient admises à présenter des observations autrement que par les rapports administratifs joints au dossier, à moins que le conseil ne veuille autrement s'éclairer. Mais à raison de l'importance de ces affaires, les communes peuvent recourir administrativement devant le Conseil d'État contre la décision rendue par le conseil de préfecture (Loi de 1837, art. 50, et C. for. 90). La loi permet ainsi que le pouvoir habituellement discrétionnaire de l'autorité administrative soit discuté pour tous motifs, même ceux de simple convenance, devant le corps administratif le plus élevé.

8. Sous-préfets. — Sous les ordres du préfet, un agent du pouvoir central est placé dans chaque arrondissement autre que celui du chef-lieu. C'est le sous-préfet, qui est nommé par le chef de l'État. Mais le préfet administrant *seul* (Loi 28 pluv. an VIII), le sous-préfet n'a pas, en général, l'autorité de commandement, et ce n'est qu'en vertu de rares dispositions de lois ou de règlements qu'il exerce l'autorité active. Le conseil d'arrondissement n'est donc pas un conseil consultatif placé près de lui pour l'éclairer dans son administration. Ce conseil ne donne son avis que sur les affaires qui lui sont soumises en vertu d'une loi spéciale (par exemple, les périmètres de reboisement obligatoires), ou sur des questions d'intérêt local.

Voici quelques cas concernant les affaires forestières, dans lesquels les sous-préfets ont une autorité propre :

1° Ils président les ventes faites par les agents forestiers dans les arrondissements autres que celui du chef-lieu (O. rég. 86).

2° Ils autorisent les réunions extraordinaires des conseils municipaux, c'est-à-dire les séances en dehors des quatre sessions annuelles (Loi 5 mai 1855).

3° Ils autorisent les battues aux animaux nuisibles dans les bois des communes et des établissements de bienfaisance (Décr. 25 mars 1852).

4° Ils visent et rendent exécutoires les titres de recouvrement dressés par les agents forestiers pour les sommes dues aux communes (Loi 18 juill. 1837, art. 63).

5° Ils nomment l'expert des chemins vicinaux pour régler les indemnités dues aux propriétaires d'immeubles occupés pour les extractions de matériaux (Loi 21 mai 1836, art. 17).

6° Ils apposent leur visa sur les déclarations de défrichement faites par les particuliers et font ainsi courir le délai de quatre mois qui est donné à l'administration des forêts pour signifier son opposition (C. for. 219).

7° Ils donnent récépissé de leur volonté d'obtenir la réintégration aux propriétaires expropriés de leurs terrains compris dans un périmètre de reboisement obligatoire (Décr. 10 nov. 1864, art. 17).

8° Ils fixent le nombre des journées de prestations dues par les délinquants insolvables admis à transiger en nature à la suite de délits commis dans les bois des particuliers (C. for. 215 et Décr. 21 déc. 1859).

9° Ils autorisent les établissements insalubres ou incommodes de 3° classe comme les briqueteries flamandes, certains fours à chaux ou à plâtre, etc. (Décr. 15 oct. 1810).

Le plus habituellement, le sous-préfet est appelé à donner son avis sur les affaires communales qui sont soumises à l'approbation du préfet. Il constitue ainsi un service auxiliaire pour l'exercice de la surveillance de l'État sur les communes. Il n'y a pas de sous-préfet dans l'arrondissement chef-lieu; le préfet, et non le secrétaire général, en exerce les attributions.

9. Maires. — Dans chaque commune de France, il existe un maire qui a des attributions administratives mixtes, en ce sens qu'il est l'agent du pouvoir central et, à la fois, le représentant des intérêts locaux.

C'est à raison de cette double qualité que les maires sont nommés par le chef de l'État pour les chefs-lieux de département, d'arrondissement et de canton, par les préfets dans les simples communes, et choisis autant que possible dans le sein du Conseil municipal (Loi 24 janv. 1874).

Il y a un certain intérêt à distinguer les fonctions que les maires exercent comme agents de l'État de celles où ils sont uniquement les représentants de la commune. Car dans les premières, le préfet peut leur nommer un délégué pour remplir les fonctions qu'ils refusent ou négligent d'exercer. Dans les secondes, au contraire, ils sont sous la simple surveillance du préfet, qui ne peut que les rappeler au sentiment de leur devoir, les suspendre ou même provoquer leur destitution sans jamais pouvoir accomplir d'office l'acte négligé ou refusé (Loi 18 juill. 1837, art. 15).

Les fonctions des maires sont gratuites et présentent cette particularité qu'elles ne sont jamais vacantes : un conseiller municipal désigné par le préfet, ou, à défaut de cette désignation, les conseillers municipaux dans l'ordre du tableau, c'est-à-dire dans l'ordre des suffrages qui les ont nommés, le remplacent en cas d'absence ou d'empêchement (Loi 5 mai 1855, art. 4). Les adjoints des maires, nommés de la même manière qu'eux, n'ont qu'une autorité déléguée que le maire leur assigne par un arrêté général ou par des arrêtés spéciaux.

Comme agents dé l'autorité générale, les maires font connaître dans leurs communes les actes de l'autorité publique; ils sont chargés, à ce titre, de notifier aux parties intéressées les décisions de l'autorité administrative qui les concernent; ils concourent à la confection des listes électorales, des listes du recrutement militaire et du jury; ils président les commissions administratives des établissements publics; ils exercent même, depuis 1867, une partie de la surveillance de l'État sur les actes des communes en rendant certaines délibérations des conseils municipaux immédiatement exécutoires par le seul fait de leur accord avec la volonté du conseil (Loi 24 juill. 1867).

Comme représentants de la commune, les maires sont, en quelque sorte, le pouvoir exécutif du conseil municipal. Ce conseil, élu par le suffrage universel, au nombre de douze membres au moins, n'est pas, en effet, un simple conseil consultatif placé près du maire comme le conseil de préfecture l'est auprès du préfet pour les actes d'administration des intérêts généraux. Il accomplit les actes de la vie civile de la commune tantôt sous la simple surveillance, tantôt sous l'autorité du préfet (n° 6, § 3). Le maire participe à ces actes comme président du conseil municipal avec voix prépondérante (Loi 5 mai 1855); mais la volonté du conseil une fois légalement exprimée, il n'en est plus que l'exécuteur. A ce titre, il fait les adjudications des marchés communaux, intente les procès, y défend, surveille la comptabilité, délivre les mandats sur la caisse du receveur municipal pour toutes les dépenses régulièrement autorisées, etc.

Toutefois, il a une certaine autorité propre dans les affaires communales : il fait tous les actes conservatoires qui intéressent les propriétés de la commune, intente, à ce titre, les actions possessoires, nomme certains employés communaux, présente au conseil le budget annuel et des rapports sur toutes les affaires qui intéressent la commune.

Il a aussi une autorité réglementaire relativement à la police municipale et rurale et à la voirie municipale, autorité que la théorie conduirait à placer dans les attributions d'agents de l'État, si la loi du 18 juillet 1837 (art. 11) n'en avait fait une mesure locale. Les arrêtés que le maire prend à cette occasion sont publiés et affichés suivant l'usage de la localité, ont pour sanction les peines de l'article 471, n° 15, du Code pénal et sont rendus sous l'autorité du préfet. Celui-ci est toujours libre, non de les modifier ou de les remplacer autrement que par un arrêté général sur les matières de sa compétence, mais de les annuler pour tous motifs même ceux de simple convenance.

Nous citerons comme exemples des rapports des maires avec les agents forestiers :

1° *Dans le service des intérêts de l'État.* — Ils président les adjudications faites par les agents forestiers dans leurs communes (O. rég. 86).

Ils constatent la publicité donnée aux affiches des adjudications (O. rég. 84), aux arrêtés de délimitation (O. rég. 60), aux enquêtes pour travaux de reboisement (Décr. 10 nov. 1864, art. 8).

Ils sont l'intermédiaire entre l'État et les usagers, à titre de mandataire légal de ceux-ci, et reçoivent en cette qualité les délivrances de coupes ou de cantons défensables (O. rég. 118, 122 et O. for. 69).

2° *Dans le service des intérêts communaux.* — Ils autorisent les extractions de menus produits dans les forêts (Ord. 4 déc. 1844); ils arrêtent, avec l'agent forestier et l'expert de l'affouager, la valeur des bois de construction livrés à ce dernier pour être payés à la caisse municipale (C. for. 105 ; O. rég. 143).

Ils reçoivent la délivrance des coupes et des cantons défensables à livrer au pâturage dans les forêts communales (O. rég. 146).

Ils nomment les experts chargés de représenter la commune pour le partage des forêts indivises (O. rég. 149), pour la fixation des indemnités dues en cas d'élargissement de chemins vicinaux (Loi

21 mai 1836, art. 17) ou d'occupation temporaire pour les travaux publics (O. rég. 172).

Ils nomment les pâtres communaux (O. rég. 146), assistent aux opérations de délimitation des bois de leur commune (O. rég. 131), font verser par leur commune le salaire des gardes forestiers (C. for. 108), assistent aux adjudications des coupes de leurs bois (C. for. 100), etc.

Enfin, ils présentent au conseil municipal toutes les affaires proposées par les agents forestiers tant pour l'aménagement que pour l'amélioration des forêts communales. Là est l'occasion de rapports fréquents et multiples que les agents forestiers s'appliqueront toujours à faciliter par leur politesse et leur sentiment des convenances.

CHAPITRE III. — ADMINISTRATION FORESTIÈRE.

10. Organisation sommaire. — L'administration des forêts est un service public auxiliaire dépendant du ministère des finances : c'est assez dire que ses employés n'ont point, en général, l'autorité active, et qu'ils ne sont que les préparateurs des décisions à rendre par les autorités administratives de commandement. Toutefois, cette règle reçoit de nombreuses exceptions à cause de la spécialité des connaissances qu'exige la gestion des forêts et, peut être aussi, à cause de certaines traditions qui ont passé de l'ordonnance de 1669 dans le Code forestier de 1827. Les articles 10, 12, 18, 30, 31, 38, 40, 41, 47, 65, 66, 67, 84, etc., du Code forestier en sont des exemples qu'il n'y aurait certainement aucun inconvénient à imiter dans les autres services administratifs auxiliaires. Par contre et par dérogation aussi à ce qui se passe dans notre système général administratif, les fonctionnaires forestiers sont exposés à des poursuites pénales en cas d'infractions à leurs devoirs (art. 18, 19, 21, 29, 81). La possibilité d'une peine est le contre-poids de l'autorité qui leur est confiée. Nous devons dire à l'honneur du corps forestier qu'il n'existe pas d'exemple de ces poursuites dont la menace légale pourrait fort bien disparaître devant la garantie suffisamment efficace qu'offrent les règles de la subordination administrative.

L'administration des forêts est placée sous les ordres d'un directeur général qui est en relation directe avec le ministre et qui dirige toutes les opérations relatives au service. Elle est, comme tous les services administratifs auxiliaires, organisée à la façon des administrations actives, c'est-à-dire que : 1° à côté de ses chefs, se trouvent un conseil et des auxiliaires (service intérieur et extérieur); 2° qu'il y a un service d'administration centrale et départementale; 3° qu'il existe des services détachés pour différents buts spéciaux.

Le *service intérieur ou sédentaire* est constitué : à Paris, par un conseil d'administration formé de deux administrateurs et par les divers bureaux de l'administration centrale; dans les départements, par les employés sédentaires des conservations et des inspections.

Le *service extérieur ou actif* est constitué : à Paris, par le directeur général; dans les départements, par les conservateurs, inspecteurs, chefs de cantonnement pour la gestion administrative, par les brigadiers et gardes pour la surveillance. Les fonctionnaires du service extérieur dans les départements ont, dans l'armée française, un rôle qui est déterminé par le décret du 2 avril 1875, sont astreints au serment professionnel (C. for. 5) et à l'incompatibilité de toute fonction administrative ou judiciaire (C. for. 4), obligations qui ne concernent pas le service intérieur.

Les *services détachés* dans les départements sont les commissions d'aménagement ou de reboisement, le service d'art, les écoles forestières et d'arboriculture, le service forestier de l'Algérie, celui-ci spécialement organisé.

Distinction entre les agents et les préposés. — Le personnel du service extérieur des départements présente une distinction analogue à celle qu'on remarque dans l'administration des ponts et chaussées et dans diverses autres administrations publiques. Les *Préposés* sont chargés de la garde et de la surveillance, les *Agents* sont chargés de la gestion administrative. Cette distinction a sa base même dans la loi et se caractérise par les actes suivants :

Les préposés (brigadiers, gardes à triage et gardes cantonniers) constatent les délits (C. for. 160), font les saisies, les visites domiciliaires (C. for. 161), requièrent la force publique (C. for. 164) et en font partie (Loi 9 flor. an XI). Ils ont le droit exclusif d'arrestation (C. for. 163), celui de faire des actes d'huissiers pour les citations et significations (C. for. 173) et sont seuls responsables des délits qu'ils n'ont pas dûment constatés (C. for. 6).

Les agents (conservateurs, inspecteurs, sous-inspecteurs, gardes généraux et gardes généraux adjoints) ont seuls qualité pour intenter les poursuites au nom de leur administration (C. for. 159, 174, 183, 184), pour faire les délimitations (C. for. 10, 12), les opérations relatives aux ventes (C. for. 30, 31, 32, 38, 41), aux récolements (C. for. 47), la reconnaissance des bois à défricher (C. for. 219), des périmètres à reboiser (Loi 28 juillet 1860, art 5), etc., etc. Sans doute ils peuvent constater des délits (C. for. 160), requérir la force publique et opérer certaines saisies (C. for. 164), mais ces droits ne leur sont donnés que pour seconder leur mission et non comme attribution caractéristique.

A l'unique point de vue de la loi, tous les agents ont, quel que soit leur grade, qualité pour faire valablement les différentes opérations qui se rattachent à la gestion forestière. Le Code forestier n'emploie jamais que l'expression générique et collective d'agents; mais les règlements organiques du service forestier ont tracé les attributions administratives de chaque grade suivant le degré d'importance de chaque acte. On peut résumer à grands traits ces attributions dans chaque circonscription administrative.

Conservations. — Nommé par décret et placé à la tête d'une circonscription déterminée également par le chef de l'État (O. rég. 10), le conservateur a la surveillance générale de tout le service des agents et préposés placés sous ses ordres. Il l'exerce par des tournées annuelles dans les inspections et les cantonnements (¹), tournées dont il rend compte au directeur général. Il correspond seul avec les autorités supérieures du département (O. rég. 15).

(¹) Cette surveillance est indépendante de celle que l'inspection générale des finances exerce sur tous les services du ministère des finances.

Il centralise la comptabilité financière des crédits qui lui sont ouverts et délivre, en qualité d'ordonnateur secondaire, les mandats sur la caisse du Trésor public (n° 94).

Il a l'autorité active dans un certain nombre d'affaires dont il a été jugé utile à diverses époques de rapprocher la solution de l'administré. Ainsi il autorise les exploitations et les ventes de chablis (O. rég. 102), les concessions des menus produits, les élagages, les chemins de vidange, les prolongations de délais de coupe et de vidange (Ord. 4 déc. 1844 et Décr. 31 mai 1850), et, dans tous les cas non réservés au directeur général ou au ministre, le recépage des bois incendiés ou abroutis, la concession des vides à charge de repeuplement (Ord. 10 mars 1831 et 4 déc. 1844), les transactions ou l'abandon des poursuites (Décr. 21 déc. 1859). Il fait opposition au défrichement des bois de particuliers (Décr. 22 nov. 1859).

Relativement au personnel placé sous ses ordres, il exerce une autorité disciplinaire qui peut aller jusqu'à suspendre provisoirement de leurs fonctions les préposés et même les gardes généraux sous ses ordres, mais à charge d'en rendre compte immédiatement au directeur général (O. rég. 38).

Dans toutes les affaires, dont la décision ne lui appartient pas, il donne son avis et en propose la solution au directeur général ou au préfet. Très-souvent son accord avec ce dernier permet au préfet de statuer définitivement. Nous citerons, par exemple, les constructions à distance prohibée des forêts, les concessions de tolérances révocables, les locations d'une valeur inférieure à 500 fr. (Décr. 25 mars 1852). Ce n'est qu'en cas de désaccord que la solution de ces affaires est réservée au ministre.

Inspections. — Ces divisions créées par décision ministérielle (O. rég. 10) sont administrées par un chef de service qui a le grade d'inspecteur et qui a sous sa surveillance les chefs de cantonnement et les préposés. Il correspond avec le conservateur et avec les autorités locales, rarement avec le préfet, si ce n'est pour les objets urgents concernant la gestion des bois des communes (Ord. 10 mars 1831).

Les principales attributions des chefs de service sont les opérations de balivage, de martelage et de récolement des coupes qu'ils font en concours avec un autre agent (O. rég. 78);—la comptabilité relative aux coupes et aux produits accessoires concédés à prix d'argent; — les poursuites devant les tribunaux correctionnels et la préparation des actes qui s'y rattachent, citation, signification et exécution des jugements. Les chefs de service instruisent les affaires administratives au second degré, en donnant leur avis à la suite des rapports des chefs de cantonnement. Ils n'ont l'autorité active que dans de rares circonstances, dont voici des exemples : Ils agréent les entrepreneurs de coupes communales (C. for. 81), donnent les permis d'exploiter des coupes vendues ou délivrées (C. for. 30), interjettent appel au nom de l'administration forestière (C. for. 183), visent les demandes de construction de fermes à distance prohibée (O. rég. 178), sont les experts de l'État pour le règlement, en cas de contestation, des terrains fouillés ou occupés pour les travaux publics (O. rég. 172) ou vicinaux (Ord. 8 août 1845).

En cas d'empêchement, l'inspecteur est remplacé de droit par le sous-inspecteur qui, pour ce motif, gère le cantonnement le plus voisin du chef-lieu de l'inspection. Hors ce cas, aucune des fonctions de l'inspecteur ne peut être conférée au sous-inspecteur qu'en vertu d'une autorisation spéciale du directeur général (Arr. min. 27 juill. 1844).

Cantonnements. — Le chef de cantonnement est tantôt un sous-inspecteur, tantôt un garde général ou un garde général adjoint. Sa circonscription est créée par le directeur général. Il est le chef immédiat des brigadiers et gardes dont il surveille les fonctions et à l'égard desquels il propose les mesures disciplinaires, s'il y a lieu (n° 84).

Il est l'organe d'instruction au premier degré de toutes les affaires administratives pour lesquelles il fournit les renseignements de fait et d'appréciation les plus immédiats. Il n'a que bien rarement l'autorité active. On peut toutefois citer, dans cet ordre d'idées, les actes suivants : il indique les places à feu ou à atelier dans les coupes en exploitation (C. for. 38); — il désigne, s'il le juge nécessaire, des arbres pour remplacer ceux qui ont été brisés ou endommagés par le fait de l'exploitation (Cah. charg. gén.); — il marque les chablis de son marteau avec le concours d'un préposé (O. rég. 101, 135); — il peut être régisseur comptable des travaux exécutés par voie de régie (n° 103); — il est directeur des travaux exécutés par entreprise et prescrit les changements au devis pour motifs d'utilité ou d'économie; — il agrée les facteurs des coupes qui ont été vendues (C. for. 31); — il fait suppléer, en cas d'empêchement, les gardes sous ses ordres, à charge d'en rendre compte, sans délai, à son supérieur immédiat (O. rég. 14); — il règle, enfin, les questions relatives à la jouissance des terrains, chauffages et pâturages alloués aux préposés.

Ses principales attributions sont la surveillance de tous les faits intéressant le service forestier dans sa circonscription et notamment celle des exploitations; — l'initiative et la proposition des mesures à prendre et surtout la rédaction des projets de travaux; — la mise à exécution des mesures administratives ordonnées et la notification aux parties intéressées des décisions qui émanent du service forestier; — enfin la comptabilité des menus produits concédés à charge de prestation.

11. Rôle de l'administration des forêts dans la gestion des forêts de l'État. — Considéré comme personne civile susceptible d'avoir des droits et de contracter des obligations, l'État n'a pas une représentation unique comme certaines sociétés et notamment les sociétés commerciales. Diverses autorités administratives, le chef de l'État, les ministres, les préfets, les procureurs de la République et même les agents forestiers, etc., le représentent dans les divers actes de la vie civile. On peut dire, en cette matière, que chaque loi spéciale assigne à chaque autorité son rôle et sa fonction. C'est ainsi que les lois qui ont organisé notre comptabilité publique veulent que les fonctions de comptables soient toujours séparées des fonctions d'administrateur. A ce titre, les agents forestiers ne pourront jamais encaisser aucun produit ni effectuer aucun maniement d'argent, pas plus que les ingénieurs des ponts et chaussées, des mines, etc. Ainsi, sous le rapport de la perception des produits en argent, les agents forestiers ne pourront jamais représenter l'État.

Mais les lois spéciales n'ont pas prévu tous les cas que la pratique des affaires peut soulever. Il y a en cette matière un droit commun qui en comble les lacunes et s'applique dans leur silence. Il réside dans la loi du 19 août-12 sept. 1791, qui a placé le domaine de l'État sous l'autorité du ministre des finances, avec l'administration de l'enregistrement et des domaines comme service auxiliaire. Le Code forestier forme vis-à-vis de cette législation domaniale une exception considérable, il est vrai, mais dont le caractère doit toujours conserver ses effets légaux.

On aurait pu, peut-être, étendre davantage cette délégation, du moment où une administration spéciale était créée pour gérer les intérêts forestiers et aujourd'hui surtout que les nouveaux impôts ont singulièrement augmenté la tâche de l'enregistrement; mais tant qu'elle n'est pas modifiée, ses effets doivent être soigneusement distingués. Ainsi, le Code forestier ne donnant à l'administration des forêts aucune attribution pour les procès purement civils, il en résulte que, sous ce rapport, les agents forestiers ne peuvent représenter l'État. Il en est de même de toutes les affaires relatives à la conservation, non des richesses forestières, mais du droit de propriété lui-même. Les partages, échanges, locations, concessions de servitudes, etc., sont de la compétence de l'administration des domaines, bien que l'avis des agents forestiers, qui doit toujours être fourni, forme un des éléments les plus importants de l'instruction de l'affaire (Régl. minist. 3 juillet 1834).

Les lois forestières deviennent elles-mêmes le droit commun des attributions du service forestier. Si, par exemple, elles chargent les percepteurs du recouvrement des amendes, restitutions, dommages-intérêts et frais auxquels les délinquants poursuivis par l'administration forestière ont pu être condamnés (Loi 29 déc. 1873), c'est qu'aucun administrateur ne peut être comptable. Mais l'exécution des jugements reste dans le droit commun de celui qui avait qualité pour poursuivre, et l'agent forestier sera chargé de la mise à exécution des condamnations non pécuniaires, par exemple, dans le cas des articles 151, 152, 153, 155 du Code forestier.

Ce Code leur donne compétence pour les délimitations générales, l'aménagement, l'exploitation et la vente des coupes ordinaires et extraordinaires, la concession des menus produits, la poursuite des délits forestiers, les transactions à l'occasion de ces délits, les travaux d'exploitation et d'amélioration; ce sont en général les affaires qui con-

cernent la conservation et la gestion des richesses
forestières. S'ils n'en encaissent pas les produits,
c'est en vertu du principe général de la séparation des comptables et des administrateurs.

Il ne faut pas oublier que dans ce champ d'attribution encore très-vaste, puisqu'il embrasse
l'aménagement et la conservation des richesses
naturelles les plus utiles au travail national, l'administration des forêts n'agit, en principe, que
comme service auxiliaire des autorités de commandement. Toutefois elle présente, à cet égard,
une dérogation à la règle générale de notre organisation administrative que nous avons déjà signalée (n° 10). Les agents forestiers ont très-souvent l'autorité active, et cela d'une manière bien
plus étendue dans la gestion des forêts domaniales que dans celle des forêts communales.
L'étude détaillée de la législation forestière peut
seule en donner une exacte mesure. Nous nous
bornerons à indiquer que pour les délimitations
générales, pour la formation du contrat de vente,
les poursuites et les transactions, les agents forestiers représentent en réalité l'État dans les
fonctions attribuées à chaque grade. Il en résulte
que dans ces actes ils engagent l'État comme le
mandataire engage le mandant. Ainsi, s'ils sont
condamnés aux frais, quand ils succombent dans
une poursuite, ou à des dommages-intérêts envers

un prévenu absous (I. cr. 212), ces condamnations frappent réellement l'État.

Statistique. — La contenance des forêts domaniales qui paraît avoir atteint en 1795, d'après la commission du Conseil des Cinq-Cents 2,592,000 hectares, a été successivement réduite par la remise faite aux émigrés des biens non vendus et par des aliénations dont les plus importantes datent de 1817.

En 1820 la contenance des forêts domaniales remises à l'administration des forêts, réorganisée par ordonnance du 18 octobre 1820, était de 1,126,566 hectares; en 1868, de 1,088,830 hectares, et en 1869, avant la guerre, de 1,085,566 hectares. Il y avait en outre 67,202 hectares affectés à la liste civile du chef de l'État.

La guerre de 1870 nous a fait perdre :

	hectares.
Bas-Rhin.	51,970
Haut-Rhin.	20,629
Meurthe-et-Moselle.	73,984
Vosges.	4,436
Total.	151,019

Depuis cette époque les forêts de la liste civile ont fait retour au domaine et la France a rendu aux princes de la famille d'Orléans les forêts confisquées en 1852. La contenance totale des bois domaniaux régis par l'administration des domaines est, en 1875, de 990,612 hectares dont la répartition par nature n'a pas encore été publiée. Celle de 1868 était la suivante :

		hectares.
Taillis.		275,189
Futaies feuillues.	196,047	
— résineuses	190,800	473,537
— mélangées	86,690	
Conversions de taillis en futaie.	269,550	283,475
— en futaies résineuses	13,925	
Vides dans les départements de l'Ariége, Haute-Garonne, Cher, Hautes-Pyrénées, Pyrénées-Orientales et Corse		56,679
Total.		1,088,880

Ce domaine produisait 26,964,719 francs en 1827 et 37,545,644 francs en 1869. Les comptes postérieurs n'étant pas encore réglés définitivement, on ne peut indiquer son produit actuel.

Les forêts d'Algérie sont administrées par des agents forestiers détachés et placés sous l'autorité du gouverneur général de la colonie. Une statistique de 1872 évalue la contenance de celles qui n'ont pas été concédées et qui restent encore au domaine à 2,084,879 hectares, dont la moitié environ est à l'état de broussailles livrées au pâturage, mais dont le reste serait susceptible d'une exploitation avantageuse si la construction des routes et des chemins de fer était assez avancée dans ce beau pays.

12. Rôle du service des forêts dans la gestion des forêts communales. — L'administration des forêts forme un service auxiliaire des communes qui leur est imposé et qu'elles rétribuent au moyen d'une taxe spéciale (Lois 25 juin 1841, 19 juill. 1845, 14 juill. 1856). Il en résulte que l'autorité active est exercée par le chef de l'État, le ministre, le préfet et quelquefois le maire (n° 9), selon l'importance des différents actes de gestion, et que le service forestier n'est, en général, que le préparateur des décisions à rendre sur l'avis du conseil municipal.

Mais les raisons d'intérêt public qui ont conduit à imposer ainsi aux communes un service auxiliaire qu'elles payent sans pouvoir le choisir, font que, dans bien des circonstances, l'autorité de surveillance de l'État sur les affaires communales se transforme et devient une véritable tutelle, de telle façon que le conseil municipal ne donne en réalité qu'un simple avis et que le pouvoir central peut substituer sa volonté à celle de la commune et la lui imposer(¹). Il ne s'agit, bien

____

(¹) Cela entraîne dès lors une conséquence importante : c'est que certains actes, comme les échanges, les concessions, les partages, les aliénations, etc., qui sont, dans les affaires communales ordinaires, approuvés par le préfet, ne peuvent devenir définitifs que par l'approbation du chef de l'État quand ils concernent les forêts soumises, attendu qu'ils peuvent avoir pour effet de modifier des aménagements réglés par décrets (Avis C. d'État, 11 nov. 1852).

entendu, que des actes les plus importants de la gestion des immeubles forestiers, par exemple, la soumission au régime forestier (C. for. 90), l'aménagement de la forêt (C. for. 15 ; O. rég. 135), les travaux extraordinaires d'amélioration (C. for. 41 ; O. rég. 136).

Quelquefois même le service forestier est entièrement substitué à la commune qui, alors, n'est même plus consultée. Les agents forestiers, qui ont dans ces circonstances l'autorité active à cause de leurs connaissances spéciales, agissent comme de véritables régisseurs imposés en vertu d'un mandat légal; leurs actes engagent la commune, lui bénéficient ou tournent à son détriment, selon qu'ils sont bien ou mal faits; c'est ainsi que l'administration forestière exerce les poursuites dans toutes les affaires dites forestières (C. for. 159), autorise les transactions sur ces poursuites avant ou après condamnation (Loi 18 juin 1859), ordonne les coupes ordinaires qui doivent se faire dans les bois communaux (C. for. 65 et Ord. 10 mars 1831).

Comme contre-poids de ce pouvoir exceptionnel, une formalité, c'est-à-dire une garantie nouvelle pour la commune, a été introduite, en 1871, dans la législation forestière. Le conseil général est appelé à donner son avis sur la soumission des bois communaux au régime forestier, sur leur aménagement, leur mode d'exploitation, leur aliénation et leur défrichement (Loi 10 août 1871, art. 50). En outre, indépendamment du recours habituel pour excès de pouvoir (n° 6) que la commune possède comme tous les administrés, contre les actes irréguliers des administrations, on lui a ouvert, dès 1827, un recours particulier devant le conseil de préfecture, ou plutôt le droit d'y discuter, avec appel au Conseil d'État, les actes qui fixent la possibilité de sa forêt et par conséquent la nature et l'étendue de ses coupes ordinaires (C. for. 65, 112).

Il résulte de ces considérations sur le rôle du service forestier dans la gestion des forêts communales :

1° Que les agents doivent apporter dans cette importante partie de leurs fonctions le plus grand esprit de modération et la plus consciencieuse étude des véritables intérêts des localités ;

2° Qu'ils ne doivent jamais dépasser leurs attributions et détourner l'autorité administrative forestière des cas, essentiellement limités, pour lesquels elle a été instituée ;

3° Que même, dans les cas où leur action est entièrement substituée à la commune, par exemple dans les transactions, ils ne doivent point faire un exercice jaloux de leur autorité, mais doivent consulter autant que possible les communes propriétaires dans les affaires importantes (Circ. 31 janv. 1860) ;

4° Qu'il n'y a enfin de sage gestion que celle qui, s'inspirant du sentiment de toutes les convenances, agit avec la conviction bien arrêtée que les administrations sont faites uniquement pour les administrés et pour la satisfaction des intérêts du public.

Ces recommandations sont d'autant plus utiles que l'esprit de notre législation s'oppose à ce qu'un recours en responsabilité puisse être admis contre l'État à raison des fautes commises dans l'exercice du pouvoir de tutelle qui lui est confié sur les communes (Cons. d'État 15 mai 1856). L'irresponsabilité oblige plus que toute autre considération.

Ainsi la règle du service forestier est que celui-ci n'exerce d'attributions que dans les cas prévus par les lois forestières. Cette prévision est, en général, *expresse* ; elle peut, toutefois, être *tacite* lorsque l'affaire a pour résultat de compromettre le régime forestier lui-même. Les locations, concessions de terrains, etc., ne sauraient, par exemple, être approuvées par le conseil municipal et le préfet que sur l'avis conforme du conservateur des forêts. Autrement on pourrait arriver, par des moyens indirects et détournés, à la négation même du régime forestier (Arg. ord. 4 déc. 1844).

Dans toutes les affaires qui ne sont point de la compétence du service forestier, la commune reprend ses pouvoirs d'administration : l'affaire devient purement municipale et se règle suivant la législation communale ordinaire (nos 6 et 9). Ce sont, en général, les questions dans lesquelles la conservation du sol ou des richesses naturelles n'étant plus engagée, il ne s'agit que de la disposition des produits ou des ressources qui en naissent. Les agents forestiers s'abstiennent alors, le plus souvent, de donner leur avis; toutefois, si cet avis leur était demandé par le préfet ou par les autorités municipales, ils ne sauraient convenablement le refuser et devraient le fournir à titre de renseignements officieux dans lesquels des hommes éclairés sauront toujours se désintéresser des passions locales.

Statistique. — La contenance des forêts communales soumises au régime forestier était, en 1870, de 2,134,050 hectares; elle est, en 1875, de 1,912,310 hectares. Chaque année, il y a des distractions du régime forestier, des aliénations ou des soumissions nouvelles, selon l'état financier des communes. De 1855 à 1875 le gouvernement a autorisé des défrichements et des aliénations pour 17,370 hectares (en moyenne, 868 hectares par an) de forêts soumises ou non au régime forestier.

Les forêts communales que la guerre de 1870
nous a fait perdre, sont :

	hectares.
Bas-Rhin.	67,983
Haut-Rhin.	81,385
Meurthe-et-Moselle.	44,816
Vosges.	5,098
Total.	199,282

**13. Rôle d'administration générale du service
forestier dans certaines affaires.** — En dehors de
son service de régie et de conservation des propriétés forestières de l'État, des communes et des
établissements publics, l'administration des forêts
a des attributions d'administration générale dans
certaines circonstances où l'intérêt privé doit faire
des sacrifices à l'intérêt général.

Ce mode d'action est distinct du mode précédent à plusieurs points de vue :

Il s'exerce sur les intérêts généraux de la nation et non plus seulement sur le domaine de
l'État et des communes;

Le service forestier n'y a plus que fort rarement l'autorité de commandement, qui est concentrée alors uniquement entre les mains des agents
habituels d'autorité active;

Les attributions de cette nature, dans lesquelles
l'administration forestière est le préparateur des

décisions à prendre par les fonctionnaires d'autorité active, sont les suivantes :

Défrichement des bois de particuliers. — Les
propriétaires ont le droit de dénaturer et de détruire leurs forêts ; mais ce droit qui a été créé en
1791, suspendu en 1803, recouvré en 1859, ne
doit s'exercer que sous la surveillance de l'administration publique, qui est juge des cas, limitativement désignés dans la loi, où l'intérêt général
exige de conserver l'état boisé. Le ministre des
finances prononce définitivement sur le droit du
propriétaire en s'opposant à son exercice, après
une instruction contradictoire faite par les agents
forestiers et pendant laquelle le conservateur des
forêts peut s'opposer au défrichement d'une manière préparatoire. Si l'opposition du conservateur
n'est pas faite dans le délai de quatre mois après la
déclaration formulée à la sous-préfecture par le
propriétaire, si la décision du ministre n'est pas
rendue dans le délai de six mois après cette opposition, la liberté est acquise au propriétaire. Tel
est le système organisé par la loi du 18 juin 1859,
à l'occasion de laquelle l'administration des forêts
exerce son action sur environ 6 millions d'hectares de bois particuliers (nº 106). C'est elle
également qui intente les poursuites en cas d'infraction aux prescriptions de cette loi qui a été
incorporée dans le Code forestier (art. 219).

La contenance des forêts particulières, sur lesquelles peu de documents ont été publiés, a été évaluée, en 1865, à 6,126,839 hectares; celle de l'Alsace-Lorraine est de 109,236 hectares, ce qui ramènerait le chiffre à 6,017,603 hectares. De 1828 à 1874 l'administration a déclaré ne pas s'opposer au défrichement de 438,597 hectares de bois, soit 9,534 hectares en moyenne par an. Ce chiffre est loin toutefois d'indiquer l'étendue des défrichements opérés, car il y a un grand nombre de bois de plaine dont le défrichement se fait licitement sans déclaration, et les particuliers sont loin de défricher tous les bois pour lesquels ils font la déclaration légale.

Reboisements. — Les enquêtes agricoles constatent l'existence d'environ 2,700,000 hectares incultes et improductifs possédés par les communes, les sections de communes et les établissements publics. L'intérêt général commandait de faire des efforts et des dépenses pour rendre à la production cette énorme quantité de terrains. Une loi du 28 juillet-4 août 1860 a prescrit d'une manière générale la mise en valeur des terres incultes appartenant aux communes et aux établissements publics; une autre loi du 28 juillet-7 août 1860 encourage et ordonne le reboisement des montagnes stériles. Les agents forestiers peuvent participer, à titre de conseil, à l'exécution de la première (n° 76). La mise en pratique de la seconde est entièrement dans leurs attributions. Le système de la loi est celui-ci : le reboisement n'est considéré comme d'intérêt général que dans les montagnes où il est intimement lié à la question des inondations qui ravagent les plaines les plus fertiles à des intervalles malheureusement trop rapprochés. On encourage par des subventions les reboisements facultatifs; on oblige au reboisement les communes, les établissements publics et même les particuliers propriétaires dans certains périmètres où ce travail est considéré comme absolument indispensable et dont l'étendue est fixée par décret rendu en Conseil d'État après l'accomplissement de certaines formalités. Les terrains des communes compris dans ces périmètres sont de plein droit soumis au régime forestier; on peut aller jusqu'à l'expropriation, pour cause d'utilité publique, des terrains des particuliers. Enfin, en 1864, on a étendu ces mesures à des travaux de regazonnement, dans le but de ménager des habitudes pastorales sans lesquelles certaines populations ne sauraient vivre.

L'action de ces lois, et par conséquent du service forestier, s'étend sur environ 2 millions d'hectares situés dans toute la France, mais compris surtout dans 26 départements pour 1,133,000 hectares.

De 1861 à 1868 les travaux de reboisement et de gazonnement obligatoires ont porté sur :

$$21,320 \text{ hectares} \begin{cases} \text{reboisements. .} & 18,577 \\ \text{gazonnements.} & 2,743 \end{cases}$$

et les travaux de reboisement facultatif sur :

$$58,383 \text{ hectares} \begin{cases} \text{domaniaux . .} & 9,837 \\ \text{communaux. .} & 35,221 \\ \text{particuliers . .} & 13,325 \end{cases}$$

Le service forestier avait créé, en 1868, plus de 190 hectares de pépinières permanentes et un grand nombre de pépinières temporaires situées à proximité des travaux. Elles pouvaient livrer plus de 70 millions de plants par an.

Dunes. — Les sables mobiles des dunes qui longent les rivages de la mer et surtout ceux du golfe de Gascogne, sont une grave menace pour les populations du littoral, dont les propriétés sont exposées à être ensevelies par leur marche incessante. Leur fixation au moyen de plantations de pins maritimes et d'autres plantes aréneuses par des procédés sinon découverts, du moins mis en pratique par l'ingénieur Brémontier, au commencement de ce siècle, est considérée comme une œuvre d'utilité et de sécurité générale. Un décret-loi du 14 décembre 1810 permet à l'administration de planter d'office les dunes des communes

et des particuliers qui peuvent être non expropriés, mais dépossédés de leur propriété jusqu'à
ce qu'ils aient remboursé l'État de ses dépenses.
Le décret du 29 avril 1862 a confié à l'administration des forêts ce service qui était auparavant
dans les attributions de l'administration des ponts
et chaussées.

Il existe environ 78,000 hectares de dunes soumises à l'administration, dont 60,000 étaient reboisées en 1868. Depuis que l'administration des
forêts a été chargée de l'opération, elle a reboisé
14,700 hectares de 1862 à 1868, établi des palis-
sades et des clayonnages sur 145 kilomètres et
créé 64 habitations pour les gardes cantonniers
chargés de l'entretien de la dune littorale.

Destruction des animaux nuisibles. — Les intérêts de l'agriculture et quelquefois même la sécurité dans les campagnes exigent souvent que
des chasses administratives soient faites dans les
propriétés d'autrui dont les propriétaires sont
alors, temporairement et sans indemnité, expropriés de leurs droits de chasse. Une législation
déjà ancienne, dont les principaux textes sont
l'arrêté du 19 pluviôse an v et l'ordonnance du
14 août 1814, confère au préfet le droit d'autoriser des battues et de délivrer des permissions
de chasse aux animaux nuisibles. Des officiers
de louveterie sont commissionnés pour la destruc-

tion des loups. L'administration des forêts propose les mesures à prendre, présente les lieutenants de louveterie à la nomination du préfet et fait surveiller les chasses officielles par un agent forestier dont la présence constitue l'unique garantie du droit des tiers. Environ 450 lieutenants de louveterie sont ainsi rattachés d'une manière indirecte à l'administration des forêts, dont le directeur général exerce les fonctions du grand veneur de l'ancienne monarchie (Ord. 14 sept. 1830).

Déclaration de défensabilité dans les bois des particuliers. — L'intérêt général a fait proscrire les moutons dans les bois des particuliers et frapper de nullité les conventions en vertu desquelles des propriétaires auraient pu consentir des droits d'usage au pacage (C. for. 78-120) ; mais en ce qui concerne le pâturage du grand bétail, les conventions sont respectées. Le droit qui en naît est simplement rachetable (C. for. 64) et réductible, suivant l'état et la défensabilité du bois (C. for. 119). Or, il peut arriver que l'usager ou le propriétaire ne s'entendent pas sur cet état du bois. L'un ou l'autre peut alors provoquer l'intervention de l'administration publique. Un agent forestier, désigné par le conservateur (O. rég. 151), détermine les cantons défensables dans lesquels les bestiaux (mais non les moutons) peuvent être admis sans danger pour le bois (C. for. 119).

En ce faisant, l'agent forestier accomplit un acte d'administration active auquel les parties peuvent valablement renoncer d'un commun accord, mais qui devient obligatoire quand l'une veut s'en prévaloir et qui oblige les tribunaux, comme tous les actes de commandement des administrations publiques, à moins, bien entendu, que l'agent ne soit sorti des limites de sa mission et n'ait tranché une question de droit ou de propriété. C'est un des cas, peut-être unique, dans lesquels l'autorité active est confiée à un agent forestier dans les affaires d'intérêt général.

Ainsi, les particuliers propriétaires de bois sont libres d'introduire leur propre bétail et même leurs moutons dans leurs forêts. L'administration ne s'en occupe qu'autant que l'abus de la dépaissance, considéré comme un mode de défrichement, amènerait la destruction de l'état boisé (C. for. 219).

Quant aux droits d'usage, les particuliers sont libres d'en consentir ou de maintenir les anciens, mais seulement en ce qui concerne le pâturage du grand bétail. L'administration peut, alors, être appelée à déclarer la défensabilité de leurs bois (C. for. 119). Relativement au pacage des chèvres et des moutons, il leur est interdit de constituer aucun droit d'usage (C. for. 120 et 78, § 1er). Ceux qui auraient été accordés à une époque récente ou reculée sont révoqués sans indemnité, nonobstant toute possession contraire (C. civ. 6 et C. for. 78, § 1er). Il ne peut être accordé d'indemnité qu'aux usagers dont les titres, antérieurs à 1827, auraient été consentis à une époque et dans des conditions licites (C. for. 78, § 2). Il est donc interdit aux propriétaires de maintenir aucun usage au pacage (Cass. 12 juin 1866), et l'administration des forêts refuse d'intervenir pour déclarer la défensabilité des bois dans l'exercice d'un droit qui est illicite par lui-même (Décis. min. 5 fév. 1868).

Aucune peine ne peut toutefois atteindre, pour ce fait, les propriétaires de forêts, et leur tolérance conserve souvent aux usagers l'exercice du pacage. Cette tolérance n'a pas pour effet de compromettre leur droit; elle ne fait qu'établir une convention tacite d'ajournement du paiement de l'indemnité qui s'oppose à ce que la prescription libératoire puisse commencer à courir à leur profit contre l'usager créancier dans les cas où elle est due (Cass. 12 juin 1866). Les usagers ou leurs pâtres sont seuls punissables (C. for. 78), et l'administration forestière aurait même le droit de constater les délits et de les poursuivre dans les bois particuliers; mais elle n'exerce pas cette faculté que lui reconnaît pourtant la Cour de cassation (Cass. 5 nov. 1807 et 16 fév. 1847). La raison en vient de ce que les mêmes défenses, existant dans les forêts domaniales et communales, peuvent être levées par des actes du Gouvernement (C. for. 78 et 110). Il y aurait donc mauvaise grâce à poursuivre dans les forêts des particuliers des actes que les habitudes de certaines populations forcent à maintenir, trop souvent, dans les forêts soumises au régime forestier.

Régime des Maures et de l'Esterel. — Dans une région de l'ancienne Provence, qui comprend 111,331 hectares de forêts appartenant tant à l'État et aux communes qu'aux particuliers, les incendies constituent un danger public que la loi du 6 juillet 1870 a voulu conjurer. Le droit que les propriétaires possèdent, d'allumer du feu dans leurs forêts et dans leurs landes peuplées de morts-bois, peut être suspendu pendant certaines périodes de l'année, dans lesquelles le préfet interdit tout feu par un arrêté rendu sur la proposition du conservateur et l'avis conforme du conseil général. Le service forestier participe à l'exécution de cette loi qui doit durer 20 ans, en proposant les arrêtés d'interdiction et en faisant constater les contraventions par ses gardes. Il reste étranger à la poursuite des infractions qui constituent un délit du droit pénal ordinaire remplaçant alors, dans cette région et pendant cette période, l'article 458 du Code pénal.

Affaires générales. — L'administration des forêts peut être, enfin, consultée dans toutes les questions d'intérêt général qui concernent les intérêts de l'agriculture et de l'industrie privée ou publique, les enquêtes agricoles et les besoins de la marine. Notre travail national exige beaucoup plus de bois d'œuvre que notre pays n'en produit, et si celui-ci suffit à peu près à ses besoins en bois de chauffage, il n'en est pas de même des bois de travail. Nous importons beaucoup plus de ces bois que nous n'en exportons, et notre travail se développant constamment, l'excédant de l'importation sur l'exportation a *triplé* depuis vingt ans.

Voici les chiffres de 1866 :

Nous avons reçu, dans cette seule année, des pays étrangers, parmi lesquels la Suède, l'Autriche, la Suisse et l'Allemagne figurent en première ligne :

	francs.
Bois de construction . . .	125,800,000
Merrains	45,000,000
Bois à brûler	3,700,000
Bois divers	6,400,000
	180,400,000

Nous n'avons exporté, pour la Belgique, l'Espagne et quelques autres pays, que :

	francs.
Bois de construction. . . .	28,000,000
Merrains et autres bois. . .	4,200,000
	32,000,000

On voit, par ces seuls chiffres, combien il est utile de conserver nos forêts comme une suprême ressource, de les améliorer constamment, et enfin combien il serait facile à des nations voisines de nous faire, à coups de tarifs douaniers, la guerre la plus terrible : la guerre au travail.

DEUXIÈME PARTIE

SERVICE FORESTIER

Nous venons d'établir, en les généralisant autant que le comporte un livre élémentaire, les principes qui président à l'organisation de l'autorité judiciaire et de l'autorité administrative, et d'indiquer de quelle façon l'administration des forêts se rattache à cette organisation générale. Il nous faut entrer maintenant dans le détail des attributions, c'est-à-dire des actes confiés à l'administration des forêts, détail que nous étudierons uniquement au point de vue de la pratique du service. Dans cette étude, que nous limiterons aux points essentiels indiqués dans le programme ministériel du 8 avril 1870, nous trouverons souvent en contact les règles légales et les règles administratives manifestées par des instructions et des circulaires multiples. Il ne faut jamais confondre leur force obligatoire. Les instructions administratives indiquent aux fonctionnaires l'usage que les chefs d'administration entendent faire de leur autorité et la mesure dans laquelle la loi doit s'exécuter pour tempérer les rigueurs qui naîtraient souvent d'une application trop inflexible. Ces instructions, qui empruntent autant à la science administrative qu'au droit administratif, n'obligent que les fonctionnaires. La loi seule oblige tout le monde, l'administration autant et plus même que l'administré.

Nous diviserons notre étude en deux sections : la première sera consacrée aux actes qui concernent les procès, le *contentieux*, suivant un langage plus administratif que juridique ; la seconde sera affectée aux actes de gestion administrative ou de pure administration.

SECTION I. — CONTENTIEUX.

CHAPITRE Ier. — CONTENTIEUX CIVIL.

14. Nature des contestations civiles. — Nous avons indiqué (n° 3) la nature de la juridiction civile et les caractères les plus saillants de l'*office* du juge dans les contestations civiles. Les *actions* (et nous ne donnerons à ce mot que la définition pratique mais peu doctrinale de procès, de contestations) sont divisées en plusieurs espèces selon l'ordre d'idées que l'on considère.

1° Les actions sont *mobilières* ou *immobilières*

selon que l'objet, le but vers lequel tendent les parties, est meuble ou immeuble. Cette distinction a de l'intérêt au point de vue de la capacité des parties, généralement plus étendue pour exercer les premières que les secondes.

2° Les actions sont *personnelles* ou *réelles*, selon la nature du droit que les parties mettent en mouvement. Si le droit invoqué est un simple *droit de créance*, l'action est personnelle (exemple : procès en dommages-intérêts, en paiement de dettes, en garantie, etc.). Si le droit invoqué est un *droit réel*, obligeant la chose plutôt que la personne, de telle sorte que l'objet du litige soit considéré comme débiteur quelle que soit la personne qui le possède, l'action est réelle (exemple : procès de propriété, de servitudes, d'hypothèque, etc.). Cette distinction est importante à plusieurs égards : dans les procès personnels, le défendeur doit être assigné au tribunal de son domicile; dans les procès réels, le tribunal compétent est celui de la situation du bien litigieux (Pr. civ. 59). Le jugement des procès réels s'exécute, en général, par autorité de justice, même contre l'État et les communes; au contraire, l'exécution des jugements en matière personnelle ne se fait contre l'État et les communes que par les voies purement administratives. On ne peut jamais saisir l'argent qui se trouve dans la caisse d'un comptable public. L'autorité d'exécution judiciaire est subordonnée aux règles de notre droit concernant la liquidation des dépenses publiques.

Les actions réelles se subdivisent en actions *possessoires* et *pétitoires,* selon que le simple *fait* de la possession constitue le litige ou qu'il s'agit de la mise en mouvement d'un *droit* de propriété ou de tout autre droit réel. Cette distinction a également son importance, parce que le juge de paix est uniquement compétent pour les procès possessoires (Loi 25 mai 1838), — parce que les plaideurs et le juge ne peuvent jamais mélanger les contestations sur la possession avec les litiges sur le droit, cumuler, comme on dit au Palais, le pétitoire avec le possessoire (Pr. civ. 25), — parce qu'une personne condamnée sur le simple fait de possession ne peut invoquer son droit, se pourvoir au pétitoire, qu'après avoir satisfait au jugement sur la possession et remis les lieux en l'état où ils étaient (Pr. civ. 27), — enfin, parce que la partie qui intente un procès pétitoire renonce, par ce seul fait, au bénéfice de l'action possessoire et est inhabile à attaquer son adversaire pour se faire réintégrer en la possession qu'elle a perdue.

**15. Actions civiles intéressant le domaine immobilier de l'État. — Dans ces différentes natures de contestations, l'État et les communes sont entièrement assimilés aux particuliers. Le même droit s'applique aux uns comme aux autres; la même juridiction leur sera, en général, applicable; mais des formalités spéciales à la nature de ces êtres moraux régiront les procès dans lesquels ils seront demandeurs ou défendeurs. Ainsi les affaires qui les concernent sont dispensées du préliminaire de conciliation (P. civ. 49). Cela ne veut pas dire que les demandes qu'on leur adresse ou celles qu'ils formulent ne sont jamais susceptibles d'être accueillies à l'amiable; cela signifie simplement que l'accord amiable étant soumis à des règles administratives spéciales ne peut se faire devant le juge de paix, et qu'ainsi il est inutile de se présenter en conciliation devant lui.

Voici comment il est suppléé à cette formalité préparatoire de tous les procès civils. Celui qui veut assigner l'État dépose à la préfecture un mémoire indicatif de sa demande; il lui en est délivré récépissé, et si dans le délai d'un mois il ne lui est pas répondu, il peut valablement délivrer son assignation qui sans cela serait prématurée et annulable (Loi 28 oct. - 5 nov. 1790). De même si l'État veut intenter un procès contre un particulier, l'équité veut qu'il mette celui-ci à même d'y accéder en lui faisant notifier administrativement un mémoire expositif de sa demande, et ce n'est qu'un mois après la notification de ce mémoire que son assignation est délivrée (Règl. min. 3 juillet 1834).

En ce faisant, on ne compromet aucun droit, car ce mémoire qui remplace la conciliation en produit tous les effets. Il interrompt au profit du particulier demandeur toutes les déchéances et prescriptions à la condition d'être suivi d'une demande en justice dans les trois mois qui suivent le délai d'un mois dont il vient d'être parlé (C. civ. 2245). Le mémoire de l'État ne produit pas, toutefois, le même effet interruptif des déchéances, et dans les cas urgents, l'assignation est le seul moyen de conserver des droits périclitants.

Nous avons indiqué (n° 6) la manière multiple dont l'État propriétaire est représenté pour les différents actes de sa vie civile. Dans les procès, le préfet et le ministre des finances ont l'autorité active pour la conduite de l'affaire, l'administration de l'enregistrement et des domaines est le service administratif auxiliaire.

Rôle du préfet. — Celui-ci est, dans tout procès civil né ou à naître, le représentant du Domaine; c'est lui qui reçoit ou qui délivre les assignations; c'est lui qui imprime au litige sa marche et sa direction, signe et fait notifier les mémoires introductifs d'instance ou explicatifs de la demande, formule les appels et devient le maître du litige, en ce sens que toute la procédure se fait en son nom. Il n'exerce, toutefois, cette autorité que sous la surveillance du ministre des finances qui statue seul sur l'opportunité du désistement, de l'abandon des droits conservés par les actes du préfet, et de la transaction proposée pour mettre fin au procès. Le préfet fait les actes qui maintiennent les droits de l'État; le ministre statue sur ceux qui peuvent l'engager (Règl. 3 juill. 1834).

Rôle du directeur des domaines. — Dans toute la procédure, le directeur des domaines est, dans le département, le préparateur des actes notifiés au nom du préfet; mais il a une certaine autorité active en ce sens qu'il peut *occuper* devant le tribunal au nom du Domaine, soit par lui-même, soit par un délégué, c'est-à-dire qu'il peut y remplir toutes les fonctions des avoués. Les actes de procédure intérieure qui s'échangent entre avoués lui sont donc valablement notifiés.

Rôle du ministère public. — Le préfet a dans le procureur près du tribunal civil un second auxiliaire. Le procureur est l'avocat du Domaine (Arr. 10 therm. an IV) chargé, à ce titre, de la défense des intérêts de l'État. Toutefois, comme cette prescription pourrait se trouver en désaccord avec son devoir professionnel, qui est d'éclairer impartialement le tribunal, il conserve, malgré cette attribution, toute son indépendance. Il n'est

jamais tenu de conclure systématiquement en faveur de l'État; mais il est toujours obligé de faire
lire à l'audience les pièces et les mémoires pré-
sentés au nom du Domaine.

Ce rôle du ministère public et les nombreuses
occupations du directeur des domaines font que,
dans les affaires importantes, le préfet fait, en général, représenter les intérêts de l'État par des
avocats et des avoués dont le concours lui est
permis comme à toutes les parties en cause, sans
lui être, comme à celles-ci, obligatoire, du moins
en ce qui concerne les avoués.

Devant les juges de paix, où il n'y a ni ministère public ni avoués, le préfet fait représenter le
Domaine, soit par un employé de l'administration
de l'enregistrement, soit par tout autre délégué
spécial, qui pourrait, dès lors, fort bien être un
agent forestier.

**16. Actions civiles intéressant les propriétés
communales.** — Des règles analogues ont été
établies pour les procès civils intéressant le domaine communal.

Un mémoire, déposé à la sous-préfecture par
celui qui veut intenter un procès contre la commune, remplace le préliminaire de conciliation ;
s'il ne lui est point répondu dans le délai de deux
mois, l'assignation est valablement délivrée (Loi

18 juillet 1837, art. 51). Il interrompt toute déchéance, à la condition d'être suivi d'une assignation dans les délais légaux (C. civ. 2245).

Le maire remplit, dans les procès communaux, le rôle du préfet dans les instances domaniales; le conseil municipal exerce celui du ministre des finances, c'est-à-dire qu'il autorise le maire à demander ou à défendre en justice, qu'il décide s'il y a lieu de continuer le procès, de s'en désister ou de transiger. Il n'exerce toutefois cette dernière attribution que sous l'autorité du préfet représentant la surveillance de l'État sur les communes (n° 6).

Le rôle d'avocat assigné au ministère public et celui d'avoué attribué au directeur des domaines dans les instances domaniales n'existent point, toutefois, dans les institutions communales. Le maire est obligé, comme toutes les parties en cause, de constituer avoué, et s'il ne peut aller lui-même défendre les intérêts de sa commune devant le tribunal (Pr. civ. 85), il est bien obligé de confier cette défense à un avocat. Cependant le ministère public n'est point sans avoir une certaine action dans les procès qui intéressent les communes. Le dossier doit lui être communiqué avant les plaidoiries, et il est obligé d'y prendre la parole dans un sens ou dans l'autre (Pr. civ. 83). Cette obligation existe au même degré dans les affaires de l'État; mais celles-ci ont cela de spécial que le ministère public peut être l'avocat du Domaine et est au moins obligé de faire lire à l'audience ses mémoires explicatifs, tandis qu'il n'a pas cette obligation dans les affaires communales.

Rôle du conseil de préfecture. — Des considérations d'une nature exceptionnelle ont fait placer entre les mains du conseil de préfecture, investi alors de l'autorité active, le pouvoir de surveillance de l'État sur les actes des communes quand il s'agit de procès à intenter ou à défendre (n° 7). Le conseil municipal autorise les procès, et le maire ne pourrait les suivre légalement qu'en vertu de cette autorisation; mais le conseil municipal a besoin lui-même d'être autorisé par le conseil de préfecture, et sans cette autorisation la justice civile lui serait fermée; sa demande serait repoussée par le congé-défaut; le procès d'un particulier contre la commune non autorisée ne trouverait pas de contradicteur et serait jugé par défaut contre la commune.

Voici le mécanisme de cette institution :

Si la commune veut intenter un procès, elle ne peut *ester en justice* qu'avec l'autorisation du conseil de préfecture, que celui-ci doit donner ou refuser dans le délai de deux mois. En cas de refus ou de silence dans ce délai, la commune peut se pourvoir devant le Conseil d'État, et si celui-ci reste, à son tour, deux mois sans formuler sa décision, la commune est tacitement autorisée à introduire son action (Loi 18 juill. 1837, art. 50).

Si la commune est assignée en justice, elle ne peut y répondre valablement, ce qui se dit aussi ester en justice, qu'avec une autorisation formelle du conseil de préfecture ou, en cas de refus et par suite de recours, avec une autorisation explicite du Conseil d'État. L'autorisation tacite n'existe pas dans ce cas (Loi 1837, art. 54) ; on veut assurer à la commune assignée le bénéfice d'un jugement par défaut auquel il sera toujours temps de pourvoir par une autorisation expresse.

Si le procès se prolonge et va en appel, l'autorisation administrative, expresse ou tacite, profite à la commune si elle a obtenu gain de cause devant le tribunal, et si son adversaire l'entraîne devant une juridiction supérieure. Il lui faut, au contraire, une nouvelle autorisation expresse ou tacite si elle veut, après avoir succombé en première instance, continuer la lutte et se pourvoir en appel (Loi 1837, art. 49).

Tout cela n'est que l'exercice d'une surveillance dont la volonté ne peut se substituer à l'inaction de la commune, et ni le préfet ni le conseil de préfecture ne pourraient soutenir eux-mêmes ou par un délégué les procès que la commune refuserait ou négligerait d'exercer (Cass. ch. réun. 3 avr.

1867). Cette situation, qui a déjà eu de nombreux inconvénients causés par certaines connivences des autorités municipales, n'a pour correctif que le droit donné à tout contribuable d'intenter en son propre nom, mais au profit de la commune et par conséquent aux frais de celle-ci s'il triomphe et à ses propres dépens s'il succombe, les actions que la commune négligerait ou refuserait d'exercer. Ce contribuable volontaire doit être autorisé par le conseil de préfecture afin d'éviter des litiges mal fondés dont les rivalités locales pourraient être l'occasion.

Enfin, à défaut de cette ressource, l'article 83 du Code de procédure civile offre un moyen de parer à des procès intentionnels dont le domaine communal pourrait être la victime. Le dossier devant être communiqué au ministère public, celui-ci doit éclairer le tribunal de son avis, et il arrivera bien rarement que, par une mise en cause ou par tout autre moyen, la justice ne réussisse pas à empêcher des manœuvres déloyales.

17. Principe du recouvrement des créances appartenant à l'État et aux communes. — Ces règles des instances domaniales et communales s'appliquent à tous les procès civils intéressant l'État ou les communes ; mais elles reçoivent des simplifications notables et même des modifications profondes dans un grand nombre de cas où l'État et les communes se prétendent créanciers, c'est-à-dire ont à intenter une action personnelle et mobilière.

Ainsi, pour le recouvrement des impôts directs ou des taxes qui leur sont assimilées, l'État et les communes ont des modes particuliers de recouvrement dans le détail desquels nous n'avons pas à entrer.

Mais notre législation administrative offre un de ces modes particuliers, utile à connaître pour les agents forestiers parce qu'il concerne le recouvrement des *revenus* et droits *échus* des biens domaniaux et celui des créances communales.

Revenus domaniaux. — Les agents des domaines sont autorisés à créer des titres de perception (Loi 19 août-12 septembre 1791) qui sont visés par le président du tribunal et deviennent, dès lors, exécutoires par voie de commandement suivi de saisie. Le débiteur qui conteste la créance doit alors faire opposition au commandement ou à la saisie, devient demandeur sur son opposition, et doit prouver devant le tribunal civil la légitimité de sa prétention. L'affaire est jugée sur mémoires écrits, en l'absence de toute participation des avocats, et en dernier ressort, sauf pourvoi devant la Cour de cassation.

Créances communales. — Le maire est autorisé

pareillement à créer des titres de recouvrement qui sont visés par le sous-préfet et rendus ainsi exécutoires (Loi 18 juill. 1837, art. 63) par voie de contrainte administrative ou de commandement. La contestation du débiteur ne peut se faire que par une opposition à la contrainte, et l'affaire est jugée par le tribunal civil suivant la procédure dite des affaires sommaires (Pr. civ., art. 404 à 413), c'est-à-dire que le ministère des avoués est obligatoire et que le débat oral peut se poursuivre par tous les modes ordinaires de recours. Mais ces affaires sont dispensées de l'autorisation du conseil de préfecture; le visa du sous-préfet en tient lieu en quelque sorte.

Ces deux modes de recouvrement n'exigent, on le voit, ni l'intervention du préfet au nom de l'État, ni l'autorisation du conseil municipal de la part de la commune. Mais ils ne sauraient être étendus au delà des cas pour lesquels ils ont été autorisés, c'est-à-dire des *revenus* et droits *échus* domaniaux et des recettes municipales pour lesquelles les lois n'ont pas prescrit un *mode spécial* de recouvrement. On ne saurait les généraliser et les appliquer à toutes les prétentions qui peuvent être élevées à l'occasion des domaines de l'État et des communes.

18. Rôle des agents forestiers dans les affaires

civiles intéressant l'État et les communes. — Dans toute cette législation, le nom du service forestier n'est même pas prononcé. C'est assez dire que son rôle est essentiellement consultatif. Ce rôle un peu effacé n'est certainement pas un amoindrissement intentionnel des attributions forestières ; il est le même pour l'administration des ponts et chaussées et pour tous les services qui gèrent, à un titre quelconque, des domaines de l'État et des communes. Mais, par le fait de cette gestion, les avis du service forestier ont la plus haute importance dans tous les procès civils qui intéressent les forêts domaniales ou communales. Ces avis sont impérieusement réclamés dans les affaires de l'État (Ord. 6 mai 1838). Les maires ont plus de latitude dans les affaires communales ; mais ils peuvent bien rarement se passer des renseignements que les agents forestiers doivent s'empresser de leur transmettre par la voie hiérarchique, et ceux-ci manqueraient à tous leurs devoirs s'ils se désintéressaient complétement des litiges concernant des immeubles dont la conservation leur est confiée.

Les agents forestiers ne plaident point devant les tribunaux civils, mais tout mandataire pouvant se présenter devant les juges de paix, rien n'empêcherait qu'ils reçussent délégation pour débattre dans ces tribunaux les intérêts de l'État ou des communes. Certaines petites affaires, comme les demandes en élagages et en bornage, les affaires de possession, de dommages aux champs, seraient ainsi traitées par ceux-là seuls qui ont une connaissance exacte des faits, au grand avantage de la gestion des immeubles et de la célérité dans le litige. Quoi qu'il en soit, les agents forestiers, qui sont ainsi aptes à recevoir une délégation dans des procès nés, sont légalement incapables de représenter l'État ou les communes dans les litiges à naître. La citation qui leur serait donnée ne toucherait ni l'État, ni les communes qui ne peuvent être appelées en justice que par une assignation délivrée au préfet ou au maire (Pr. civ. 69). Si contre toute attente, ils étaient appelés en justice, ils ne devraient s'y présenter que pour déclarer qu'ils n'ont point mission de représenter l'État ou les communes.

Toutefois, le rôle des agents forestiers est plus actif dans le recouvrement des créances domaniales, qui ont le caractère de revenus, et dans celui des recettes communales.

Un très-grand nombre de recettes causées par la gestion forestière rentrent, en effet, dans cette double catégorie. Les agents forestiers dressent les titres de recouvrement; ils sont remis, en ce qui concerne l'État, au directeur des domaines qui se les approprie en les visant; le receveur des domaines en effectue la recette et les soumet, en cas de contestation, à l'exécutoire du président du tribunal. S'ils concernent les communes, ils sont envoyés au trésorier-payeur général, qui charge le receveur municipal de leur perception. En cas de contestation, celui-ci les soumet au maire et les fait viser par le sous-préfet.

CHAPITRE II. — CONTENTIEUX ADMINISTRATIF.

19. Explications sommaires. — Certaines contestations civiles sont jugées non par les tribunaux ordinaires, mais par des tribunaux administratifs parmi lesquels le conseil de préfecture a une juridiction très-fréquente, quoique toujours exceptionnelle, et pour lesquels le Conseil d'État a la juridiction ordinaire d'appel (n° 7). Habituellement, les textes de lois administratives indiquent les affaires dans lesquelles ces tribunaux sont compétents ; mais il peut arriver des cas où les lois sont muettes et où cependant l'autorité administrative doit seule prononcer sur les litiges. L'étude de nos institutions a conduit la doctrine à leur assigner les caractères suivants :

1° Ce n'est qu'à l'occasion d'un *acte administratif* que la contestation peut être du ressort des juridictions administratives ;

2° L'acte administratif qui ne lèse que des intérêts ou des convenances, ne peut jamais donner naissance à un recours devant ces juridictions; il faut que le débat porte sur un *droit lésé* ou méconnu que fait valoir l'administré contre l'administration;

3° Ces juridictions ne sont pas compétentes quand le droit invoqué concerne le *domicile*, la *liberté*, l'*état des personnes* ou la *propriété* (grands principes qui sont placés dans les attributions des tribunaux ordinaires), ou quand le droit invoqué dérive d'un *contrat du droit civil* (parce qu'alors l'administration y étant partie ne peut y être juge);

Le tout, sauf exceptions résultant de lois spéciales.

Dans ces affaires où l'administré lutte contre l'administration, chacun invoque son droit et le soutient comme des parties en cause dans un procès; la juridiction administrative prononce comme un tribunal et substitue sa décision à celle de l'autorité administrative qui a effectué l'acte attaqué.

Le ministre est, dans chaque département ministériel, le juge ordinaire des contestations administratives qui s'élèvent à l'occasion des actes administratifs qui lèsent des droits. Il statue alors comme un tribunal, tellement qu'une procédure lui a été organisée (Décr. 2 nov. 1864), que le

Conseil d'État exerce à son égard la juridiction d'appel (Décr. 11 juin 1806) et que ses décisions contentieuses confèrent l'hypothèque judiciaire (Avis C. d'État 16 therm. an XII).

Mais le ministre ne peut naturellement statuer comme juge dans les contestations nées des actes qui émanent de lui-même (liquidations des pensions civiles, etc.). Le Conseil d'État est alors le juge ordinaire de l'affaire, et statue en premier et dernier degré (¹).

Telle est la juridiction ordinaire administrative à l'occasion des actes de l'administration des intérêts généraux. Quand le débat concerne, au contraire, un acte des autorités instituées pour la gestion des intérêts locaux, une habitude de jurisprudence plutôt qu'un texte bien précis de la loi veut que le litige se porte devant le préfet, sauf recours au ministre et au Conseil d'État, quand il naît d'un acte émané d'un maire, et devant le ministre, sauf recours au Conseil d'État, quand il prend naissance à l'occasion d'un acte du préfet.

(¹) On peut citer comme exemples de contentieux administratif ordinaire : les contestations des communes pour faire réduire la taxe du vingtième pour frais d'administration (Lois 25 juin 1841, 19 juill. 1845 et 14 juill. 1856), pour obtenir la possibilité de leurs forêts (C. for. 65 et 112), celles des particuliers ou des usagers à l'occasion des déclarations de défensabilité faites par les agents forestiers (C. for. 119), etc.

20. Contestations relatives aux opérations de récolement.— Quand les coupes ont été exploitées, on doit vérifier si l'acquéreur a satisfait à toutes ses obligations, relativement à la contenance vendue, au mode d'exploitation, au nombre et à la qualité des réserves dont il est comptable. Cette vérification, qui s'appelle *réarpentage* ou *récolement*, se fait administrativement et avec des formalités spéciales qui ont pour but de la rendre contradictoire (n° 91). Elle peut amener contre l'adjudicataire des condamnations qui seront prononcées par les tribunaux ordinaires (n°s 41, 42, 45, etc.); mais la discussion sur les vices d'exploitation, et par conséquent la constatation des délits prévus et punis par le Code forestier, est enlevée aux tribunaux correctionnels et attribuée à un tribunal administratif qui est le conseil de préfecture (C. for. 50).

Le motif de cette considérable dérogation au pouvoir des tribunaux est que la vérification des exploitations forestières forme une opération technique qui ne peut être convenablement faite que par l'administration et discutée devant elle. Or, dans cet acte administratif, les agents forestiers peuvent léser les droits que l'adjudicataire tient de la loi et de son contrat, et il était non moins juste ni non moins naturel de lui ouvrir un recours contre les constatations faites contradictoirement. Il pourra les discuter devant le conseil de préfecture et en appel devant le Conseil d'État. Un droit pareil est donné à l'administration des forêts contre l'acte de ses agents.

« Dans le délai d'un mois après la clôture des « opérations, dit l'article 50 du Code forestier, « l'adjudicataire et l'administration pourront re- « quérir l'annulation du procès-verbal de récole- « ment, devant le conseil de préfecture, pour « défaut de forme ou pour fausse énonciation. »

Si le tribunal administratif maintient l'acte ou si le pourvoi est rejeté comme formé tardivement, l'affaire revient devant le tribunal correctionnel, qui ne peut plus alors permettre de discuter devant lui les constatations désormais acquises par l'acte de récolement; le tribunal n'est plus qu'un simple enregistreur de condamnations.

Les agents forestiers pourraient, il est vrai, poursuivre les vices d'exploitation devant les tribunaux correctionnels dès qu'ils sont constatés par un procès-verbal; mais l'adjudicataire, qui peut alors accepter le débat, a aussi le droit de le refuser et de demander un sursis à la poursuite jusqu'à ce que la vérification de sa coupe ait été faite suivant les formes administratives qui lui assurent le bénéfice d'une discussion devant le conseil de préfecture. Le tribunal a également le droit de surseoir à statuer en cas d'insuffisance du procès-verbal qui constate le délit (C. for. 44).

Le conseil de préfecture statue dans les contestations relatives à la vérification des coupes suivant un mode tout particulier qui constitue deux dérogations aux règles habituelles du contentieux administratif :

1° Le délai d'un pourvoi devant une juridiction administrative est habituellement de trois mois après la notification de l'acte qui donne naissance à la contestation. Ici ce délai est abrégé : il est réduit à un mois après la clôture de l'opération (C. for. 50) ; mais il faut que l'adjudicataire connaisse la date de la clôture du procès-verbal de réarpentage ou de récolement, ce qui se constate par l'apposition de sa signature au pied de cet acte (O. régl. 98), ou par la signification du procès-verbal de récolement.

2° Dans les contestations administratives, le conseil de préfecture statue habituellement comme un tribunal ; il s'éclaire par tous les modes de preuves qu'il ordonne, et substitue sa décision à l'acte administratif attaqué. C'est ainsi qu'il réforme le décompte des sommes dues à un entrepreneur de travaux publics, qu'il fixe le chiffre de la contribution directe due par un patentable, etc.; mais ici, il ne peut refaire l'acte de récolement et substituer à l'opération des agents forestiers une nouvelle vérification émanée de lui. Il ne peut qu'annuler ou confirmer le récolement (C. for. 50). Sans aucun doute, il pourra et il devra, pour prononcer cette annulation ou cette validation, s'éclairer par tous modes licites de preuve, ordonner une enquête ou une expertise; mais il ne devra pas refaire le récolement que les agents forestiers ont seuls mission d'opérer, sauf à voir contester leur opération une nouvelle fois par un semblable recours.

Le conseil de préfecture a donc, en matière de récolement, une juridiction imparfaite et partagée : imparfaite, en ce sens qu'il ne refait pas l'acte attaqué; partagée, en ce sens qu'il ne prononce pas la sanction des vices d'exploitation constatés; cette sanction consiste dans la peine d'un délit qui est dans les attributions des tribunaux correctionnels. Il y a des exemples de ce partage dans les contraventions de voirie des chemins vicinaux.

24. Contestations relatives aux droits d'usages. — Le droit d'usage consistant à obtenir dans une forêt des délivrances en bois ou en pâturage résulte d'une convention, d'un contrat passé entre l'usager et le propriétaire de la forêt. Mais les stipulations de ce contrat fléchissent devant le principe de la conservation des forêts qui est d'ordre public, de telle sorte que malgré les con-

ventions contraires et les indications du titre
(C. civ. 6), le propriétaire peut toujours réduire
les délivrances de l'usager selon la possibilité de
la forêt (quantité de bois qu'une forêt peut produire annuellement sans être détériorée) ou selon
sa défensabilité (état de la forêt relativement au
pâturage), laquelle n'est pas autre chose que la
possibilité de l'immeuble en produits susceptibles d'être mangés par le bétail (C. for. 65 et
119).

La possibilité résulte d'une appréciation qui est
formulée par le propriétaire de l'immeuble pour
les forêts des particuliers ou par les agents forestiers pour les forêts soumises au régime forestier;
or, cette appréciation peut léser le droit de l'usager qui est d'obtenir au moins cette possibilité
quand son titre lui donne droit à des produits plus
considérables. Il peut contester cette possibilité.
Cette contestation est toujours du ressort des tribunaux civils dans les forêts des particuliers
(C. for. 121). Il en est de même de celle sur
la défensabilité (n° 51), à moins que les parties
n'aient fait constater cette défensabilité par un
acte d'autorité active d'un agent forestier (C. for.
119). Elle est dans ce cas de la compétence du
ministre (n° 19), sauf recours au Conseil d'État.

S'il s'agit de forêts soumises au régime forestier,
le litige sur la possibilité et la défensabilité sera

toujours de la compétence du conseil de préfecture (C. for. 65, 67).

Ce tribunal administratif, saisi de la contestation, s'éclaire par une expertise ou par tous autres moyens d'information, et fixe, sauf recours au Conseil d'État, la quotité des produits auxquels l'usager doit être réduit.

Mais ce tribunal, exceptionnel de sa nature, doit limiter son action à la seule question de possibilité ou de défensabilité, et ne peut statuer sur le fond du droit, ni sur l'étendue des obligations nées du contrat. Ainsi, il sera, en général, incompétent pour les contestations sur le mode d'enlèvement des produits, la durée du pâturage, le nombre et l'espèce des animaux introduits, etc.; cette incompétence, évidente de sa nature et acceptée par tout le monde, a cependant donné lieu à une jurisprudence assez discordante. Cela tient à ce que le conseil de préfecture ne peut pas déterminer par tous moyens la possibilité en pâturage. Les articles 67, 68, 69 du Code forestier lui imposent pour cette détermination un mode légal, celui du canton défensable. Or, un canton de forêt sera plus ou moins endommagé selon :

1º Son étendue;

2º La durée du pâturage;

3º Le nombre du bétail admis.

La quotité des produits en pâturage, c'est-à-dire

la possibilité même, variera donc avec ces trois
éléments et ne pourra s'exprimer que par eux. Il
en résulte que le conseil de préfecture est compétent pour les discussions qui peuvent s'élever sur
l'*étendue* des cantons défensables, la durée du
pâturage et le *nombre* des têtes de bétail à y admettre, mais en tant seulement que ces questions
se rattachent à la possibilité de la forêt. Si le droit
de l'usager était mis en question dans l'avenir, si
son contrat était discuté dans son sens ou dans sa
portée, le conseil de préfecture serait incompétent
et la contestation serait du ressort des tribunaux
civils qui ne peuvent, à leur tour, jamais préjuger
la question de possibilité. Celle-ci sera toujours
la mesure annuelle de la jouissance de l'usager,
quelles que soient les stipulations du titre, ou les
décisions de l'autorité judiciaire.

L'arrêté d'un conseil de préfecture sur une contestation de possibilité forme dès lors un véritable
jugement qui peut acquérir l'autorité de la chose
irrévocablement jugée, et régler ainsi, à tout
jamais, la jouissance de l'usager. Il est donc utile
que les parties demandent au conseil de fixer
cette possibilité pour un temps *limité*, car l'article 65 n'impose aucune restriction aux effets du
jugement. Cet inconvénient n'existe pas pour la
possibilité en pâturage ; la défensabilité doit être
déterminée *tous les ans* (C. for. 69) et la fixation

amiable ou judiciaire d'une année ne peut servir de base à la jouissance de l'année suivante.

Il est utile de remarquer une dérogation introduite ici aux règles habituelles du contentieux administratif par l'article 117 de l'ordonnance du 1ᵉʳ aout 1827. Ces règles veulent que le pourvoi à une juridiction supérieure ne *suspende* pas l'exécution de la décision rendue par le conseil de préfecture, à cause du trouble qui pourrait être apporté à l'action administrative; et la loi du 24 mai 1872 n'a fait que garantir les justiciables contre les effets de l'insolvabilité d'une partie triomphante, en permettant au conseil de préfecture de subordonner cette exécution à la fourniture d'une caution (art. 24). C'est l'autorité administrative active, le préfet ou le ministre, qui seule peut suspendre l'exécution d'une décision rendue par le conseil de préfecture. Ici la suspension est prononcée, dans tous les cas et d'une manière permanente, par l'article 117 de l'ordonnance réglementaire, à cause du dommage souvent irréparable que la mise à exécution pourrait causer aux forêts.

La juridiction des conseils de préfecture, en matière de possibilité et de défensabilité, n'est pas limitée aux usagers; elle régit sur ce point les relations de l'administration des forêts avec les communes propriétaires. L'article 112 du Code forestier assimile la jouissance des communes dans leurs propres bois à celle des usagers dans les forêts de l'État. Les habitants ne sont, en réalité, que les usufruitiers du patrimoine forestier acquis par leurs prédécesseurs. Il résulte de ce sage principe que les communes ne doivent livrer au pâturage que les cantons défensables (C. for. 67) et qu'elles ne peuvent exiger de l'administration forestière que la possibilité des coupes (C. for. 65).

La conséquence est, alors, que les communes peuvent discuter devant le conseil de préfecture les actes les plus importants de la gestion forestière : la limitation du pâturage et des exploitations (C. for. 112, 65, 67). Cette compétence sur la possibilité des forêts communales n'irait certainement pas jusqu'à permettre aux conseils de préfecture de méconnaître l'autorité des actes d'aménagement (C. for. 15, 90) ni des dispositions de l'ordonnance du 1er août 1827, qui ont tracé des règles générales d'aménagement pour les bois communaux à défaut de plan d'exploitation spécial (O. rég. 70, 137); mais elle comporte encore une notable étendue en ce sens qu'elle permet aux communes de discuter la manière dont les décrets d'aménagement sont appliqués par les agents forestiers, — de faire vérifier ou modifier la possibilité fixée par eux à défaut d'aménagement régulier, — et de contrôler l'état des arbres qui auraient été conservés sur les coupes comme capables de prospérer jusqu'à une nouvelle révolution.

Il y a certainement dans cette juridiction du conseil de préfecture et du Conseil d'État une garantie de premier ordre pour les communes, contre les écarts bien rares, mais possibles, d'un service administratif qui ne leur est imposé que dans leur intérêt.

22. Contestations relatives aux travaux dans les forêts domaniales. — La loi du 28 pluviôse an VIII attribue aux conseils de préfecture « la « connaissance des difficultés qui peuvent s'élever « entre les entrepreneurs de *travaux publics* et « l'administration, concernant le *sens* ou l'*exécu-* « *tion* des clauses de leurs marchés. » Il en résulte que si le contrat tout spécial de louage d'ouvrages qui existe entre l'administration et un entrepreneur pour l'exécution des travaux publics ne se liquide pas à l'amiable, les difficultés d'interprétation et le décompte du travail se règlent judiciairement devant le conseil de préfecture, saisi soit par l'administration, soit par l'entrepreneur.

La jurisprudence du Conseil d'État entend par travaux publics ceux qui sont exécutés à l'aide des *deniers publics* de l'État, des départements ou des communes, et qui sont affectés aux *services publics* de ces différents organes des intérêts collectifs.

C'est ainsi que les travaux exécutés par l'administration des forêts, agissant comme service public général (n° 13) pour la plantation des dunes, (Décr. 14 déc. 1810) et pour le reboisement des montagnes (Décr. 10 nov. 1864; Arg., art. 27) sont, en cas de contestation, soumis à la juridiction du conseil de préfecture.

Mais cette définition des travaux publics faite par le Conseil d'État, ne s'étend pas aux travaux faits par les communes pour les immeubles qu'elles possèdent, comme les forêts, à titre de propriété particulière (Trib. des conflits 8 nov. 1851); les contestations que ces travaux soulèvent, naissant d'un contrat du droit civil, sont, en vertu des principes généraux du contentieux administratif (n° 19), de la compétence des tribunaux civils.

L'État ne possède ses forêts qu'en qualité de grand propriétaire, et le Conseil d'État avait pensé, un instant, que, à raison de la généralité des termes de la loi de l'an VIII, les travaux entrepris pour la création de routes forestières étaient de la compétence des conseils de préfecture (Cons. d'État 3 juill. 1852); mais il est revenu de cette jurisprudence (Cons. d'État 2 mars 1873) et le contentieux de ces travaux serait, comme celui des communes, dans les attributions des tribunaux civils ordinaires si un texte spécial n'en avait autrement ordonné.

Le décret-loi du 11 juin 1806 (art. 14, n° 2) dispose, en effet, que « le Conseil d'État connaît « de toutes les contestations et demandes relatives « soit aux marchés passés avec les ministres, soit « aux *travaux* et *fournitures* faits pour le compte « de leur département. » Il faut en conclure que les contestations sur les travaux entrepris pour l'*amélioration* des forêts ou pour le *façonnage* des coupes sont de la compétence du Conseil d'État, juge en premier et en second degré, quand ils ont été liquidés par le ministre et qu'ils rentrent dans la juridiction du ministre des finances, juge ordinaire du premier degré, sauf appel au Conseil d'État, quand ils ont été liquidés par le directeur général des forêts, ce qui est le cas le plus habituel (n° 102).

Il faut, en outre, remarquer que la juridiction des conseils de préfecture serait encore applicable si des terrains forestiers domaniaux, communaux ou particuliers étaient compris dans des *syndicats autorisés* pour la défense des terrains contre la mer, les fleuves, les torrents et les rivières non navigables ni flottables (Loi 21 juin 1865). D'après l'article 16 de cette loi, les contestations relatives aux travaux du syndicat sont jugées par les conseils de préfecture, comme celles qui concernent la répartition des cotisations.

CHAPITRE III. — CONTENTIEUX CORRECTIONNEL.

§ 1er. — Compétence des préposés et des agents forestiers.

23. Compétence territoriale. — C'est dans les *affaires forestières* telles qu'elles sont définies (nos 4 et 31), que le service forestier représente l'État et les communes propriétaires, joue un rôle actif et reçoit de la loi les attributions les plus étendues. Les tribunaux correctionnels sont exclusivement compétents pour connaître de ces affaires, qu'il s'agisse soit de l'application d'une peine, soit de la réparation du préjudice causé à la propriété forestière.

C'est pour ce motif que nous entrerons dans plus de détails sur ces affaires forestières ou *contentieux correctionnel*, que sur le contentieux administratif ou civil. La procédure devant les tribunaux correctionnels est soumise à des règles nombreuses formulées dans le Code d'instruction criminelle et que le Code forestier (art. 187) rend applicables aux affaires forestières sauf certaines dérogations qu'il édicte.

Nous ne saurions toutefois indiquer ni même énumérer toutes les règles du contentieux correctionnel relatives à la recherche, à la constatation, à la poursuite, à la pénalité et au jugement des délits; nous nous bornerons à en signaler le caractère général.

La procédure correctionnelle s'inspire de cette idée que le débat tendant à l'application d'une peine au prévenu, doit s'éclairer et se poursuivre avec un ensemble de garanties protectrices de sa liberté et constitutives d'une équitable justice.

Cette procédure sera plus simple, plus rapide que la procédure civile; mais les règles qu'elle tracera seront d'ordre public en ce sens que le prévenu pourra bien renoncer au bénéfice des garanties organisées à son profit, mais qu'il ne s'en départira que sous l'autorité du juge investi du droit et du devoir de les invoquer d'office et de les opposer en tout état de cause, même en appel. Les parties poursuivantes et le ministère public seront toujours astreints à observer les règles essentielles de l'instruction criminelle, à peine de voir leur action repoussée par la seule autorité du juge.

Telle est la règle des nombreuses nullités que la loi impose comme sanction des formalités qu'elle trace à titre de garantie pour le prévenu, soit qu'il s'agisse de la recherche, de la constatation ou de la poursuite des faits punissables. Quant aux détails, nous nous bornerons aux parties les plus usuelles de la pratique du service forestier et nous ferons remarquer les différences établies entre les fonctions des agents et des préposés forestiers.

Relativement à la compétence territoriale, les gardes forestiers exercent leurs fonctions dans toute l'étendue de l'arrondissement du tribunal près duquel ils sont *assermentés*, les agents, au contraire, dans le seul territoire pour lequel ils ont été *commissionnés* (C. for. 160). Or, comme les préposés ne prêtent serment qu'une fois (n°.82), comme l'article 5 du Code forestier assimile au serment l'enregistrement de la commission et de l'acte d'un serment déjà prêté, au greffe des tribunaux dans le ressort desquels ils doivent exercer leurs fonctions, il s'ensuit qu'on peut étendre, par ce seul enregistrement, d'une façon à peu près indéfinie, la compétence territoriale des gardes et des préposés, tandis que celle des agents reste toujours limitée à leur circonscription administrative. L'enregistrement de leur commission et de leur serment au greffe des tribunaux voisins n'ajouterait rien à leur compétence.

Cette remarque est d'autant plus importante que les tribunaux correctionnels ne sont saisis et éclairés que par des actes légalement faits; la procédure y est d'ordre public, et les actes qui seraient faits au mépris de cette règle de compétence territoriale, seraient radicalement nuls et réputés non existants. Bien plus, ils exposeraient leurs auteurs, s'ils étaient intentionnels, aux peines de l'exercice illégitime de l'autorité publique (C. pén. 196) ou les laisseraient exposés sans protection à des résistances que la loi ne saurait alors qualifier de rébellion (C. pén. 209).

24. Compétence pour la constatation et la poursuite. — Ce n'est pas sans raison que le Code forestier a étendu la compétence des gardes au delà des limites territoriales assignées aux agents. Leurs attributions sont en effet différentes : les gardes sont chargés de la *constatation* des faits délictueux, les agents exclusivement de leur *poursuite* (C. for. 171 et 174). Or, les nécessités de la recherche et de la constatation peuvent bien souvent entraîner les gardes au delà des limites de leurs triages, tandis que la poursuite s'exerce toujours suffisamment dans chaque circonscription administrative.

Nous retrouvons ici l'application d'un principe de notre droit public criminel déjà signalé (n° 2) : la séparation de la constatation et de la poursuite. Sans doute, les agents forestiers ne sauraient passer indifférents devant les délits qu'ils reconnaissent; ils ont capacité pour les constater dans les formes légales (C. for. 160, 166); mais ce n'est pas là ni leur rôle habituel, ni leur fonction essentielle. La loi a même pris soin de ne pas leur accorder le droit de prendre certaines mesures auxiliaires qui ont pour but de rendre la constatation plus efficace. Elle leur refuse, en général, le droit de saisie, absolument celui d'arrestation et peut-être même celui de visite domiciliaire (n° 29).

Leur fonction caractéristique est la poursuite, c'est-à-dire le droit de requérir devant les tribunaux correctionnels la condamnation des délinquants à la peine qu'ils ont encourue et à la réparation pécuniaire du dommage qu'ils ont causé. La poursuite faite par un simple préposé ne saisirait point le tribunal (I. cr. 182).

Une conséquence de cette démarcation entre la constatation et la poursuite se trouve dans l'article 6 du Code forestier qui rend les gardes, et non les agents, responsables des délits qu'ils n'ont pas dûment constatés. Cela ne veut pas dire que les agents ne sont jamais responsables des fautes actives ou passives qu'ils ont commises. Ils sont, comme tout le monde, soumis à l'obligation de réparer le préjudice causé par leurs actes ou leur négligence, règle d'équité formulée dans les articles 1382 et 1383 du Code civil et dont la responsabilité spéciale de l'article 6 du Code forestier n'est qu'une application (n° 75). Tout ce que nous voulons faire ressortir, c'est que la surveillance des délits n'étant point pour eux une obligation légale, leur négligence à les constater ne saurait leur être imputée à faute réparable.

Enfin, un autre caractère de cette démarcation entre les fonctions des gardes et celles des agents est que les gardes sont *officiers de police judiciaire*, c'est-à-dire auxiliaires de l'autorité judiciaire pour la constatation des délits forestiers et des infractions à la loi pénale commises dans les forêts (I. cr. 9). Les agents forestiers ne le sont point par la raison très-simple que cette qualité qui confère des droits, mais entraîne des obligations (n° 74), ne peut résulter que d'un texte formel de loi, et que ce texte n'existe nulle part.

§ 2. — Modes de constatation.

25. Délits communs et délits forestiers. — Rechercher et constater les faits punissables dont les forêts peuvent être atteintes, telle est l'œuvre des officiers de police judiciaire. Leur opération est la base de la poursuite comme le motif de la condamnation.

A cet égard, toutes les preuves ne sont pas admises devant les tribunaux; ainsi la notoriété publique, la connaissance personnelle que le juge aurait du délit, l'aveu même que ferait le délinquant ne sont pas des preuves légales, c'est à-dire, dont la seule existence suffit pour motiver une condamnation. Notre législation n'admet que deux sortes de preuves : la preuve testimoniale et les preuves écrites.

Et encore ces preuves *légales* ne sont admissibles que si elles sont relevantes et juridiques :

Relevantes, c'est-à-dire dirigées directement sur le fait à prouver et s'y adaptant complétement ;

Juridiques, c'est-à-dire prouvées avec les formalités que la loi a imaginées comme garantie de leur sincérité.

Telles sont les règles communes à la constatation de tous les délits, qu'ils soient prévus par le Code pénal ordinaire (délits communs) ou par des lois spéciales, comme le Code forestier (délits spéciaux). La grande réforme criminelle qui a été faite au commencement du siècle a eu pour résultat de modifier complétement l'effet de ces trois conditions imposées à la preuve jadis comme aujourd'hui. Avant cette réforme, dès que la preuve autorisée par la loi était fournie avec toutes les conditions qui la rendaient juridique, les tribunaux étaient obligés de s'incliner devant elle, et la conscience des juges était liée par son autorité. Aujourd'hui, un principe plus humain domine la preuve ; le juge est toujours libre et n'obéit qu'aux inspirations de sa conscience. Toutefois, il reste encore quelque chose de ces anciennes traditions dans des lois spéciales, et le Code forestier qui a été très-souvent inspiré par des souvenirs de l'ordonnance de 1669, autorise la preuve des délits forestiers par des procès-verbaux dont l'effet est de lier jusqu'à un certain point la conscience du juge (n° 27).

Il y a encore une autre différence entre les délits communs et les délits forestiers. Les intérêts forestiers peuvent souffrir d'infractions aux dispositions du Code pénal, ou d'infractions spécialement prévues par le Code forestier. Les délits *communs* se prouvent et se constatent par les moyens ordinaires autorisés par le Code d'instruction criminelle; le juge d'instruction fait sur le réquisitoire du ministère public les informations, enquêtes et visites nécessaires (I. cr. 61). Dans la constatation des *délits forestiers*, les agents et les gardes de l'administration n'ont à leur disposition que les seuls moyens d'action indiqués par la loi qui les a institués. Ils ne pourront jamais appeler de témoins à déposer devant eux, et s'il est absolument nécessaire pour arriver à la connaissance de certains délits d'employer les modes généraux de constatations : enquêtes, informations, confrontations, mandats, visites domiciliaires générales (n° 29), ces moyens ne pourront valablement être employés que par le juge d'instruction ou par les auxiliaires du ministère public.

Il en résulte : 1° que les délits communs portant atteinte aux forêts peuvent être valablement constatés par les gardes (jamais par les agents), en leur qualité d'officiers de police judiciaire ; mais que leurs procès-verbaux, même revêtus de toutes les formalités édictées par le Code forestier, ont seulement la valeur de renseignements destinés à éclairer la justice ; 2° que les agents et les gardes sont sans qualité pour constater des délits forestiers, et à plus forte raison des délits communs, par d'autres moyens que ceux du Code forestier.

Il est vrai que certains de ceux-ci sont suffisamment efficaces par l'autorité qu'ils ont sur le tribunal.

Nous allons les passer en revue.

26. Preuve testimoniale. — Le droit civil tient en certaine suspicion la preuve testimoniale ; il ne l'autorise le plus souvent que dans les limites étroites d'une demande inférieure à 150 francs (C. civ. 1341) ; il la prohibe quelquefois entièrement (C. civ. 1715) ; il l'entoure toujours de nombreuses précautions et de fréquents motifs de récusation (Pr. civ. 252 et suiv.). La procédure cri-

minelle, au contraire, la favorise par tous les
moyens. Elle est la preuve générale et de droit
commun ; la preuve écrite n'est que l'exception.
Les situations sont, en effet, différentes : le fait
délictueux frappe la vue et la mémoire des témoins
dont la déposition n'offre aucun inconvénient,
puisqu'elle ne lie jamais la conscience du juge.

Le témoignage est fondé sur ce que la vérité
est une dette que chacun doit à la société. Il en
résulte que le témoin valablement requis, légalement cité, doit satisfaire à la citation, c'est-à-
dire non-seulement comparaître, mais encore dire
ce qu'il sait et rien que ce qu'il sait; il peut y
être contraint par une peine (I. cr. 80), et la loi
punit les fausses dépositions intentionnellement
faites (C. pén. 361).

De ce que le témoignage est une preuve générale, il s'ensuit qu'elle est admise pour constater
les délits forestiers ; l'article 175 l'indique sur-
abondamment. L'insertion de ce principe dans le
Code forestier a pour effet de la mettre à la disposition des agents forestiers chargés de la poursuite. Nous avons montré (n° 25) qu'ils ne peuvent
en user qu'à l'audience, devant le tribunal, quand
la preuve écrite (le procès-verbal) manque, est
insuffisante ou incomplète. Ils ne sauraient citer
des témoins à comparaître devant eux pour une
enquête préalable.

De ce que la preuve testimoniale est favorablement accueillie par les lois de procédure criminelle, il faut déduire qu'on ne peut étendre à ces matières les motifs de récusation des témoins établis par le Code de procédure civile. Le serment préalable, l'âge minimum de 16 ans, l'interdiction de déposer s'ils sont domestiques, parents ou alliés des parties, sont les seules conditions imposées par le Code d'instruction criminelle pour l'audition des témoins. Aucun autre reproche ne peut être formulé; l'intérêt même ne peut être un motif de récusation. Ainsi le plaignant peut se constituer partie civile après avoir déposé comme témoin; le garde dont le procès-verbal est annulé pour vice de formes peut valablement devenir témoin; en matière de chasse même, la gratification que l'ordonnance du 5 mai 1845 alloue au garde forestier en cas de condamnation, ne fait nul obstacle à ce qu'il soit entendu comme témoin.

27. Preuve par procès-verbaux. — Dans les affaires forestières, le procès-verbal est une preuve écrite, exceptionnelle, très-fréquente et très-énergique dans ses effets :

C'est une *preuve écrite* en ce sens que l'ancien *rapport verbal* que les lois anciennes autorisaient les gardes à faire devant le maire ou le juge de paix et que le Code rural de 1791 permet encore aux gardes champêtres n'a pas été adopté par le Code forestier. Malgré son nom de procès-verbal et de rapport employé même dans le Code forestier (art. 45), c'est un acte de constatation entièrement écrit, accompagné des formalités voulues par la loi pour le rendre plus recommandable aux yeux du juge, et contenant l'indication de tous les faits qui établissent et constatent le délit.

C'est une *preuve exceptionnelle*, attendu que la loi ayant fait du témoignage le mode de preuve général, n'autorise que pour des besoins particuliers ces constatations écrites.

Elle est *très-usitée*, très-fréquemment employée, parce qu'elle dispense, le plus souvent, les gardes des déplacements que la preuve testimoniale entraînerait et dont pourrait souffrir la surveillance des forêts.

Enfin, elle a un effet *énergique*, une autorité considérable sur le juge, en ce sens qu'elle lie souvent sa conscience et l'oblige à ajouter foi à ses énonciations quand elles n'ont pas été contredites par les seuls modes légaux autorisés. Ce dernier caractère est spécial aux procès-verbaux forestiers et à quelques lois particulières, comme celles des contributions indirectes et de la pêche fluviale.

A l'égard de cette autorité sur la conscience du juge, il faut distinguer parmi les procès-verbaux forestiers ceux qui font foi jusqu'à inscription de faux et ceux qui font simplement foi jusqu'à preuve contraire.

1° *Procès verbaux faisant foi jusqu'à inscription de faux.* — Ce sont ceux qui sont dressés et non simplement rédigés par deux agents ou gardes, quels que soient la nature et le montant des condamnations auxquelles les délits et contraventions peuvent donner lieu (C. for. 176), et ceux qui, n'étant dressés et signés que par un seul agent ou garde, constatent un délit ou une contravention qui entraîne de la prison ou une condamnation supérieure à 100 francs, tant pour amende que pour dommages-intérêts (C. for. 177).

L'inscription de faux est un acte par lequel celui qui est l'objet d'un pareil procès-verbal prétend, non que le garde est l'auteur d'un crime de faux, mais que le procès-verbal contient des énonciations fausses et contraires à la vérité.

Il intente alors un véritable procès à la pièce, procès qui n'est pas légèrement accueilli, qui est entouré de formalités nombreuses et dont la procédure est indiquée par les articles 448 à 464 du Code d'instruction criminelle et certains articles du Code de procédure civile (art. 214 à 251).

S'il triomphe dans ce procès, c'est-à-dire s'il parvient à faire reconnaître par le tribunal son inscription admissible, il n'a nul besoin de la faire reconnaître fondée, c'est-à-dire de faire juger que les énonciations sont fausses (comme cela a lieu en matière civile). Le procès-verbal tombe et ne peut jamais revivre; le prévenu reprend sa liberté de défense et peut contredire la poursuite de l'administration forestière par tous les autres modes licites de preuve. S'il succombe, au contraire, il est condamné à une amende d'au moins 300 francs (P. civ. 246) qui est indépendante des condamnations auxquelles le délit poursuivi pourra donner lieu. Il peut être, en outre, condamné aux peines de la dénonciation calomnieuse (C. pén. 373), si son inscription contient, ce qui peut fort bien ne pas arriver, une plainte ou des imputations dirigées contre le garde rédacteur.

2° *Procès-verbaux faisant foi jusqu'à preuve contraire.* — Les autres procès-verbaux ont un degré moindre d'autorité, mais supérieur cependant à celle des procès-verbaux rédigés pour la constatation des délits communs (I. cr. 154). Ceux-ci ne sont, en réalité, que des témoignages écrits auxquels les prévenus peuvent opposer toute espèce de preuve contraire que le juge peut même ordonner d'office. Les procès-verbaux forestiers ont une *présomption légale* de véracité tant que la preuve contraire n'a pas été réclamée par le prévenu. Cette présomption n'est pas absolue comme pour les procès-verbaux de la première catégorie;

elle est simplement relative, en ce sens qu'elle peut être combattue; mais elle n'en produit pas moins ses effets sur le juge, qui ne peut ordonner la preuve contraire tant qu'elle n'a pas été demandée, et sur le prévenu, qui est souvent dans l'impossibilité de la fournir. Cet effet résulte des termes de l'article 178 du Code forestier, qui n'autorisent la preuve contraire que pour corroborer ou combattre le   ..s-verbal, c'est-à-dire sur la demande de la pa... poursuivante ou de la partie prévenue. Il résulte aussi d'un argument d'analogie tiré de l'article 188 du Code forestier.

Les procès-verbaux des fonctionnaires de l'administration forestière font seuls foi jusqu'à inscription de faux. Ceux des gardes particuliers des propriétaires de bois n'ont jamais autorité que jusqu'à preuve contraire.

Il faut bien reconnaître que ce système de procès-verbaux constitue un mode de preuve très-expéditif et très-énergique, que les idées actuelles maintiendraient difficilement dans une législation pénale; mais il ne faut pas oublier que l'inscription de faux n'est pas toujours le seul et unique moyen d'attaque contre un procès-verbal de la première catégorie : le procès-verbal peut être nul pour omission des formalités légales; il n'est destiné qu'à remplacer le témoignage du garde, et si un des rédacteurs se trouvait dans une des causes légitimes de récusation (n° 26), le procès-verbal pourrait être valablement combattu (C. for. 176).

Il faut observer également que les procès-verbaux forestiers n'ont cette présomption absolue ou relative de véracité que pour les faits matériels qu'ils constatent. Ces faits matériels sont ceux qui tombent directement sous les sens des rédacteurs et qui ne sont de leur part l'objet d'aucune déduction ni appréciation. Les constatations sur la nuit, l'âge des forêts, l'identité des bois, pourront donc être l'objet d'une discussion selon les circonstances dans lesquelles elles seront faites. Cependant la jurisprudence s'est montrée favorable à la poursuite dans un grand nombre d'arrêts desquels il résulte que si les gardes ont constaté *matériellement* les *détails* de leur appréciation, par exemple, la grosseur, la couleur, le grain, le nombre des couches concentriques des bois enlevés et l'adaptation matérielle de tous ces éléments aux souches visitées en forêt, leur constatation devient matérielle et inattaquable, bien qu'elle constitue par son résultat une véritable appréciation sur l'identité des bois.

28. Formalités des procès-verbaux. — Pour produire de pareils résultats et pour avoir ce degré d'autorité, il faut naturellement que les procès-verbaux soient accompagnés des formalités qui en constituent la garantie et qui les rendent légalement recommandables aux yeux du juge.

Le Code d'instruction criminelle est très-sobre à cet égard; il se borne à indiquer que les procès-verbaux devront constater la nature, les circonstances, le temps, le lieu du délit et des contraventions ainsi que les preuves et indices recueillis (I. cr. 16). La raison en vient de ce que les procès-verbaux constatant des délits communs ne lient jamais le tribunal. Les lois spéciales, en donnant à ces actes un degré tout différent d'autorité, pouvaient seules contenir des prescriptions à cet égard. Le Code forestier énumère cinq natures de formalités qui sont relatives à l'écriture, à la date, à la signature, à l'affirmation et à l'enregistrement, et qui concernent aussi bien les procès-verbaux des gardes particuliers que ceux de l'administration forestière.

1° *Écriture.* — En droit général, on peut faire écrire un acte par un tiers, pourvu qu'on le signe et qu'on s'en approprie l'écriture par une mention personnellement écrite au-dessus de sa signature. Le Code forestier (art. 165) a voulu que l'acte fût en entier écrit de la main du garde, et cela à peine de nullité. Cette prescription ne concerne que les gardes et non les agents, car les nullités sont de droit étroit et ne sauraient être étendues par voie d'analogie à ceux qui ne sont pas désignés dans la loi qui les prononce.

Toutefois, le Code a prévu les cas où des gardes ne pourraient écrire leurs procès-verbaux; ces cas sont très-fréquents, car, outre les accidents qui peuvent leur arriver, ils ont très-souvent l'occasion de faire des procès-verbaux en concours avec un collègue. Le Code remplace alors cette formalité en imposant à l'officier public qui recevra l'affirmation, l'obligation de donner lecture au garde du procès-verbal, et de faire mention de cette lecture afin d'attirer son attention sur la rédaction qu'il n'a point faite (C. for. 165).

La seule écriture utile au point de vue de l'effet légal du procès-verbal est évidemment celle qui ne comporte ni grattage, ni surcharge, ni rature, ni renvoi, à moins qu'ils n'aient été approuvés par une mention spéciale, faite soit en marge, soit dans le corps de l'acte, de l'écriture du garde, signée de lui et opérée avant l'affirmation et l'enregistrement.

2° *Date.* — Un acte qui n'est pas daté ne saurait être complet; cette formalité est de droit général et le Code forestier n'innove rien à cet égard; mais il spécifie la nature de la date qu'il est utile de considérer pour les formalités des procès-verbaux. Il faut en effet distinguer la date du *délit,* celle de la *constatation,* et enfin celle de la *rédaction*. Il peut arriver, dans les flagrants délits, par exemple, que ces trois faits soient accomplis à la même date ; mais la constatation peut fort bien durer plusieurs jours et la rédaction peut subir également certains retards causés par la nécessité de prendre des renseignements. Le Code ne s'occupe pas de la constatation et ne l'enferme dans aucun délai autre que ceux de la prescription de l'action criminelle (I. c. 638 et 640). La date dont parle l'article 165 est uniquement celle de la rédaction du procès-verbal qui relate les différentes phases de la constatation, et encore, la date essentielle est celle de la *clôture* de cette rédaction. C'est celle-ci qui fera courir les délais de l'affirmation (C. for. 165) ou de l'enregistrement (C. for. 170). La date initiale ou d'ouverture sera indifférente à la validité d'un procès-verbal. Il s'ensuit qu'un procès-verbal peut être valablement rédigé un certain temps après le délit, que sa rédaction une fois commencée peut être continuée quelque temps après, et que la date de sa clôture seule est essentielle à considérer pour l'examen de sa validité. Il n'en est pas de même pour les procès-verbaux de chasse auxquels la loi du 3 mai 1844 est loin de donner pareille latitude en enfermant la constatation, la rédaction et l'affirmation dans un court délai de 24 heures (n° 96).

La date s'écrit ordinairement en toutes lettres, mais cette habitude est toute de précaution et ne résulte nullement d'une prescription légale imposée à peine de nullité.

3° *Signature.* — L'absence de signature rend également tout acte incomplet, et le Code forestier (art. 165) ne fait que rappeler ici une règle de droit commun. Puisqu'il n'indique aucun équipollent pour la signature comme il en a formulé un pour l'écriture, il s'ensuit que rien ne peut remplacer cette formalité essentielle. Une croix, loin d'être une signature, indique seulement qu'on n'a pu ou su signer. La signature de deux témoins, celle même d'un notaire ou d'un officier public ne valideraient, en aucune façon, un procès-verbal non signé. Enfin, l'acte doit être non-seulement signé par le rédacteur au-dessous de la date de clôture, mais tous les renvois doivent l'être également à peine de ne pas compter dans la rédaction ou d'annuler même le procès-verbal si ces renvois portent sur des points essentiels et caractéristiques.

4° *Affirmation.* — Le procès-verbal est, par sa nature, un témoignage écrit, dans lequel les témoins déposent sous la foi du serment. Les gardes rédacteurs devront donc se rendre près d'une autorité publique rapprochée d'eux pour attester sous serment, devant elle, l'entière véracité de leur procès-verbal. C'est ce qui constitue l'affirmation (C. for. 165). Celle-ci émane du garde; l'acte qui la constate est l'œuvre de l'officier public. Cet acte, d'une rédaction très-courte, relate simplement ce serment en des termes qui n'ont rien d'imposé, mais qui doivent contenir l'idée de serment, et qui seraient incomplets s'ils se bornaient à exprimer une simple déclaration de sincérité. Le mot « affirmé » résume complétement et légalement tout ce qu'il est nécessaire d'exprimer sans qu'aucune formalité (autre que celle de la lecture du procès-verbal dans le cas où il n'aurait pas été écrit par le garde), telle que l'écriture ou l'enregistrement, ait été imposée à sa rédaction. La date suffit donc à la validité de cet acte accessoire. Par sa nature, celui-ci ne semble comporter que la signature de l'officier public, puisque les témoins ne signent jamais, en déposant devant le tribunal, l'acte qui constate leur serment; cependant la Cour de cassation a annulé des procès-verbaux dont l'acte d'affirmation n'était pas signé par le garde rédacteur, et il est bon de se conformer à sa jurisprudence.

L'affirmation, c'est-à-dire le serment du garde, doit être faite à une date assez rapprochée de la rédaction du procès-verbal pour que son attention soit appelée sur cet acte; aussi doit-elle être faite dans la *journée du lendemain* de la

clôture du procès-verbal (C. for. 165), à peine de
nullité, non de l'affirmation, mais du procès-verbal.
Toute cette journée étant acquise au garde rédacteur, il s'ensuit que celui-ci n'est nullement
tenu de dater d'heure la clôture de son procès-
verbal (n° 96). L'affirmation a encore un autre
but : on a paru craindre de voir des gardes se
laisser entraîner à supprimer un procès-verbal
rédigé, et le Code d'instruction criminelle (art. 18)
a prescrit aux officiers publics qui reçoivent l'affirmation d'en donner avis dans la huitaine au
ministère public. Cette prescription, qui est tombée
en désuétude, n'a aucun effet sur la validité du
procès-verbal et son inexécution n'en entraîne, en
aucune façon, la nullité.

Cette considération a pu permettre au législateur de dispenser de l'affirmation les procès-
verbaux qui sont rédigés par les agents forestiers,
soit isolément, soit en concours avec un ou plusieurs gardes (C. for. 166).

Enfin, l'affirmation, en imposant aux gardes des
déplacements dont la surveillance pourrait souffrir,
devait pouvoir s'effectuer devant un assez grand
nombre d'officiers publics au choix des gardes rédacteurs. L'article 165 désigne à leur liberté, le
juge de paix du canton ou l'un de ses suppléants,
le maire ou l'adjoint, soit de la commune de leur
résidence, soit de celle où le délit a été commis

ou constaté. On peut y ajouter, en l'absence du maire ou de l'adjoint, les conseillers municipaux dans l'ordre du tableau de leur élection, mais à charge de constater leur empêchement (n° 9). Ces officiers publics ne sauraient refuser de recevoir l'affirmation d'un garde sans manquer à la loi de leur institution. Ils se rendraient d'ailleurs civilement responsables du dommage qu'ils auraient causé au propriétaire de la forêt par un refus de fonctions dont l'effet serait d'entraver singulièrement la constatation d'un délit.

5° *Enregistrement.* — Cette formalité fiscale n'a pour but que d'assurer la perception d'un impôt dans un délai de quatre jours dont l'inobservation entraîne contre le garde rédacteur une amende de 5 francs, plus les décimes : 1, 25 (Loi du 22 frim. an VII). En droit général, elle n'ajoute donc rien à la validité d'un procès-verbal et il est assez inexplicable de voir le Code forestier la prescrire dans le même délai que la loi de l'an VII et en faire une cause de nullité (C. for. 170). Il en résulte donc qu'un garde champêtre ou un gendarme ne sera exposé qu'à l'amende, s'il laisse dépasser le délai de l'enregistrement; le garde forestier encourra à la fois l'amende et la nullité du procès-verbal.

Le Code forestier n'ajoutant rien autre chose que cette nullité, il s'ensuit que les règles de cette formalité doivent se rechercher dans la loi de l'enregistrement. Ainsi le délai n'est pas franc en ce sens que si le jour initial (le jour de la clôture du procès-verbal) n'est pas compté dans le délai, le jour du terme y est compris : un procès-verbal clos ou affirmé le 10 pourra être enregistré le 14, mais non le 15 du mois. Ainsi, encore, si le dernier jour du délai est un dimanche ou un jour légalement férié (Loi 22 frim. an VII, art. 25), ce délai est continué d'un jour. Enfin, l'impôt de l'enregistrement étant portable, le garde doit veiller lui-même à ce que son procès-verbal soit exactement déposé dans les délais au bureau et aller même l'y reprendre, sans s'en rapporter uniquement à la poste pour ce service.

Les gardes des particuliers propriétaires de bois font l'avance des droits fixes d'enregistrement, 3 fr. 75 c., et de timbre, 60 cent., de leurs procès-verbaux, sauf à s'en faire rembourser par le délinquant condamné (C. for. 189). La formalité se donne au contraire *en débet* lorsque les délits ou contraventions intéressent des forêts soumises au régime forestier (C. for. 170).

REMARQUE. — Telles sont les cinq formalités indiquées à peine de nullité par le Code forestier. Or, toutes les nullités sont de droit strict. Cette sanction ne saurait donc être étendue par voie d'analogie à toutes autres formalités, telles que la déclaration du procès-verbal au prévenu, le port de l'uniforme, l'indication des motifs qui ont pu empêcher le garde d'écrire lui-même son procès-verbal, qui en ont retardé la clôture ou la remise dans un certain délai (O. rég. 183). Elles ne sont pas prescrites à peine de nullité et leur inobservation peut seulement avoir des inconvénients, mais ne vicierait point absolument le procès-verbal.

Les nullités légales sont absolues et non relatives; elles sont d'ordre public; on ne peut y renoncer, et le juge peut et doit les opposer d'office en tout état de cause, même en appel. Mais elles ne peuvent se prouver que par l'acte lui-même, qui est, en quelque sorte, authentique à l'égard des mentions qu'il renferme. On ne pourrait, par exemple, prouver par témoins qu'un procès-verbal clos le 2 avril a été affirmé réellement le 4 avril, quand il porte le 3 pour la date de l'affirmation. Les gardes feront donc bien d'indiquer dans leurs procès-verbaux s'ils les ont écrits eux-mêmes, pour éviter des vérifications d'écritures.

29. Moyens auxiliaires. — Pour assurer la constatation et pour la rendre plus efficace, on a dû armer les gardes de certains pouvoirs spéciaux limitativement indiqués dans la loi ; ce sont les droits de saisie, de séquestre, d'arrestation, de visite domiciliaire, et de réquisition à la force publique.

1º *Saisie.* — Une mainmise faite au nom de la justice et qui frappe d'indisponibilité l'objet saisi, constitue ce que le droit civil, comme le droit criminel, appelle une saisie. Toutefois, personne n'ayant le droit de se faire justice à lui-même, le tribunal est toujours appelé à prononcer la validation de la saisie. Enfin, les tiers pouvant avoir des droits à exercer sur les objets saisis, il est naturel de leur réserver le moyen de faire valoir ces droits. Telle est la base de la théorie générale des saisies qui est assez compliquée en droit civil, parce qu'il faut y distinguer les *saisies conservatoires* de différentes sortes (saisie-arrêt, saisie-gagerie, saisie foraine), qui ont pour objet d'assurer la conservation d'un objet litigieux ou de prendre certaines garanties, des *saisies-exécution* (saisie mobilière et immobilière, saisie-brandon) qui ont pour but de transformer en argent les objets saisis afin d'arriver à l'exécution d'un jugement ou d'un titre authentique. La saisie criminelle a des formalités plus simples, plus expéditives, et tend à frapper d'indisponibilité un objet dont la *confiscation* doit être prononcée par le tribunal à titre de peine accessoire.

Les gardes forestiers ne peuvent jamais procéder à des saisies-exécution, qui sont toutes du droit civil (C. for. 173); mais la généralité des termes de l'article 173, combinée avec d'autres textes spéciaux du Code forestier, leur permet de faire toutes les saisies conservatoires que les tribunaux correctionnels pourraient valider en vertu de leur compétence à connaître de la contestation. La saisie des bestiaux (C. for. 161), des bois enlevés en délit (C. for. 161), indûment écorcés, ou non vidés par les adjudicataires (C. for. 36, 40), des bois de construction non employés par les usagers (C. for. 84), et même celle des bois non abattus revendiqués par l'administration contre un adjudicataire failli (C. for. 198; C. civ. 2102; C. co. 576), etc., sont dans ce cas.

Ils peuvent aussi, en vertu de cet article 173, pratiquer la saisie d'objets dont la confiscation doit être prononcée; mais ils n'ont cette faculté que lorsque la loi ajoute cette peine accessoire à la pénalité encourue. La confiscation des instruments propres à couper le bois (C. for. 146), celle des bois trouvés dans les ateliers à façonner le bois prohibés autour des forêts (C. for. 154), des bois exploités par les usagers sans entrepreneur responsable (C. for. 81), en sont des exemples.

C'est assez dire que la saisie forestière est d'une nature spéciale qui n'est ni celle du droit criminel ordinaire, ni celle du droit civil, mais qui participe de l'une et de l'autre et a ses règles et ses formalités particulières.

Le garde devra d'abord décrire exactement dans son procès-verbal de saisie la nature, l'espèce et la qualité des objets saisis. C'est une formalité de bon sens et de nature à éviter les substitutions ; mais cet acte de saisie qui se fait habituellement à la suite du procès-verbal de délit, n'est pas soumis, pour sa validité, aux obligations d'écriture et d'affirmation de ce dernier, attendu qu'il pourrait très-valablement se faire d'une manière séparée. S'il doit être enregistré pour être produit en justice, c'est en vertu de la loi générale d'enregistrement, sans que cette formalité ajoute rien à sa validité ; s'il fait foi jusqu'à inscription de faux, c'est parce que les gardes sont assimilés aux huissiers et font comme eux des actes authentiques, et non parce qu'il fait corps avec le procès-verbal de délit.

La saisie forestière n'a pas besoin d'être notifiée ; la seule formalité qui lui est imposée est le dépôt d'une expédition dans les 24 heures qui suivent l'affirmation du procès-verbal de délit, au greffe de la justice de paix, pour qu'il puisse en être donné communication à tous ceux qui réclameraient les objets saisis (C. for. 167).

C'est à ce greffe que le propriétaire ou les tiers qui auraient des droits à faire valoir sur les objets saisis devront s'adresser. Ils ne pourront élever devant le juge aucune contestation sur la validité de la saisie. Cette question sera de la compétence du tribunal correctionnel qui la tranchera implicitement en condamnant ou non le prévenu à la confiscation, ou explicitement en prononçant pour ou contre l'administration dans le débat principal, dont la saisie a été la mesure préliminaire. Celle-ci étant validée par le fait d'une condamnation, les objets saisis sont vendus à titre d'exécution et pour assurer le paiement des condamnations prononcées.

Si le propriétaire ou les tiers désirent rentrer dans la possession des objets saisis à titre conservatoire, le juge de paix pourra leur en rendre la disponibilité en ordonnant la mainlevée provisoire, à charge par eux de payer les frais et de fournir une bonne et valable caution (C. for. 168). Le juge de paix prononce cette mainlevée sans appel, et statue également d'une manière souveraine sur les contestations que le garde, auteur de la saisie, ses chefs, le saisi ou les tiers intéressés pourraient élever contre la solvabilité de la personne présentée comme caution (C. for. 168, § 2). Celle-ci s'oblige non au paiement des condamnations résultant du délit, qui est personnel, mais à tous les effets de la saisie, c'est-à-dire à représenter l'objet à toute réquisition et à en payer la valeur au cas où il aurait été détourné.

Aucune limite n'est imposée au pouvoir du juge de paix toujours libre de donner mainlevée, sauf pour les objets dont la confiscation doit être prononcée à titre de peine.

Même après la main levée prononcée par le juge de paix, la saisie subsiste et produit ces effets légaux, car cette mainlevée n'est que provisoire, et le tribunal la prononcera seul définitivement en invalidant la saisie.

Si les objets saisis, bois, outils, voitures, bestiaux, etc., appartiennent à des inconnus, il paraît évident que les agents forestiers peuvent demander au tribunal correctionnel de valider la saisie au vu du procès-verbal, puisqu'on ne doit pas se faire justice à soi-même (Arg. 169); mais le tribunal ne saurait aller au delà : aucune peine, même celle de la confiscation, ne peut être prononcée contre un inconnu que si une disposition expresse de la loi l'autorise, comme celle du 3 mai 1844 (art. 16) en offre l'exemple. C'est à l'agent chargé des poursuites à se prémunir contre une restitution possible après la prescription de l'action, en faisant des actes interruptifs de constatation ou de poursuites.

Le Code pénal protége la saisie en punissant les détournements intentionnels ou leur tentative commis par le saisi (C. pén. 406), le tiers saisi (C. pén. 408), ou par des étrangers à la saisie

(C. pén. 401). Cette sanction existe soit que la saisie ait été faite réellement par l'appréhension de l'objet et son dépôt chez une tierce personne, soit qu'elle ait été faite d'une façon purement intellectuelle, soit enfin qu'elle ait été notifiée ou non, pourvu que celui qui est l'objet de la poursuite en ait connaissance.

Les agents forestiers n'ont pas le pouvoir de pratiquer des saisies; l'article 173 ne leur est pas applicable. Ils n'ont cette faculté que d'une façon exceptionnelle en ce qui concerne les bois coupés ou enlevés en délit (C. for. 164). C'est à ce cas expressément limité dans la loi que leur pouvoir doit être restreint.

Les gardes des particuliers ont les mêmes pouvoirs que ceux de l'administration, relativement à la saisie, mais ils ne peuvent faire ni citations ni significations (C. for. 189).

2° *Séquestre.* — L'intérêt d'une bonne justice exige parfois que l'objet saisi soit conservé d'une façon plus efficace que par la simple indisponibilité dont la saisie le frappe, et qu'il soit déposé entre les mains d'une tierce personne qui prendra l'engagement de le représenter à toute réquisition.

Il intervient alors un contrat appelé *séquestre* entre l'administration forestière, représentée par le garde, et celui qui se charge de conserver les objets déposés chez lui. Ce séquestre qui n'est ni *conventionnel,* en ce sens que le propriétaire des objets saisis n'est pas appelé à y donner son consentement (C. civ. 1956), ni *judiciaire,* puisque la justice n'intervient pas pour l'ordonner (C. civ. 1961), peut être appelé *légal* parce que la loi l'autorise comme suite de la saisie.

Entre le garde forestier et le gardien, appelé aussi séquestre, c'est une véritable convention qui intervient et dont les effets sont d'obliger chaque partie :

1° Le garde, pour son administration, à payer les frais de séquestre et à garantir le gardien contre les préjudices que pourraient lui causer les objets séquestrés (C. civ. 1947);

2° Le gardien, à conserver et à soigner les objets séquestrés, à les représenter à toute réquisition et à ne les rendre qu'en vertu d'un ordre de l'autorité compétente (C. civ. 1962).

Cette mesure ne peut être effectuée que dans les cas où la loi l'autorise expressément, c'est-à-dire pour les *objets* enlevés frauduleusement, les *voitures et attelages,* les *instruments* des délinquants et les *bestiaux* trouvés en délit (C. for. 161); les gardes ont toute liberté pour l'exécuter, et pour choisir le gardien; on va même jusqu'à penser qu'ils peuvent valablement se constituer séquestres dans le cas où ils ne trouveraient personne y consentant.

La loi n'a pas indiqué de formes spéciales pour ce contrat. Comme il suit toujours une saisie, les formalités de cet acte doivent être remplies ; et comme il engage chaque partie, on conseille aux gardes d'en rédiger un double qui sera signé par le séquestre et qui portera la mention de ce fait double, par application de l'article 1325 du Code civil qui impose cette formalité pour la preuve des contrats bilatéraux, faits par actes sous signatures privées, et en dispense les actes authentiques. A ce titre, les actes des huissiers dont les gardes font fonctions et les actes administratifs étant authentiques (Loi du 25 vent. an XI), cette formalité du fait double pourrait bien ne pas être indispensable. Cette considération dispenserait même de la signature le séquestre qui ne pourrait ou ne saurait écrire. L'acte de séquestre qui se fait à la suite du procès-verbal de délit, mais qui pourrait fort bien en être séparé, décrira donc simplement les objets séquestrés, rappellera les obligations du séquestre et fixera les frais de garde sous la réserve de la taxe du juge (Décr. 18 juin 1811, art. 37).

Si la mainlevée de la saisie est réclamée, cette mainlevée entraînera forcément la rupture du contrat de séquestre. Le juge de paix, dans ce cas, exigera sous caution le paiement immédiat des frais de séquestre, lesquels sont alors naturellement taxés par lui (C. for. 168, et arg. 169). Si, au contraire, la mainlevée n'est pas demandée ou si elle n'est pas obtenue, la taxe du séquestre est faite par le tribunal correctionnel dans la liquidation des dépens.

Des règles spéciales sont indiquées par l'article 169 pour le séquestre des bestiaux saisis. A raison de leur nature, la loi en autorise la vente avant même que la saisie ne soit légitimée par le tribunal.

Si les bestiaux sont réclamés avant cette vente, le tribunal correctionnel sera appelé à prononcer sur le délit de pâturage et à valider ou à invalider implicitement la saisie. Il le fera, à charge d'appel, en condamnant le prévenu ou en l'acquittant et en prononçant même des dommages-intérêts à son profit, s'il y a lieu, contre l'administration forestière.

Après la vente, si le propriétaire reste inconnu, l'administration fait statuer sur la saisie, sur le vu du procès-verbal par le tribunal, qui prononce alors en premier ressort; s'il se présente ou s'il est découvert, il peut être poursuivi pour le délit tant que celui-ci n'est pas prescrit (c'est à l'agent forestier à conserver l'action par des actes interruptifs) : condamné, il verra le produit s'imputer sur les frais de séquestre et de vente et sur les condamnations résultant du délit, acquitté, il n'aura jamais droit qu'au produit net de la vente, tous frais déduits, sans dommages-intérêts, puisque la saisie a été validée.

Tel est le système qui a été imaginé pour engager les propriétaires de bestiaux à se faire connaître. Quant à cette vente sommaire, elle est effectuée dans les cinq jours qui suivent le dépôt du procès-verbal de saisie au greffe du juge de paix, et après vingt-quatre heures d'affiches, par le receveur des domaines qui sera prévenu par le garde et qui ne devra toutefois agir qu'en vertu d'une ordonnance du juge de paix désignant le marché le plus voisin. Les frais de séquestre et de vente, taxés par une seconde ordonnance du juge de paix, seront prélevés sur le produit de la vente, et le surplus restera déposé dans la caisse du receveur jusqu'à ce qu'il ait été statué définitivement, comme il vient d'être dit.

La loi ne parle point du saisi qui n'aurait pas obtenu la mainlevée provisoire et la remise des bestiaux. Dans ce cas, il nous paraît évident qu'il doit être suivi comme si le propriétaire ne s'était pas présenté et que le receveur des domaines peut procéder à la vente.

Les agents forestiers n'ont pas qualité pour former le séquestre légal du Code forestier (C. for. 161), comme pour toutes les mesures de police judiciaire, qu'une disposition expresse de la loi ne les a pas autorisés à exécuter. Les gardes des particuliers ont les mêmes attributions que ceux de l'administration.

3° *Arrestation.* — La saisie matérielle de la personne de celui qui vient de commettre une infraction constitue l'arrestation. Ce droit ne s'exerce qu'en cas de flagrant délit, et on entend par ce mot le délit qui se commet actuellement ou qui vient de se commettre. On répute aussi flagrant délit le cas où le prévenu est poursuivi par la clameur publique et celui où il est trouvé saisi d'effets, d'instruments, d'armes et de papiers faisant présumer qu'il est auteur ou complice, pourvu que ce soit dans un temps voisin du délit (I. cr. 41).

Le droit d'arrestation est plus ou moins étendu selon la gravité du fait. En cas de crime, tout citoyen a le droit et le devoir d'arrêter celui qui vient de le commettre (I. cr. 106); en cas de délit, ce droit n'appartient qu'aux officiers de police judiciaire et encore seulement quand le délit emporte la peine de l'emprisonnement (I. cr. 16); en matière de simple contravention, le droit d'arrestation n'existe pas.

Les lois spéciales ont pu se montrer plus sévères dans l'intérêt des besoins qui les ont fait naître. C'est ainsi que les gardes forestiers ont le droit d'arrêter tout *inconnu* surpris en flagrant délit ou en contravention (C. for. 163). Pareil droit leur est reconnu à l'égard des inconnus surpris en flagrant délit de chasse; mais en cette matière, le droit d'arrestation est atténué par l'interdiction de désarmer le chasseur, sauf le cas de légitime défense (Loi de 1844, art. 25).

Il y a intérêt pour eux à connaître la manière dont le droit d'arrestation peut valablement s'exercer parce que l'arrestation illégale serait punissable (C. pén. 341), les exposerait à des poursuites en dommages-intérêts (C. civ. 1383) et ne donnerait pas naissance, en cas de résistance, aux peines de la rébellion (C. pén. 209).

Le droit d'arrestation n'a pour but que d'arriver à constater l'identité de ceux qui sont surpris en flagrant délit. C'est pour ce motif que les gardes conduiront immédiatement l'individu arrêté devant le juge de paix ou le maire, au choix du délinquant (C. for. 163), ou devant les conseillers municipaux suivant l'ordre du tableau, en cas d'absence ou d'empêchement du maire (Loi 5 mai 1855), sans pouvoir le conduire légalement devant toute autre autorité.

Le maire s'assurera de l'identité du délinquant et prendra, au besoin, contre lui toutes les mesures que la loi autorise, en le faisant même retenir dans la chambre de sûreté communale s'il persiste à demeurer inconnu (C. pén. 269).

Les gardes des particuliers ont le même droit d'arrestation que les gardes de l'administration des forêts (C. for. 189). Les agents forestiers ne le possèdent pas.

4° *Visites domiciliaires.* — La loi protége le domicile du citoyen comme l'asile inviolable de ses intérêts et de ses affections, et l'on comprend dans le domicile tous les lieux enclos qui forment dépendance de son habitation. Aussi, les perquisitions judiciaires ne peuvent se faire à domicile que pendant le jour (Loi 22 frim. an VIII, art. 76), c'est-à-dire de 6 heures du matin à 6 heures du soir, du 1er octobre au 31 mars, et de 4 heures du matin à 9 heures du soir pendant le reste de l'année (Arg. Pr. civ. 1037).

Aussi, en dehors des cas de flagrant délit, le juge d'instruction seul ou son délégué peut procéder à des visites domiciliaires, et encore faut-il qu'il soit mis en mouvement par une réquisition du procureur de la République (I. cr. 61). Le droit est si strict en cette matière, que des gendarmes même munis d'un réquisitoire du procureur ne peuvent procéder à une visite du domicile (Besançon, 3 juill. 1857); que le consentement du propriétaire couvre celui qui fait la visite contre le délit de violation de domicile, mais ne rend pas cette visite légale; que dès lors son procès-verbal est nul et sans effet, et qu'il ne peut même témoigner en justice de ce qu'il a vu d'une manière illégitime, quand bien même le propriétaire lui aurait ouvert sa maison (Cass. 17 juill. 1858 et 21 avr. 1864).

La loi forestière a dérogé d'une manière notable en faveur des gardes à ce principe de droit public qui protége le domicile : « Ils suivront les objets en-« levés par les délinquants jusque dans les lieux où « ils auront été transportés et les mettront en sé-« questre ; ils ne pourront néanmoins s'introduire « dans les maisons, bâtiments, cours adjacentes et « enclos, si ce n'est en présence soit du juge de paix « ou de son suppléant, soit du maire du lieu ou de son « adjoint, soit du commissaire de police (C. for. 161). »

Ce texte qui se retrouve, du reste, dans le Code d'instruction criminelle (art. 16), montre que pour les objets enlevés le principe de l'inviolabilité du domicile est levé par une disposition spéciale de la loi, et que, dès lors, la présence d'un officier public n'est plus qu'une garantie donnée au citoyen, garantie à laquelle il peut valablement renoncer en consentant à la visite de son domicile, même hors de la présence de cet officier public. Le procès-verbal dans ce cas est valable, et le garde peut légitimement témoigner de ce qu'il a vu ; mais le consentement ne peut être donné que par le chef de la maison et non par sa femme, ses enfants ou ses domestiques.

En cas d'absence ou de refus du chef de ménage, la présence des officiers publics désignés dans l'article 161 est indispensable, à peine pour le garde de s'exposer à des dommages-intérêts, au délit de violation du domicile, à des résistances qui ne seraient pas de la rébellion, et enfin à la nullité de son procès-verbal et de son témoignage.

.Encore faut-il que les gardes soient à la suite d'objets enlevés en délit et qu'une reconnaissance de ces objets en forêt précède la perquisition et la motive (C. for. 161). Ils ne pourraient, même avec l'assistance d'un officier public, faire de visites pour un tout autre but, par exemple, celui de rechercher à domicile des pièces de conviction ou toute autre preuve d'un délit.

Les gardes peuvent se faire accompagner de l'un ou de l'autre des officiers publics désignés dans l'article 161, à leur choix, mais sans pouvoir s'adresser à nul autre si ce n'est aux premiers conseillers municipaux dans l'ordre du tableau, et seulement en cas d'absence ou d'empêchement du maire. Si aucun officier public ne pouvait ou ne voulait accompagner le garde, il manquerait à ses devoirs, pourrait être l'objet de mesures disciplinaires administratives et serait civilement responsable du préjudice causé par sa faute; mais le garde ne pourrait passer outre et la visite

domiciliaire deviendrait impossible (C. for. 162;
Cass. 29 juin 1872).

Le droit est si strict en cette matière, que nous
hésitons à reconnaître aux agents forestiers le
pouvoir de faire des visites domiciliaires, malgré
un argument détourné tiré de l'article 164 du
Code forestier. Les agents forestiers ne sont pas,
en effet, officiers de police judiciaire, et le droit
de réquisition à la force publique qui leur est
reconnu pour seconder les gardes dans la répression des délits, la recherche et la saisie des bois
coupés en fraude, ne nous paraît pas forcément
entraîner le droit de perquisition à domicile. Il y
a de nombreuses circonstances où cette recherche
et cette saisie peuvent se faire ailleurs qu'au domicile, et, en l'absence d'une disposition bien explicite de la loi, nous ne pouvons que recommander
le respect du domicile si protégé par l'ensemble
de notre législation. Les gardes des particuliers
jouissent, au contraire, du même droit que ceux
de l'administration forestière (C. for. 189).

En cas d'absence au domicile ou de refus d'ouvrir la porte, c'est le garde qui doit requérir un
serrurier et l'appuyer au besoin de la force publique. C'est lui, en effet, qui procède à la visite
domiciliaire, et non le maire qui n'y est qu'assis-
tant.

La loi forestière présente même des cas dans

lesquels les visites domiciliaires sont encore plus simples et plus expéditives. Dans les scieries et autres établissements prohibés autour des forêts, les gardes et les agents peuvent, quand ces établissements ont été autorisés par l'administration, y faire toutes perquisitions, pourvu qu'ils se présentent au nombre de deux au moins, ou que l'agent ou garde soit accompagné de deux témoins domiciliés dans la commune. Il s'agit, à vrai dire, moins d'une visite domiciliaire, que d'une perquisition dans des établissements ou enclos, car les gardes ne doivent point entrer de cette façon dans les maisons autorisées, ni dans les parties des établissements prohibés qui sont affectées à l'habitation (C. for. 157).

Les visites domiciliaires pour la constatation des délits de chasse, et notamment du délit de détention d'engins prohibés, rentrent dans le droit commun. Les gardes ne pourraient les faire sans s'exposer à violer le domicile (C. pén. 184), même s'ils étaient accompagnés des officiers publics désignés dans la loi forestière. Leur procès-verbal serait nul par la double raison de l'illégalité de leur visite et de leur incompétence en dehors de la forêt. Toutefois, si dans une visite légalement faite pour la recherche de bois enlevés de la forêt, ils découvraient des engins de chasse prohibés, ils pourraient valablement en déposer en justice, parce que leur présence était légitime dans le domicile.

5° *Réquisition à la force publique.* — Pour rendre efficaces les divers moyens de recherche mis à la disposition de la police judiciaire forestière, il fallait leur donner la suprême sanction des lois : la force. C'est dans ce but que les agents et les gardes forestiers sont autorisés à requérir la force publique. Ils font cette réquisition directement, sans intermédiaire et notamment sans l'intervention des maires (C. for. 164), et emploient la formule : *Nous requérons,* dont se servent la loi et l'ordonnance sur le service de la gendarmerie, du 29 octobre 1820. La réquisition se fait naturellement par écrit.

Les gardes des particuliers n'ont pas le même droit de réquisition directe (C. for. 189); ils sont obligés de demander main-forte au maire ou à l'adjoint du lieu, qui ne peut s'y refuser (I. cr. 16).

La force publique n'est plus aujourd'hui constituée que par la gendarmerie et par les différents corps et divisions de l'armée; mais la loi du 9 floréal an XI, qui mettait les gardes forestiers au nombre des forces publiques, sans y comprendre les agents, avait déjà pour effet de permettre aux agents de requérir les gardes de leur région, et même de permettre aux gardes de se requérir entre eux pour assurer la force aux différents actes de recherche qu'ils doivent accomplir. Cet effet est complété aujourd'hui et étendu aux agents forestiers par les lois du 27 juillet 1872 et du 24 juillet 1873, qui font entrer tout le personnel de l'administration des forêts dans la composition des forces militaires du pays (Décr. 2 avril 1875).

30. Transaction avant jugement. — Transiger, c'est faire, à l'occasion d'un procès né ou à naître, une convention qui met fin au litige et dans laquelle chacun abandonne plus ou moins de ses prétentions (C. civ. 2044); mais quand il s'agit d'un délit ou d'un fait punissable, cet arrangement ne peut porter que sur les intérêts civils qui en naissent : restitution, dommages-intérêts et frais. L'action du ministère public n'en est jamais atteinte; la loi ne veut pas que de pareils arrangements puissent désarmer la vindicte publique et empêcher de punir l'acte que la loi pénale a jugé mauvais (C. civ. 2046). En 1859, l'administration forestière a été investie du droit très-important de transiger à la fois sur l'action civile et sur l'action publique (C. for. 159, loi 18 juin 1859) : sur l'action civile, même sans consulter les communes intéressées; sur l'action publique, même sans prendre l'avis du ministère public. L'administration forestière est légalement investie de ce droit et l'exerce devant les tribunaux par les agents forestiers qui la représentent; elle l'exerce surtout administrativement dans les formes réglées par le décret du 21 décembre 1859, qui réserve au ministre des finances et au directeur général les cas les plus graves, et au conservateur les cas ordinaires. La décision prise, soit d'office, soit sur la demande du prévenu, est notifiée administrativement à l'intéressé; s'il ne paie pas dans les délais fixés, il est passé outre aux poursuites. Aucune limite n'est imposée par la loi à l'administration, qui transige sur tous les délits forestiers, même quand ils emportent la peine de l'emprisonnement, et même sur les délits de chasse commis en forêt. Elle s'abstient seulement de transiger sur les délits de défrichement commis dans les bois des particuliers; elle agit de même pour les frais faits, ceux-ci étant considérés comme des avances de deniers publics, dont l'autorité administrative ne peut dispenser du paiement.

Effets. — Que la transaction avant jugement soit exercée administrativement ou devant les tribunaux, elle paralyse l'action du ministère public et dessaisit le tribunal en mettant fin à toute action soit pénale, soit privée. Elle diffère ainsi de l'ancien abandon de poursuites qui n'était qu'une transaction sur des droits civils et n'empêchait pas le procureur de la République de poursuivre au point de vue de la peine. Elle a donc tous les effets d'une amnistie individuelle. Il s'ensuit que le désistement déclaré à l'audience par un agent forestier dessaisit le tribunal, à la différence du désistement du ministère public qui n'empêche pas le tribunal de statuer et même de condamner. Il s'ensuit encore que la transaction acceptée par le prévenu efface le fait délictueux qui ne peut plus, dès lors, donner naissance aux peines de la récidive; mais elle n'interrompt pas la prescription, car elle n'est pas un acte de poursuite, et une citation préalable est, en général, nécessaire pour ne pas compromettre l'action en justice si le prévenu n'acceptait pas la transaction ou s'il ne payait pas la somme fixée.

§ 3. — Délits.

31. Explications. — Sous ce titre, nous allons passer en revue les principales affaires forestières que nous avons définies, celles dans lesquelles l'agent forestier peut être à la fois partie publique et partie civile (n° 4). Cependant toutes les affaires forestières ne sont pas uniquement des *délits* (ce mot pris dans le sens général de délit et de contravention). Ainsi, les agents forestiers peuvent se porter partie civile devant les tribunaux correctionnels à l'occasion de délits du droit pénal ordinaire (I. cr. 182; Cass. 4 janv. 1855); ils peuvent également intenter, toujours devant les tribunaux correctionnels, certaines affaires purement civiles, comme les actions en nullité de ventes irrégulières (C. for. 21), en démolition de maisons (C. for. 153), en revendication de bois d'usage non employés (C. for. 84), en réparation civile de délits divers non punissables par suite d'amnistie (C. for. 198), etc.; mais les affaires concernant les délits forestiers sont les plus fréquentes et les plus importantes. Elles nous occuperont exclusivement.

La détermination exacte du fait punissable constitue la mesure de la compétence tant du tribunal correctionnel que de l'agent forestier, car un tribunal répressif ne peut jamais étendre par voie d'analogie les faits répréhensibles et créer ainsi des délits arbitraires. En dehors des cas strictement déterminés par le texte de la loi pénale, l'action devient purement civile; le tribunal correctionnel est incompétent; l'agent forestier le devient également et exposerait même son administration à des demandes récursoires en dommages-intérêts de la part du prévenu appelé à tort devant la juridiction criminelle (C. for. 187; I. cr. 159 et 212). Il est donc très-important de déterminer exactement les faits délictueux.

Nous diviserons cette étude en quatre articles :

1° Les *délits ordinaires* concernent toutes les forêts tant celles de l'État que celles des communes et des particuliers et constituent le droit commun en matière forestière. Quand les faits qui les caractérisent ne sont pas commis en forêt, c'est-à-dire dans des immeubles dont le bois n'est pas la production principale recherchée par le propriétaire, la loi générale (le Code pénal ou le Code rural) devient seule applicable comme elle l'est, dans les forêts, pour tous les faits non prévus par le Code forestier.

2° Les *délits des adjudicataires* concernent uniquement les forêts soumises au régime forestier, et encore, dans ces forêts, les seules coupes vendues sur pied. Les entrepreneurs de façonnage et les acquéreurs des coupes vendues après façon sont régis, sous le rapport des délits qu'ils peuvent commettre, par la même législation que les adjudicataires des forêts particulières, et sont affranchis de ces dispositions spéciales d'une sévérité quelque peu surannée.

3° Les *délits des usagers* constituent des règles de police applicables à toutes les propriétés boisées grevées de cette servitude. La liberté des conventions et le respect de celles existantes ont été restreints, en 1827, par des dispositions empruntées à nos anciennes ordonnances à cause de l'intérêt qui s'attache à la conservation des forêts de toute nature. Ces délits ont ceci de particulier que, réglant l'exercice d'un contrat entre parties contractantes, ils sont, comme ceux des adjudicataires, exclusifs de la prison, et que, de plus, les tribunaux peuvent faire prévaloir sur eux les clauses du contrat chaque fois que la convention serait, en quelque sorte, mise à néant par l'application des règles de police (nᵒˢ 52 et 60).

4° Les *délits des servitudes forestières* concernent surtout les forêts soumises au régime forestier. L'érection en délit du fait de transgresser certaines défenses de bâtir, les constitue en servitudes légales d'ordre public et, par conséquent, imprescriptibles.

Sans entrer dans l'examen du système de pénalité employé par le Code forestier, qui a des conséquences importantes au point de vue de la culpabilité, de la complicité et du cumul des peines, nous ferons l'étude analytique de chaque disposition pénale d'après la jurisprudence aujourd'hui à peu près fixée sur la plupart des questions.

ARTICLE 1ᵉʳ. — DÉLITS FORESTIERS ORDINAIRES.

32. Produits autres que le bois (C. for. 144). — On punit comme délit ou contravention l'enlève-

ment des pierres, gazons et produits divers autres
que le bois, fait qui ne donne lieu qu'à une action
en dommages-intérêts dans les immeubles non
forestiers. La seule *extraction* ou le déplacement
quelconque de ces produits est punissable, qu'il y
ait ou non intention *d'enlèvement* (Cass. 28 nov.
1872); par exemple, le fait de ramasser des herbes ou des glands en tas, de creuser un fossé, etc.
Cette nouvelle interprétation de la Cour de cassation assure l'intégrité du sol forestier en défé-
rant aux tribunaux correctionnels des faits qui don-
neraient simplement naissance, dans les champs,
à des actions civiles ou possessoires. L'énumération de l'article 144 est énonciative ; le mot « fruit »
comprend ainsi tous les produits autres que le
bois (fraises, œufs de fourmis, truffes, champi-
gnons, etc.). Les genets et bruyères sont les seules
productions ligneuses limitativement indiquées.
L'évaluation doit se faire par mode d'enlèvement
accompli ou probable, et non par charge d'homme
à défaut de la quantité nécessaire pour former
une charge de bête de somme ou une charretée.
L'autorisation du propriétaire du sol peut seule
faire disparaître le délit, quand bien même son auteur aurait droit à obtenir ou à déplacer ces produits (par exemple en cas de droit d'usage ou de
servitude), à moins qu'il n'ait un titre exécutoire
sans recours à la justice. Des arrêtés administratifs

sont des titres exécutoires par eux-mêmes s'ils sont légaux et réguliers : par exemple, l'arrêté d'un préfet ordonnant une extraction de matériaux nécessaires à des travaux publics. Une condition essentielle de la légalité de l'occupation est la reconnaissance préalable du terrain faite par un agent forestier dans les bois soumis (O. rég. 170), ou par le propriétaire et, à défaut, par le maire, dans les forêts des particuliers (Décr. 8 fév. 1868).

33. Passage en forêt avec instruments prohibés (C. for. 146). — Il s'agit d'une disposition préventive qui punit non la tentative (Déf. C. pén. 2), mais le fait simplement préparatoire que nos lois pénales n'atteignent pas habituellement. Aussi, ne peut-on punir que le port *extérieur* d'instruments propres à couper le bois et non celui de faux, faucilles, etc., sans, naturellement, que la détention à domicile soit défendue et sans que les gardes puissent se livrer à des visites corporelles. Il faut, de plus, que l'individu soit trouvé hors des routes et chemins *ordinaires*, c'est-à-dire hors des voies du domaine public, ou des chemins ruraux, ou même des chemins dans lesquels il a le droit de circuler en vertu d'un contrat ou d'une servitude légale de passage. Cet article ne s'applique pas au propriétaire de la forêt libre de déléguer son droit ou de s'en prévaloir; on conçoit alors qu'il doit exister dans la pratique une large tolérance entre propriétaires de bois à l'égard des bûcherons employés aux coupes.

Les instruments autres que ceux propres à couper le bois, faux, faucilles, traîneaux, brouettes, ne donnent point lieu à la confiscation; ils ne peuvent être que saisis et séquestrés pour la garantie des condamnations en cas de délits commis à l'aide de ces moyens (C. for. 161).

34. Passage avec voitures. (C. for. 147.) — Cet article est de la même nature que le précédent et punit la seule introduction des voitures attelées ou non attelées en dehors des chemins ordinaires (n° 33). Cette défense s'étend ainsi à tous les véhicules non susceptibles d'être attelés, les traîneaux et même les brouettes. L'introduction est punissable qu'il y ait ou non préjudice causé, quand bien même aucun dommage ne serait possible, par exemple dans un vide ou sur une route forestière. On punit ainsi ceux qui s'écartent des chemins ordinaires pour se frayer un passage en dehors. La force majeure venant d'un état impraticable serait le seul fait justificatif de l'introduction. La peine atteint indistinctement le propriétaire de la voiture et celui qui l'introduit; on peut donc poursuivre l'un ou l'autre et même l'un et l'autre en même temps. — Cet article ne s'applique pas au propriétaire de la forêt ni à tous ceux auxquels il a délégué son droit. On use bien souvent d'une certaine tolérance, surtout en ce qui concerne les chemins forestiers. A leur égard, la portée de cet article est considérable : en défendant la circulation partout, même sur les routes non ordinaires, et en la subordonnant au bon vouloir du propriétaire, il fait que les routes forestières sont toujours des routes privées pour la construction desquelles l'expropriation pour cause d'utilité publique ne saurait être accordée (Avis C. d'État 7 nov. 1872).

35. Introduction de bestiaux (C. for. 199). — On défend, dans les forêts, le simple séjour du bétail, qu'il ait pâturé ou non, quelle que soit l'intention du propriétaire, qu'il y ait dommage causé ou non, sauf sur les chemins ordinaires (nº 33) et sauf les accidents de force majeure assez fréquents dans les montagnes. Dans ce cas même, le propriétaire doit réparer le préjudice causé (C. civ. 1385). — Le délit de l'article 199 n'est caractérisé que quand le bétail n'est pas attelé à une voiture (nº 34). Cet article fait, comme le précédent, une grave exception au principe du droit criminel moderne en vertu duquel les délits sont personnels : le propriétaire du bétail est pénalement responsable ; on peut le poursuivre ou son pâtre, ou bien l'un et l'autre à la fois. Le mot « bois » qui se trouve employé dans la loi ne signifie pas seulement les parties boisées de l'immeuble forestier ; il s'applique à tous les vides, pâturages, etc., qui en dépendent et peuvent en être considérés comme l'accessoire. Naturellement, la défense d'introduire du bétail dans les forêts ne s'applique pas au propriétaire. Le droit de celui-ci n'est limité que par l'interdiction de détruire sa forêt (C. for. 219) et par la défense de concéder à autrui le pacage des moutons et des chèvres (n° 13). S'il s'agit d'une commune, le droit de propriété est restreint par l'interdiction du pacage (C. for. 110), par des règles de pâturage (C. for. 112) et par l'obligation de ne pas dépasser la possibilité (n° 21). La peine indiquée par l'article 199 ne s'applique qu'au fait d'introduction du bétail indiqué limitativement dans le texte, en y comprenant les ânes, mulets, etc., faisant partie de la catégorie de bêtes de somme, et en excluant la divagation des chiens qui ne donne naissance qu'à une action en dommages-intérêts, et l'abandon des volailles qui est une contravention du droit rural (n° 4).

36. Arbres dépassant deux décimètres de tour (C. for. 192, 193). — *La coupe et l'enlèvement des* arbres de cette dimension sont punis sans distinction du cas où la coupe aurait été faite par un individu et l'enlèvement par un autre; mais l'enlèvement des arbres coupés dans une vente ou exploités par le propriétaire est un délit du droit pénal ordinaire (C. pén. 388). Les articles 192 et 193 ne s'appliquent qu'aux tiges et aux fragments de tiges (C. for. 193), mais pas aux branches (C. for. 194 et 196), ni aux tiges inférieures à deux décimètres (C. for. 194). — Ils ne prévoient que la *coupe* et non l'*arrachement* des tiges ou des souches mortes ou vives (C. for. 195). Le commencement de coupe est une question de mutilation et de fait, sans intérêt au point de vue de la peine (C. for. 196). — Par *enlèvement*, on doit entendre tout déplacement fait en vue d'appropriation. La Cour de cassation n'a pas encore donné à ce mot le sens de tout déplacement matériel (n° 32). — Les faits de coupe et d'enlèvement peuvent donc donner lieu à deux poursuites dirigées contre les auteurs de ces actes si l'arbre a été coupé par un délinquant et enlevé par un autre. Ces articles ne s'appliquent pas aux arbres indûment coupés par les adjudicataires des coupes vendues sur pied dans les forêts soumises au régime forestier; mais ils concernent les adjudicataires des forêts particulières (n° 42). Ils s'appliquent aussi aux arbres indivis et aux arbres des forêts indivises coupés par les tiers, mais non par leurs copropriétaires (C. for. 114). Les classes d'arbres qui servent à calculer l'amende contiennent : la première, une énumération limitative des essences, sauf en ce qui concerne les fruitiers; la seconde, une liste simplement énonciative. Le tableau contenu dans le Code forestier n'est donné qu'à titre d'exemple du calcul assez compliqué de l'amende. La grosseur se mesure sans fraction de décimètre et, selon les différents cas, à la hauteur légale, ou sur la souche, ou par le côté de l'équarrissage dans le cas prévu par l'article 193. En dehors de ces trois circonstances, la circonférence peut être arbitrée d'après les faits par le rédacteur du procès-verbal, sans que son évaluation lie en aucune façon le tribunal.

37. Bois inférieurs à deux décimètres (C. for. 194). — Le mot *bois* employé pour caractériser cette infraction, désigne les tiges comme les branches, à la seule condition qu'elles aient moins de deux décimètres de tour. — La coupe et l'enlèvement (n° 36) ne comprennent pas l'arrachement (C. for. 195). Malgré certaines discordances dans la jurisprudence, l'évaluation des quantités enlevées nous paraît devoir se faire d'après le mode d'enlèvement effectué ou probable (n° 32) et non par le mode de ligature; l'enlèvement ou la coupe

de la plus minime quantité, comme d'un seul brin
inférieur à deux décimètres, rentre dans la catégorie de la charge d'homme et devient punissable
à ce titre.

38. Arrachement d'arbres (C. for. 195). — Ce
délit concerne les arbres de toutes essences et de
toutes dimensions. Il remplace, dans les forêts, le
délit de dévastation qui se trouve puni par l'ensemble des articles 192, 193, 194 et 195. L'arrachement est punissable en vertu de cet article
quel que soit l'état de la tige, quand bien même
elle serait réduite à une souche vive ou morte
(n° 36). C'est dans le but d'adapter la disposition
pénale aux circonstances les plus graves que le
système de pénalité fondé sur la quantité enlevée
et emprunté à l'ordonnance de 1669 a été aban-
donné pour revenir à celui du droit pénal moderne, dans lequel le juge peut faire varier la
peine entre un *minimum* et un *maximum* et peut
punir d'une peine spéciale tous ceux qui participent au délit.

Semis et plantations. — Ces travaux sont l'objet
d'une protection spéciale. La *coupe* et *l'enlèvement*
sont punis d'une amende de 3 francs par tige, de
quelque dimension qu'elle soit; mais cette protection particulière ne dure que pendant cinq ans à
dater de la plantation (C. for. 194).

L'arrachement des plants de même nature est puni, quel que soit leur âge, d'une amende de 10 à 300 francs et d'un emprisonnement que le juge ne peut se dispenser de prononcer (C. for. 195).

39. Mutilation d'arbres (C. for. 196). — Le Code punit comme s'ils avaient abattu les arbres par le pied, c'est-à-dire des mêmes amendes et emprisonnements, ceux qui les auront *éhoupés* (coupe de la cime à quelque distance que ce soit du sommet); *écorcés* (par exemple, enlevé l'écorce des chênes-liége), ceux qui en auront *coupé les principales branches* (question de fait que les tribunaux tranchent en décidant si les branches intéressent la vie de l'arbre) ou enfin les auront *mutilés*. Ce dernier mot comprend tous les actes précédents dans sa généralité; la loi n'exige pas des blessures de nature à faire périr l'arbre, comme l'article 446 du Code pénal, et les tribunaux, toujours libres d'apprécier la mutilation d'après les faits, peuvent, selon les circonstances, appliquer cette disposition au commencement de coupe et de sciage, à la coupe des racines, au résinage et au gommage. Ils ne pourraient pas cependant agir de même pour la mutilation indirectement faite par l'abatage d'arbres voisins, ni pour la coupe de branches non principales, ces faits n'étant point l'objet des prévisions de la loi.

Les faits de coupe et de mutilation étant seuls indiqués dans le texte, l'enlèvement des branches coupées ou des parties mutilées par un tiers rentrerait seulement dans les articles 192 pour les tiges et 194 pour les branches. Il faudrait en déduire que la coupe de branches non principales ayant plus de deux décimètres, et que l'enlèvement de branches principales ou non, coupées par autrui, supérieures à cette dimension, ne seraient ni prévus, ni punis par le Code forestier.

Ceci montre avec quel esprit d'analyse la doctrine interprète les lois pénales. Cette lacune est, du reste, sans importance dans la pratique, parce qu'il y a toujours, dans les bois enlevés, des parties inférieures à deux décimètres.

Chablis et bois de délit (C. for. 197). — Cet article n'ajoute rien aux précédentes dispositions concernant les arbres de plus de deux décimètres (C. for. 192, 193) et les bois inférieurs à cette dimension (C. for. 194); car *l'enlèvement* des bois coupés par autrui (bois de délit) ou par accident (chablis et volis) est déjà prévu par ces articles (n⁰ˢ 36 et 37). La *coupe* de ces mêmes arbres et bois dont l'article 197 ne parle pas, est également prévue par les mêmes articles. Tout au plus pourrait-on soutenir que l'enlèvement de bois déjà coupés par accident ou par délit ne peut donner lieu à l'emprisonnement, attendu que l'article 197, non modifié en 1859, en punit l'auteur seulement des mêmes amendes et restitutions que s'il les avait abattus par le pied. Cette opinion aurait peu de chance d'être accueillie, attendu que les articles 192 et 194 rendent la prison applicable au seul fait de l'enlèvement d'arbres déjà coupés, sans distinction de la cause et de l'auteur de la coupe.

ARTICLE 2. — DÉLITS DES ADJUDICATAIRES.

40. Permis d'exploiter (C. for. 30). — Dès que l'adjudication est prononcée, l'acheteur est propriétaire de sa coupe; c'est lui qui supporte la perte causée par les chablis, les délits, les accidents de toute nature. Il peut en prendre possession, et le vendeur doit le mettre à même d'en jouir en la lui livrant. Mais on peut convenir que la livraison ne sera faite qu'à un certain moment ou sous certaines conditions; c'est ce que fait le cahier des charges en indiquant que le permis d'exploiter ne sera délivré que quand l'adjudicataire aura payé les frais, fourni ses traites, déposé son marteau et présenté un garde-vente. Tant que les conditions de la délivrance ne sont pas remplies, et tant que l'objet vendu reste en la possession du vendeur, celui-ci doit en assurer la garde et la conservation, sans que les risques soient toutefois à sa charge. Tel est le droit civil général de la vente. Le Code forestier y déroge de deux façons : 1° le permis d'exploiter ne peut être délivré que par un agent forestier, ce qui interdit au tribunal civil de faire lui-même la délivrance, et transforme le droit de l'acheteur sur sa propre chose en une simple action en dommages-intérêts dans le cas d'un refus qui ne serait justifiable que par suite d'une insolvabilité soudaine; 2° si l'acheteur s'empare de son bien avant cette délivrance administrative, il est puni comme délinquant pour les bois qu'il aurait coupés (C. for. 30).

Le droit commun reprend son empire pour le cas où l'acheteur tarderait outre mesure à prendre livraison de la chose vendue et à satisfaire aux conditions qu'il a acceptées pour la remise du permis d'exploiter. La mise en demeure doit toujours précéder l'action en dommages-intérêts (C. civ. 1139). Les délais imposés pour la coupe et la vidange (n° 48) sont, du reste, suffisants pour empêcher des retards fâcheux de la part des marchands de bois.

41. Outrepasse (C. for. 29). — Si l'adjudicataire modifie l'assiette de sa coupe, prend une coupe pour une autre, enlève des bois en outrepassant les limites, il commet un délit spécial plus sévèrement puni que la coupe d'arbres dans les autres parties de la forêt. La limite de cette sévérité résulte de l'article 31, qui fixe à 250 mètres l'espace dans lequel les délits commis par les ouvriers de l'adjudicataire sont réputés commis par lui-même. Dans cette zone de 250 mètres autour de la coupe ou des arbres vendus, l'adjudicataire sera puni spécialement; en dehors, il sera un délinquant ordinaire.

En cas d'hésitation sur les limites, l'adjudicataire doit en demander la détermination exacte au vendeur, qui est obligé à une livraison complète (n° 88); cette demande contre le Domaine peut être formée à l'amiable, et un agent forestier ferait alors cesser les incertitudes; elle peut aussi s'intenter judiciairement sans que le tribunal puisse prononcer autre chose que des dommages-intérêts (n° 40). Les indications officieuses données par un garde sur les limites de la coupe ne feraient nullement cesser le délit et laisseraient l'adjudicataire exposé, sans recours contre le garde, à toute la sévérité du Code. « En fait de crime, point de garant », dit un vieil et constant principe de Droit.

La poursuite du délit devant le tribunal correctionnel peut être suspendue jusqu'au réarpentage, mode spécial de constatation dont nous avons vu les effets (n° 20). Si le sursis n'est ni demandé, ni prononcé, le tribunal est juge de toutes les discussions qui peuvent s'élever sur les limites de la coupe et sur l'interprétation du contrat (n° 19). Le juge de l'action est, en effet, juge de l'exception, sauf quand il s'agit de la propriété du sol (C. for. 182).

42. Coupe de réserves (C. for. 33, 34). —— On entend par arbres de réserves ceux qui sont marqués, griffés, ou même ceux qui, sans avoir été marqués, sont *désignés* pour rester sur pied par le procès-verbal de martelage (ce qui arrive très-souvent, par exemple, dans les coupes marquées en délivrance), pourvu que cette désignation soit claire et précise, ce dont le tribunal serait le seul juge en cas de contestation (n° 40). L'adjudicataire doit respecter ces *réserves* ainsi définies, c'est-à-dire que non-seulement leur *coupe* est défendue et punie par une amende qui est du tiers en sus de celle déterminée par l'article 192, mais, en outre, leur *mutilation* et le *déficit* sur le nombre porté au procès-verbal de martelage sont également punis des mêmes peines. Les arbres de limite, pieds corniers et parois sont compris dans la même catégorie. L'adjudicataire a le droit de réclamer un recomptage contradictoire de ces arbres avant sa prise de possession de la coupe (C. d'État 14 fév. 1838). Cette vérification faite ou négligée, l'acquéreur devient comptable de tous les arbres de toute essence et de toute catégorie dont le nombre est porté sur le procès-verbal de martelage. Tout déficit est puni et ne peut être excusé pour aucun motif tiré soit d'un excédant, soit de l'intention, soit d'une compensation d'arbres non exploités, soit enfin de l'état des arbres réservés.

La constatation de ce déficit peut même échapper au tribunal, si l'administration des forêts ou l'adjudicataire réclame le sursis jusqu'au moment du récolement (C. for. 44). Elle lui échappe toujours si l'agent forestier poursuit en vertu d'un acte de récolement régulier ou non contesté (n° 20). Cette sévérité est encore aggravée par l'obligation d'allouer des dommages-intérêts par le seul fait de leur demande et de condamner à une restitution dont le montant est réglé dans la loi. Elle serait intolérable si le droit de transaction ne permettait à l'administration d'apprécier les intérêts, la moralité et les circonstances des délits. On a pu, de cette façon, en 1859, laisser subsister dans la loi des dispositions jugées utiles pour alarmer la fraude.

43. Travail de nuit (C. for. 35). — Dans le but de faciliter la surveillance, le Code défend aux adjudicataires, à peine de 100 francs d'amende, d'effectuer aucune *coupe* ou *enlèvement* de bois entre le coucher et le lever du soleil. Toutes les opérations de coupe (débit, façonnage, etc.) et d'enlèvement (introduction et chargement des voitures) sont ainsi défendues. A un autre point de vue et en dehors du droit forestier, la loi du 18 novembre 1814 défend de charger les voitures et de travailler extérieurement, c'est-à-dire en vue des lieux et voies publiques, les dimanches et jours de fêtes légales. Celles-ci sont: l'Ascension, l'Assomption, la Toussaint, Noël (Conv. du 26 mess. an IX) et le 1er janvier (Avis Cons. d'État 13 mars 1810). Le transport des bois n'est pas défendu (Cass. 1er juin 1839) et l'autorité municipale peut donner des autorisations de travail dans les cas urgents.

44. Écorcement non autorisé (C. for. 36). — La défense d'écorcer que le Code fait à l'adjudicataire s'applique aux bois dont il est propriétaire, mais elle est limitée au cas où l'écorcement serait fait sur pied, sans pouvoir s'étendre à celui des bois abattus. On craint que l'opération mal faite ne soit préjudiciable au sol forestier, et on réserve à l'administration de l'autoriser en réglant les précautions à prendre; ainsi, l'écorcement sur pied non autorisé ou pratiqué sans observer l conditions de l'autorisation est interdit. C défense est générale et s'applique non-seulement aux chênes, mais aux sapins dont l'écorcement est pratiqué pour les préserver de la piqûre des insectes. Il est évident que l'autorisation ne saurait jamais être refusée dans ce dernier cas.

Quant aux arbres dont l'adjudicataire n'est pas propriétaire, la mutilation ou l'écorcement rentrerait dans les articles 33 et 34, où l'obligation de *respecter* les réserves a évidemment un sens général et absolu (n° 42).

45. Infractions au cahier des charges (C. for. 37). — Les conventions que le vendeur impose à l'acheteur ont, pour les coupes vendues sur pied dans les forêts soumises, une sanction toute particulière. La loi érige en délit leur infraction et l'administration des forêts peut ainsi créer des délits justiciables des tribunaux correctionnels, tandis que les mêmes conventions n'ont, en général, dans les forêts des particuliers, pour sanction que l'action civile en dommages-intérêts. Mais il faut naturellement que cette faculté soit restreinte aux cas indiqués dans la loi, c'est-à-dire aux seules stipulations du cahier des charges relatives à *l'abatage et au nettoiement des coupes.* L'obligation de couper rez-terre, d'élaguer avant d'abattre, de respecter la marque en abattant les arbres vendus, de relever les ramiers, de débarrasser les coupes des épines et de certains arbustes nuisibles, etc., tombe ainsi sous l'application de l'article 37, sans préjudice des dommages-intérêts qui ne sauraient être obligatoires. Mais il n'en est pas de même de l'obligation de tenir les chemins libres, d'exécuter des plantations, de vider les coupes par des modes spéciaux de transport, de fournir caution, de payer dans un délai déterminé.

L'article 11 de la loi de 1844 sur la chasse présente une disposition analogue pour les infractions aux clauses des cahiers des charges de location relatives seulement à la chasse.

46. Établissement des ateliers (C. for. 38, 42). — Le droit d'exploiter une coupe achetée par l'adjudicataire comporte, selon les circonstances, celui de faire du charbon, de débiter les bois en diverses marchandises, d'allumer du feu pour les besoins des ouvriers, de les loger même dans des baraques. C'est précisément l'objet de son acquisition et la contre-partie du prix qu'il paie. Mais la loi subordonne le droit de l'acheteur au pouvoir discrétionnaire du service forestier : les divers ateliers ou loges ne pourront être établis que dans les emplacements désignés *par écrit* par les agents forestiers, à peine de 50 francs d'amende pour chaque emplacement non désigné. C'est assez dire que si ce pouvoir était exercé d'une façon trop restrictive et de manière à paralyser les droits de l'acheteur, celui-ci pourrait demander par voie civile des dommages-intérêts ou la résolution de la vente pour inexécution de la principale obligation du vendeur, qui est de livrer la chose vendue (C. civ. 1603). Le tribunal civil ne pourrait faire lui-même la désignation des emplacements, parce que celle-ci est une opération administrative que l'article 38 lui interdit.

La désignation ainsi faite des loges et ateliers entraîne, pour les adjudicataires, le droit d'y allumer du feu; mais elle peut très-bien contenir, sous la réserve précédente, interdiction ou limitation du droit d'allumer du feu selon les saisons et les besoins. En cas d'infraction, l'adjudicataire encourt une amende de 10 à 100 francs (C. for. 42), sans préjudice de la réparation du dommage qui pourrait résulter de la contravention. Ce préjudice consistera dans la détérioration des arbres ou dans un incendie. Dans ce dernier cas, la poursuite de l'incendie volontaire (C. pén. 434) devant la cour d'assises, et celle de l'incendie involontaire (C. pén. 458) devant le tribunal corectionnel n'appartiennent qu'au ministère public; mais les agents forestiers peuvent toujours demander des dommages-intérêts devant les tribunaux correctionnels en vertu, soit des articles 42 et 159 du Code forestier, soit de l'article 182 du Code d'instruction criminelle (n° 31).

47. Chemins non désignés (C. for. 39). — Une coupe n'est pas toujours desservie par des chemins publics, vicinaux ou ruraux, dont l'adjudicataire a l'usage comme tout le monde. Dans ce cas, le contrat de vente ou les actes faisant corps avec lui (procès-verbaux de balivage, cahier des charges générales ou spéciales) indiquent les chemins ouverts ou à ouvrir dans la forêt pour la vidange des produits vendus. Si l'adjudicataire s'en écarte, s'il en pratique de nouveaux, une amende de 50 à 200 francs lui sera applicable, sans qu'il puisse se prévaloir d'une insuffisance conventionnellement acceptée par lui. Toutefois, cette insuffisance peut être réparée par la désignation de nouveaux chemins qui est autorisée alors par le conservateur (Décr. 31 mai 1850), mais à prix d'argent et d'une façon entièrement discrétionnaire.

S'il arrivait qu'aucune désignation n'ait été faite dans l'acte de vente, l'adjudicataire aurait incontestablement le droit de sortir les produits qu'il a achetés, et le vendeur l'obligation de lui en faire entière et complète délivrance. Mais nul ne pouvant se faire justice à soi-même, l'adjudicataire tomberait sous le coup, non de l'article 39, mais de l'article 147, s'il traversait la forêt en dehors des chemins ordinaires, même en suivant une voie déjà frayée. Il devrait s'adresser à l'administration forestière, qui ferait la désignation, ou au tribunal civil, en dommages-intérêts, en cas de refus improbable ou de désignation insuffisante.

48. Délais de coupe et de vidange (C. for. 40). — Celui qui n'exécute pas les obligations librement acceptées dans un acte de vente s'expose à des dommages-intérêts ou à une résolution du contrat. A ce droit commun s'ajoute, pour les adjudicataires, un délit spécial qui concerne l'observation des délais utiles à la conservation du sol forestier, et qui les expose à une amende de 50 à 500 francs. Ce délit doit être naturellement restreint aux termes mêmes de la loi, c'est-à-dire à l'inobservation des délais de *coupe* et de *vidange*. L'infraction à tous les autres délais stipulés au contrat de vente, par exemple : pour le paiement, la fourniture des traites, l'exécution des travaux imposés, l'interruption des routes, etc., est régie par le droit commun. Il en serait de même de ceux relatifs au relevage des ramiers et des produits façonnés, car l'article 37 ne s'applique qu'au *mode* et non au *délai* de nettoiement des coupes. — Naturellement il faut que la vidange soit complète, c'est-à-dire que les bois soient sortis non-seulement de la coupe, mais encore de l'enceinte de la forêt, pour que l'adjudicataire soit affranchi des peines de l'article 40. Les dommages-intérêts sont obligatoires; ils embrassent non-seulement la réparation du tort causé à la forêt par un séjour trop prolongé des bois, mais tous autres préjudices, tels que ceux qui viendraient de l'encombrement du marché local.

49. Bois étrangers à la vente (C. for. 43). — Le double intérêt de la surveillance et de la protection du sol forestier a conduit le législateur à interdire aux adjudicataires de mélanger les produits des exploitations et de transporter dans une coupe les bois provenant d'une autre vente. Ce fait, qui ne donnerait naissance, dans le droit commun, qu'à une action en réparation d'un préjudice dont il faudrait prouver l'existence, est, ici, érigé en délit sévèrement puni. Aucune distinction ne saurait être faite et des tribunaux ont dû appliquer la peine même au fait d'introduction de harts, sauf le cas de force majeure. Il y a, à cet égard, des tolérances sur lesquelles nous n'avons pas besoin d'insister.

C'est dans le même but de surveillance que le Code oblige les adjudicataires à avoir un marteau et à n'en avoir qu'un seul pour la même coupe. Ils peuvent ne pas s'en servir, mais n'ont pas le droit d'en user pour d'autres bois que ceux provenant de cette coupe (C. for. 32).

50. Bestiaux non muselés (C. for. 199). — En

dehors des délits spéciaux qui les concernent, les adjudicataires sont soumis à toutes les règles de police et de protection qui forment les délits forestiers ordinaires. Ce sont ces délits qui les régissent dans les forêts des particuliers ou dans les bois communaux non soumis au régime forestier. La législation spéciale dans les forêts soumises ne l'emporte et ne prévaut sur le droit commun que lorsqu'elle remplace un délit déterminé également dans celui-ci. Ce dernier s'applique toujours lorsque le droit spécial se tait. Si, par exemple, un adjudicataire extrait des semences ou autres fruits, l'article 144 lui sera applicable; s'il enlève des brins réservés inférieurs à deux décimètres, il subira l'article 194; s'il introduit des moutons, il sera puni par l'article 199. Il a certainement le droit d'introduire du bétail dans sa coupe pour le service de ses voitures; mais il n'a pas celui d'exposer la forêt aux inconvénients qui résultent de cette introduction. A cet égard, il est stipulé dans le cahier des charges et accepté par lui, que les animaux des attelages seront munis de légers paniers en osier ou en fil de fer pour les empêcher de brouter. L'introduction du bétail n'est ainsi permise qu'à cette condition et, si l'adjudicataire la néglige, il tombe sous l'application de l'article 199, sans distinction des cas où les animaux seraient attelés ou non.

ARTICLE 3. — DÉLITS DES USAGERS.

1° Usages au pâturage, panage et glandée.

51. Défaut de défensabilité (C. for. 67). — La loi forestière érigeant la conservation des forêts en principe d'ordre public a parfois brisé l'autorité des contrats de droits d'usages et a restreint, en cette matière, la liberté des conventions. Ainsi les droits d'usage au pacage des chèvres et des moutons sont anéantis dans le passé et interdits dans l'avenir, tant dans les forêts des particuliers que dans celles de l'État et des communes (n° 13). Les droits d'usage concernant les autres bestiaux sont seuls conservés et, encore, leur exercice est soumis à de nombreuses restrictions légales (n°ˢ 52 à 56) et notamment à l'obligation d'une *délivrance* préalable. Cette délivrance est fondée sur la nécessité de surveiller la jouissance de l'usager; c'est l'acte par lequel le propriétaire l'autorise et la réglemente. Le refus ou le retard d'une livraison légalement demandée donne naissance à des dommages-intérêts que le tribunal civil prononce sans pouvoir autoriser lui-même l'introduction de l'usager. Mais celui-ci n'est pas tenu d'accepter tous les modes de délivrance qu'il peut plaire au propriétaire de lui imposer; le désaccord sur les conditions et les modes de cette délivrance est tranché par le tribunal civil, sauf les cas où la loi elle-même a imposé aux parties, à l'usager comme au propriétaire, un mode légal. Alors, tous deux peuvent valablement s'en départir; mais, en cas de désaccord, ils sont obligés de s'y soumettre. C'est ce qui a été fait pour les droits d'usage en pâturage, glandée ou panage. La délivrance consiste dans la désignation d'un *canton défensable*, c'est-à-dire jugé capable de supporter, sans grave inconvénient, l'introduction du bétail, et cela nonobstant tous titres ou possessions contraires (C. for. 67). Ce mode particulier de délivrance a, en outre, un caractère spécial : c'est qu'il sert à mesurer la possibilité de la forêt, c'est-à-dire sa capacité en pâturage, quand on a réglé le nombre du bétail à y admettre et la durée de son séjour (n° 21).

Il en résulte que si l'usager introduit son bétail dans la forêt sans déclaration de défensabilité, il n'est qu'un délinquant ordinaire puni par l'article 199 (n° 35), sans pouvoir exciper de son titre soumis à cette restriction d'ordre public.

La désignation du canton défensable se fait par le propriétaire de la forêt :

Pour l'État et les communes, elle émane des agents forestiers, mandataires légaux des propriétaires, et les contestations sur l'étendue et l'état du canton se portent au Conseil de préfecture (n° 21).

Pour les bois des particuliers, elle émane du propriétaire (n° 61) ou d'un agent forestier agissant au nom de l'intérêt public.(C. for. 119), de telle façon que son intervention peut être réclamée aussi bien par l'usager que par le propriétaire (O. rég. 151). Il en résulte que les contestations sur la déclaration de défensabilité peuvent se porter devant des juridictions différentes : 1° lorsque l'intervention de l'administration publique n'a pas été réclamée, le tribunal civil est compétent pour trancher tous les débats que l'accord amiable des parties serait apte à faire cesser (C. for. 121). Il aura ce pouvoir tant que la déclaration administrative ne sera pas requise par les parties ou même ordonnée d'office; 2° cette déclaration faite, l'autorité administrative peut seule connaître de son acte pour l'annuler s'il est abusif (n° 6), ou pour juger les contestations qui s'élèvent sur celles de ses prescriptions lésant des droits (n° 19). Le tribunal civil pourrait cependant, non annuler l'acte de l'agent forestier, mais le réputer non existant et non obligatoire s'il était abusif, c'est-à-dire s'il contenait des prescriptions étrangères à la défensabilité, par exemple, un règlement sur le droit d'usage ou un aménagement de la propriété (n° 19); il peut, dès lors, s'éclairer par tous moyens légaux sur la portée de l'acte de l'agent forestier.

Un accessoire de la délivrance est le choix des

chemins non publics qui conduisent au canton
défensable. L'usager n'est pas libre de prendre
ceux qu'il veut ; la désignation ne peut émaner
que du propriétaire de la forêt, c'est-à-dire : 1° s'il
s'agit d'un particulier, de lui-même ou de son
mandataire, et cela sans aucune intervention du
service forestier (C. for. 119) ; 2° s'il s'agit d'une
forêt soumise, des agents forestiers investis ici de
l'autorité active (C. for. 71). En cas de contestations sur le choix et la direction que le propriétaire voudrait imposer, le tribunal civil serait,
dans les deux cas, compétent pour trancher un
litige né à l'occasion d'un contrat du droit civil
et pour lequel il n'existe aucune dérogation aux
lois de compétence. En cas de refus ou de retard
dans la désignation, l'action de l'usager se traduirait en dommages-intérêts. — L'entretien du chemin est à la charge des usagers, comme conséquence de la servitude dont ils jouissent (C. civ.
697). Ils ne peuvent exiger de clôture et on ne
peut la leur imposer à moins que le titre n'éta-
blisse le contraire. Quand bien même cette clôture
serait dans l'intérêt commun du propriétaire et de
l'usager, la construction à frais communs est toujours une faculté pour l'administration (C. for. 71).

52. Bestiaux de commerce (C. for. 70). — Une
autre restriction au contrat d'usage consiste en ce

que les usagers ne peuvent jouir de leurs droits dans toutes les forêts que pour les bestiaux à leur propre usage et non pour ceux dont ils font commerce, à peine d'une amende double de celle qui est prononcée par l'article 199. Toutefois, cette disposition ne paraît s'appliquer qu'au cas où le titre serait muet ou contiendrait des interdictions analogues qui seraient alors érigées en délit par le fait de la loi. Il y a des contrats qui confèrent des droits de pâturage pour l'élevage ou l'exportation et·dont l'annulation résulterait implicitement de la stricte application de l'article 70. Or, celui-ci n'ayant pas prévu d'indemnité, ne paraît point avoir voulu aller jusqu'à la mise à néant des contrats de cette nature.

Il faut bien remarquer d'ailleurs que les bestiaux de commerce sont uniquement ceux dont le propriétaire a fait l'achat dans le but unique et essentiel de revente avec l'espoir d'un bénéfice (C. co. 632).

53. Bestiaux non marqués (C. for. 73). — Il faut naturellement vérifier si le bétail appartient à l'usager et s'il n'est pas de commerce. Le bétail sera marqué par les représentants du propriétaire et à ses frais (C. civ. 1248), à peine d'une amende de 3 francs par tête, et cela nonobstant toute stipulation du titre ou possession contraire, puisqu'il ne s'agit que d'une mesure de police qui ne peut compromettre l'existence du droit.

La marque n'a pas besoin d'être annuelle, c'est-à-dire répétée tous les ans sur le même animal. Elle conserve son effet tant qu'elle est visible : une ancienne marque est d'ailleurs souvent la preuve que l'animal est resté exclusivement affecté à l'usage de son propriétaire.

Dans les forêts des particuliers, la marque peut être faite par tous procédés de désignation, teinture, fer chaud, etc. Dans les forêts soumises au régime forestier, il n'y a pas place à discussion : la marque ne peut être faite que par un fer chauffé dont l'empreinte est déposée au greffe du tribunal, aux frais de l'usager, et dont l'instrument est conservé dans le bureau de l'agent forestier local (C. for. 74).

54. Bestiaux hors des cantons défensables (C. for. 76). — Il est évident que si le bétail d'un usager est trouvé en dehors des *cantons* défensables ou des *chemins* désignés pour y conduire, il n'est plus usager et met son propriétaire ou ceux qui le conduisent sous l'application de l'article 199 du Code forestier, et cela, que le bétail soit marqué ou non, qu'il soit de commerce ou à propre usage. Ce délit peut être commis soit par le propriétaire qui n'a pas livré son bétail au troupeau commun (n° 55), soit par le pâtre communal qui veut augmenter par ce moyen les ressources du pâturage. Dans ce dernier cas, le propriétaire est en règle et le pâtre est seul punissable (C. for. 76) d'une amende de 3 à 30 francs et, en cas de récidive, d'un emprisonnement facultatif de 5 à 15 jours. Malgré la généralité des termes de l'article 76, le pâtre ne tombe pas toujours et fatalement sous son application. Il est des cas où l'usager n'est pas tenu d'avoir de pâtre, où il peut garder lui-même son bétail, où enfin celui-ci n'a pas été confié au troupeau commun. C'est une question de fait qui décidera le choix entre les articles 199 et 76.

55. Troupeau commun (C. for. 72). — L'usager à titre particulier dans une forêt peut garder lui-même ou faire garder son bétail dans le canton défensable, sans aucune formalité ; il n'est même pas tenu de l'y faire surveiller, si son propre intérêt ne le conduit pas à craindre les échappées dans les parties non défensables. Il n'en est pas de même pour les communes usagères, les sections de communes ou les agglomérations d'usagers ayant un titre commun. Les inconvénients causés par une quantité plus considérable de bétail et par la nature de la partie prenante ont conduit le législateur à imposer à ces usagers plusieurs obligations spéciales qui sont, du reste, dans les habitudes pastorales : ce sont celles du troupeau commun (interdiction de la garde séparée) et du mélange des troupeaux.

1° Les habitants de la commune ou du groupe usager ne peuvent conduire eux-mêmes leur bétail dans le canton défensable et l'y maintenir d'une façon distincte. Ils encourent pour ce fait une amende de 2 francs par tête de bétail (C. for. 72), quand bien même celui-ci serait marqué ou ne serait pas de commerce. Ils doivent le réunir en un troupeau commun sous la garde d'un ou de plusieurs pâtres communs choisis en toute liberté par l'autorité municipale. L'administration forestière ou le propriétaire de la forêt grevée ne peuvent exiger que la notification du nom du pâtre.

2° S'il existe plusieurs communes ou agglomérations usagères dans la même forêt, chacune doit avoir son troupeau distinct, et le pâtre ne peut les mélanger sous peine d'une amende de 5 à 10 fr. et d'un emprisonnement obligatoire de 5 à 10 jours en cas de récidive (C. for. 72). Le pâtre peut aussi être commun, mais l'intérêt des sections usagères les amène le plus souvent à avoir des conducteurs spéciaux. Cette interdiction du mélange n'entraîne point, par elle seule, l'obligation de livrer un canton défensable à chaque groupe usager. Le propriétaire n'y serait obligé que si chaque groupe usager possédait un titre spécial.

La loi n'astreint point le pâtre à être toujours à la tête de son troupeau ; l'intérêt des propriétaires est une garantie de sa surveillance, et s'il venait à abandonner le troupeau dans le canton défensable, les échappées seraient punies contre lui (C. for. 76) ou contre les propriétaires (C. for. 199), selon les distinctions posées au n° 54. Les gardes seraient autorisés à saisir le bétail pour la garantie des dommages-intérêts (C. for. 161), et enfin, comme les pâtres peuvent être insolvables, les communes sont garantes civilement envers tous les propriétaires de forêts des condamnations qui peuvent être prononcées contre eux pour les délits spéciaux d'usage. Elles sont aussi responsables civilement des autres délits forestiers qu'ils commettraient, mais seulement à l'occasion de leur service et dans les conditions de l'article 1384 du Code civil, c'est-à-dire sans pouvoir être autorisées à prouver qu'elles n'ont pu empêcher le délit. On a voulu empêcher par cet ensemble de dispositions des concerts et des combinaisons dommageables pour les forêts.

56. Bestiaux en nombre excédant (C. for. 77). — Les animaux de commerce étant écartés, l'usager peut ne présenter à la marque que ceux dont le nombre a été fixé à raison de l'état du canton défensable (n° 21), mais il peut aussi en présenter un plus grand nombre, s'il veut faire jouir successivement toute son écurie des avantages du parcours. Il fallait donc prévoir le cas où des animaux marqués ou non, jeunes ou adultes, se trouveraient dans le canton défensable en nombre excédant celui fixé par la déclaration de possibilité. D'abord, il n'y a pas lieu de faire d'exception pour le jeune bétail : la loi ne distingue pas; ensuite, les animaux non marqués donnent lieu à une contravention spéciale (n° 53). Enfin le seul fait de l'excédant donnera naissance aux peines déterminées par l'article 199 (C. for. 77). Cet excédant, en effet, n'est pas réellement usager. Si le bétail appartient à un usager particulier, cet usager pourra être poursuivi pour le délit qu'il commet et dont il profite; on pourra aussi poursuivre son pâtre, s'il en a un, en vertu de l'article 199 (n° 35). Mais si le bétail appartient aux habitants d'une commune usagère, il n'est pas possible de poursuivre la commune qui n'est pas propriétaire du bétail, et comme il n'existe aucune raison pour frapper un habitant plutôt qu'un autre, il faut en conclure que le pâtre communal devra être seul poursuivi et condamné tant à l'amende qu'aux dommages-intérêts dont la commune est responsable.

Cependant la Cour de cassation, se tenant à une interprétation littérale de l'article 77, à décidé que les usagers seuls et non le pâtre devaient être punis (Cass. 18 sept. 1835 et 13 juill. 1866). Il est cependant bien impossible de constater à qui appartient cet excédant que l'article 77 déclare seul punissable ; or, si ce texte ne doit pas être invoqué dans ce cas, on pourra, au moins, appliquer l'article 199 qui permet de punir les propriétaires ou le conducteur de cet excédant, en réalité, non usager.

C'est cette seule considération de l'article 199 qui permet de punir ce fait dans les bois des particuliers (n° 50). L'article 77 n'y est pas déclaré applicable (C. for. 120) parce que la désignation du nombre de bétail à admettre dans le canton défensable n'est pas toujours faite par l'administration, appelée seulement à déterminer la possibilité du pâturage à la requête des parties (C. for. 119). Que ce nombre soit fixé et accepté d'une manière ou d'une autre, l'excédant n'est évidemment pas usager et tombe sous le coup de l'article 199.

Nous avons énuméré toutes les règles de police communes à l'exercice des droits d'usage qui consistent dans l'introduction du bétail et des porcs en forêt. Il faut en ajouter une qui est spéciale, par sa nature même, au grand bétail. Les usagers doivent mettre une clochette au cou de chaque animal admis au pâturage, sous peine de 2 francs d'amende par chaque bête qui serait trouvée sans clochette dans les forêts (C. for. 75). Cette mesure, qui permet de constater les échappées, est autant dans les intérêts de l'usager que du propriétaire ; elle est d'ailleurs dans les habitudes des régions pastorales.

2° Usages au bois.

57. Exercice sans délivrance (C. for. 79). — Nous avons expliqué le principe et la nécessité de la délivrance (n° 51). Sans cet acte qui émane du propriétaire seul, l'usager ne peut prendre les bois que son titre lui confère. S'il s'en empare, il commet une voie de fait contre la propriété, et sera puni des peines qui atteignent ceux qui coupent des arbres en délit (C. for. 79), sans que son contrat puisse l'en affranchir, quelles qu'en soient les stipulations et nonobstant toute possession contraire. La loi ne trace que dans deux cas des règles relatives au mode de délivrance des usages au bois : c'est quand il s'agit du droit à une *coupe* (n° 58) et du bois mort *gisant* (n° 59). Dans tous les autres cas, elle laisse à l'accord des parties ou à l'intervention de la justice, le soin de régler les modes de délivrance. Ainsi l'usager qui a droit à quelques stères ou à quelques pieds d'arbres pourra recevoir son bois des mains d'un adjudicataire de la forêt (O. rég. 122); celui qui a droit à des bois de construction pourra être astreint à l'obligation de présenter un devis préalable (O. rég. 123). Ces règles de délivrance que formule, seulement pour le service forestier, l'ordonnance de 1827, ne sont légalement obligatoires ni pour les usagers, ni pour les propriétaires de forêts ; mais elles sont tellement naturelles et conformes à la nature des choses que les tribunaux en font une application habituelle.

Si la délivrance a été faite par un adjudicataire acceptant le mandat de remplir les obligations du propriétaire, l'usager n'est pas tenu de discuter ses droits avec ce mandataire ; toujours il aura la faculté de les réclamer directement au mandant.

Délivrer l'usage ne signifie pas fournir à l'usager les bois dont il a besoin, mais simplement l'autoriser à les prendre ; il ne faut donc pas confondre la délivrance avec la prise de possession. Les frais de la première, devis, soins du mandataire, etc., sont à la charge du propriétaire de la forêt (C. civ. 1248) ; les dépenses de la seconde, façonnage, enlèvement et transport, sont à la charge de l'usager (C. civ. 1608); mais les contrats particuliers peuvent déroger à ces règles du droit général; leurs stipulations forment toujours la loi des parties (C. civ. 1134).

58. Exploitation sans entrepreneur (C. for. 81). — Quand les usagers ont droit à une coupe déterminée, la délivrance revêt une forme légale qui n'est imposée, toutefois, à l'usager que dans les forêts soumises au régime forestier et non dans les forêts des particuliers. C'est l'obligation de présenter à l'agrément de l'administration des forêts un entrepreneur qui recevra la délivrance, exploitera la coupe et se conformera à tout ce qui est prescrit aux adjudicataires dans l'intérêt du sol forestier. Cet entrepreneur sera ainsi entièrement assimilé aux. adjudicataires, non-seulement pour l'exploitation, mais pour la vidange de la coupe, et les usagers ou communes usagères seront garants solidaires des condamnations qui seraient prononcées contre lui (C. for. 82). Le motif de cette disposition est que les droits d'usage à une coupe appartiennent habituellement à des communes usagères dans lesquelles le grand nombre des parties prenantes devient un grave obstacle à la bonne exécution des exploitations. Le particulier propriétaire d'une forêt grevée a le droit incontestable d'exiger que les coupes livrées aux usagers soient convenablement exploitées; mais il vaut mieux prévenir le mal que de le réparer par des indemnités; aussi (la délivrance n'ayant pas d'autre but) les tribunaux ont souvent imposé aux usagers des forêts particulières l'obligation d'avoir un entrepreneur responsable, comme le mode le plus équitable de délivrance. Cette obligation est d'ailleurs peu onéreuse pour les usagers; elle n'entraîne pas pour eux la défense de travailler dans la coupe; ils peuvent fort bien exploiter individuellement, à la seule condition d'avoir un entrepreneur dont ils seront les ouvriers. Aussi, pour éviter des combinaisons fondées sur l'insolvabilité de celui-ci, la loi édicte la responsabilité civile et pénale des communes et donne, en outre, à l'administration le droit d'agréer ou de refuser discrétionnairement l'entrepreneur, sauf l'action civile, bien entendu, si un refus systématique tendait à paralyser le droit des usagers.

L'exploitation sans entrepreneur caractérise donc seule ce délit, dont la sanction est la confiscation des bois indûment exploités. Le délit existe nonobstant tous titres ou possessions contraires, mais ne s'applique qu'aux droits d'usage indiqués dans la loi, c'est-à-dire aux droits à une *coupe* entièrement ou en partie de *chauffage,* et déterminée soit par contenance, soit par pieds d'arbres. Si l'usager n'avait droit qu'à quelques stères de chauffage, ou uniquement à des pièces de construction, ce mode de délivrance pourrait être accepté par lui, mais ne saurait lui être imposé à peine de délit.

59. Crochets et ferrements (C. for. 80). — Pour une espèce spéciale de droit d'usage au bois, celui qui ne confère d'autre droit que de prendre le bois *mort* et *gisant*, la loi n'indique pas un mode spécial de délivrance, mais impose à tous les modes de délivrance qui seront adoptés à l'amiable ou judiciairement une condition impérative : c'est l'interdiction d'aucun crochet même en bois, et d'aucun ferrement, sous peine de 3 francs d'amende. Cette condition s'applique aux forêts des particuliers comme à celles de l'État et des communes ; mais elle ne saurait être étendue aux droits d'usage aux souches mortes, aux morts-bois, ni au bois *mort en estant* (c'est-à-dire tenant encore à la terre ou aux arbres), ni à ceux qui portent à la fois sur le bois gisant et estant. On a voulu protéger le propriétaire contre les tentations d'un usager qui n'a d'autre droit que le ramassage du bois mort tombé à terre. La délivrance pourra être faite par ajournement ou au moyen d'une rotation entre les divers cantons de la forêt, ou par tous autres modes ; mais l'interdiction des crochets ou ferrements sera toujours obligatoire pour l'usager, comme résultant d'une prescription d'ordre public dans la loi, quand bien même l.

permission aurait été stipulée dans les anciens modes de délivrance ou résulterait d'une longue tolérance.

60. Vente des bois d'usage (C. for. 83). — L'usager devient propriétaire des produits de la forêt que son titre lui confère; cette propriété, toutefois, est limitée par l'attribution à ses *besoins* ou à ceux de sa famille (C. civ. 630). Il en résulte que s'il laisse passer une année sans demander ce qui lui est dû, il perd son droit à l'arriéré : « *l'usage n'arrérage point* »; que s'il vend les produits usagers, il s'expose, d'abord, à se les voir refuser s'il les demandait une seconde fois, et ensuite à des dommages-intérêts envers le propriétaire. Pour une espèce particulière de droit d'usage, celui au bois de quelque nature que ce soit, chauffage ou construction, cette vente est érigée en délit (C. for. 83); mais cette disposition de la loi doit être entendue dans le même sens que l'article 70 qui est fondé sur le même principe (n° 52). Elle ne sera pas applicable aux usages de bois à fabriquer, ou de bois d'exportation, parce que l'interdiction serait moins une règle de police et d'exercice qu'une négation même du droit. Elle devra aussi, comme toutes les prescriptions pénales, être interprétée strictement. L'échange est assimilé à la vente, mais le changeur ou l'acheteur ne pourraient être complices que par aide ou assistance et non par recel, attendu que l'objet recélé ne provient pas d'un délit (C. pén. 62). Les usagers seuls seront punissables et non le maire, par exemple, qui vendrait au profit de la commune la coupe des habitants usagers. Enfin, le propriétaire peut autoriser la vente et l'échange puisqu'il peut valablement modifier le contrat qui le lie à l'usager. Ainsi, le ministre des finances pourrait donner de semblables autorisations non par voie d'interprétation du contrat et pour aggraver la situation du Domaine (C. for. 62), mais pour l'améliorer en facilitant, par exemple, des constructions en matières non inflammables ou plus durables que le bois.

3º Usages divers.

61. Défaut de délivrance. — Le principe de la délivrance est constitutif et essentiel du droit de l'usager. Celui-ci ne peut qu'*exiger* les produits auxquels il a droit (C. civ. 630), et dans les forêts, notamment, toute extraction, tout enlèvement doit être *autorisé* par le propriétaire de la forêt (C. for. 144). Il en résulte que les tribunaux ne peuvent l'autoriser à se servir lui-même ; que son droit, réel de sa nature, se transforme pour son exercice en une simple action en dommages-intérêts ; et que, s'il se sert lui-même avant que la délivrance ait été faite, il commet une voie de fait que la loi forestière punit d'une peine (C. for. 144) et d'une action civile (C. for. 198). Telle est la situation faite aux usagers dans les forêts : à la tourbe, à la pierre et à tous les produits du sol, tandis que, dans les immeubles non forestiers, le même fait ne donnerait lieu, en général, qu'à l'action civile.

La loi, qui impose parfois des *modes* à la délivrance, ne lui assigne aucune *forme*. Elle peut être écrite ou verbale, tacite ou explicite, et même, dans les cas où la loi a indiqué un mode particulier (n°s 51, 58), il peut toujours être dérogé à ces modes tacitement ou par convention expresse. Il en résulte des conséquences très-importantes tant dans les forêts soumises que dans les bois des particuliers. Ainsi quand les délivrances se sont opérées par écrit, la preuve d'une possession trentenaire, antérieure au Code civil, pourra être faite et remplacer le titre constitutif ou recognitif dans les pays où les servitudes discontinues pouvaient s'acquérir par prescription (C. civ. 691).

L'article 61 du Code forestier sera toujours un obstacle à ce résultat dans les forêts de l'État.

Si des propriétaires ont laissé à l'usager la liberté du pâturage et du ramassage des menus bois, cette liberté est considérée par la jurisprudence comme une forme licite de la délivrance, et il sera souvent difficile de ramener l'usager à un mode plus protecteur; car si on ne peut pas acquérir un droit d'usage par prescription, on peut fort bien prescrire un mode d'exercice et de délivrance autre que celui du titre par une pratique continuée et consentie pendant plus de trente ans.

L'usager n'ayant, comme le fermier, qu'un titre précaire, ne peut changer le caractère de sa possession et acquérir par prescription la propriété (C. civ. 2236); mais dans les terrains où le pâturage et les broussailles constituent la production exclusive du sol, il sera possible à l'usager d'acquérir par prescription la propriété même, à la faveur de la liberté dont il a joui pendant plus de trente ans, si le titre perdu ou détruit ne peut lui être opposé, et même malgré ce titre, si ses actes de jouissance peuvent être considérés comme une contradiction formelle du droit du propriétaire (C. civ. 2238).

On voit donc quel intérêt les propriétaires de forêts, et surtout les particuliers, ont à imposer à l'usager des formes régulières de délivrance.

ARTICLE 4. — DÉLITS COMMIS DANS LES TERRAINS SOUMIS AUX SERVITUDES FORESTIÈRES.

1º Servitudes légales applicables à tous les bois.

62. Élagage des arbres de lisière (C. for. 150).

— Un propriétaire ne peut laisser les cimes et les

branches des arbres s'étendre sur la propriété voisine et dépasser la ligne de démarcation, quelle que soit la distance à laquelle ces arbres seraient plantés de cette ligne (C. civ. 672). C'est moins une servitude qu'une obligation légale imposée à la propriété dans l'intérêt des voisins. Ceux-ci ne doivent pas se faire justice à eux-mêmes et ne peuvent qu'exiger l'élagage en demandant au tribunal, soit des dommages-intérêts (C. civ. 1142), soit l'exécution effective par autorité de justice (C. civ. 1144).

Le Code forestier fait à ce droit général trois exceptions qui sont applicables à toutes les forêts :

1° On a pensé que les gros arbres qui se trouvent sur les lisières devaient être conservés à l'abri des mutilations de l'élagage dans l'intérêt du travail national. Les riverains ne pourront donc pas réclamer cette opération pour les arbres qui avaient plus de 30 ans en 1827 (plus de 79 ans en 1876). Ce bénéfice, dont le propriétaire peut naturellement se départir, n'est, toutefois, que transitoire et cessera quand ces arbres auront été abattus.

2° Celui qui élague les arbres du champ de son voisin lui doit des dommages-intérêts et ne peut être puni que s'il a intentionnellement mutilé ces arbres de façon à les faire périr (C. pén. 446). Dans les forêts, le seul fait de l'élagage de tout arbre de lisière, privilégié ou non, sera, quelle que soit l'intention, puni des peines de l'article 196, sans qu'il y ait lieu de distinguer entre les branches principales ou non (n° 39). L'élagueur sera puni des mêmes peines que s'il avait abattu les arbres par le pied. Quand bien même une longue tolérance aurait laissé un voisin élaguer sans permission, il ne saurait rien prescrire contre la disposition d'ordre public qui protége les forêts.

3° L'autorisation ne peut émaner que du propriétaire de la forêt. L'action en élagage se traduirait donc, en cas de résistance du propriétaire ou de l'administration, par une condamnation en dommages-intérêts, sans que les tribunaux puissent ordonner l'exécution effective.

A part ces trois exceptions, le droit commun s'applique aux arbres bordiers des champs comme des forêts. Les propriétaires de ces arbres ne peuvent acquérir par prescription le droit de conserver sur le terrain voisin les branches qui s'y étendent depuis plus de trente ans (Cass. 9 juill. 1867). Les racines ne doivent pas, non plus, s'étendre dans le terrain voisin ; à la différence des branches, le riverain peut les couper, parce que, en ce faisant, il agit sur son terrain et ne viole pas le droit de son voisin.

Les actions en élagage sont toujours de la compétence des juges de paix, qui en connaissent en dernier ressort jusqu'à 100 francs, et à charge d'appel à quelque valeur qu'elles puissent s'élever. Il s'agit, en effet, de dommage aux *champs, fruits* et *récoltes,* et la réparation de ce dommage devait être soumise aux mêmes règles de compétence, quand bien même il y aurait contestation sur la propriété (Loi 25 mai 1838, art. 5).

Distance des arbres. — Il ne faut pas confondre les dispositions relatives à l'élagage avec celles qui concernent la distance à observer pour planter ou laisser croître naturellement les arbres près de la limite des propriétés voisines. Les prescriptions de cette nature sont de droit commun (C. civ. 671) et s'appliquent aux forêts comme aux champs, mais non aux chemins publics, ni aux terres du domaine public. Dans l'intérêt des cultures voisines de toute nature, les arbres ne doivent végéter qu'à la distance prescrite par les règlements particuliers existants ou par l'usage des localités, ou, à leur défaut, à la distance de 2 mètres de la ligne séparative (mesurée à partir du cœur de l'arbre) pour les arbres de haute tige, et à la distance d'un demi-mètre pour les autres arbres et haies vives. Les règlements dont il s'agit sont ceux rendus, avant 1804, par les intendants ou par l'autorité souveraine dans la localité; ni les préfets, ni les maires ne peuvent prendre d'arrêtés à cet égard ; les usages locaux doivent être constants et reconnus ; ils ont été recueillis, au moins en partie, dans chaque département par des commissions présidées par les juges de paix. Ce n'est donc qu'à défaut de ces actes assimilés à la loi, que la distance de 2 mètres ou d'un demi-mètre peut être invoquée, et celle-ci ne s'applique qu'aux végétaux qui, par leur *essence*, ne dépassent pas la taille des haies vives. Ceux qui par leur nature pourraient la dépasser devraient être reculés à la distance de 2 mètres, quand bien même leur propriétaire manifesterait l'intention de les maintenir, soit en haies vives, soit à la hauteur des haies vives (Cass. 12 fév. 1861). Cette analyse de la législation montre pour quel motif les forêts sont rarement astreintes à reculer leurs lisières à 2 mètres : c'est que d'abord, les propriétaires peuvent acquérir par prescription trentenaire le droit de les maintenir à une distance plus faible, prescription qui ne s'applique, toutefois, qu'aux arbres trentenaires et non à leurs remplaçants par semences ou par rejets; c'est ensuite, parce que, dans un très-grand nombre de localités, il est en usage constant et reconnu de laisser croître les forêts jusqu'à une distance très-faible, presque nulle, de la ligne de démarcation. Cet usage est invoqué par les propriétaires de forêts avec beaucoup de raison (¹) ; pour eux, en effet, les arbres constituent la production unique du sol : ils ne sont au contraire que l'accessoire, et un accessoire souvent fâcheux, des cultures agricoles.

Les actions relatives à la distance réglementaire des arbres sont de la compétence des juges de paix, qui n'en connaissent qu'à charge d'appel, quelque minimes qu'elles soient (elles sont indéterminées de leur nature), et qui sont incompétents chaque fois que la propriété ou les titres qui l'établissent sont contestés (Loi 25 mai 1838, art. 6).

Dans les forêts soumises au régime forestier, les demandes d'élagages et d'essartement sont autorisées par le conservateur des forêts (Ord. 4 déc. 1844). L'administration a souci de tous les intérêts agricoles : elle met seulement la dépense à la charge du riverain lorsqu'elle aurait le droit de lui refuser sa demande d'après les distinctions et les règles qui viennent d'être exposées.

63. Feux à 200 mètres des forêts (C. for. 148).
— L'incendie volontaire de la forêt d'autrui est

(¹) Il faut toujours une distance, et la loi ne respecte pas un usage local ou des règlements qui permettraient de planter sans aucun espace séparatif. Si de pareils usages existaient, la distance de 2 mètres devrait être observée à défaut de règlements particuliers.

un crime (C. pén. 434); l'incendie involontaire est un délit quand il résulte de feux portés ou laissés sans précaution suffisante à une distance quelconque de la propriété d'autrui. L'imprudence doit être établie, dans ce cas, par le ministère public; elle n'a pas besoin d'être prouvée, au contraire, quand les feux sont allumés à moins de 100 mètres des forêts incendiées (C. pén. 458). Le droit commun devait aller au delà : le seul fait d'allumer du feu, qui est si fréquent dans les campagnes et qui peut être incommode, dangereux ou dommageable même sans incendie, est l'objet d'une disposition de la loi rurale de 1791 ou des arrêtés réglementaires des maires et des préfets. Il donne naturellement naissance, aussi, à une action en dommages-intérêts quand il y a un préjudice causé (C. civ. 1382).

Pour les bois, l'article 10 de la loi du 6 octobre 1791 est inapplicable, car il est remplacé par l'article 148 du Code forestier, plus sévère à cause du danger considérable du feu pour cette nature de propriété.

D'abord, tout feu quelconque allumé ou simplement porté dans l'intérieur d'une forêt, quel qu'en soit le propriétaire, entraîne une amende de 20 à 100 francs. Le fait est ainsi érigé en délit; l'action en réparation du préjudice causé peut se porter devant les tribunaux correctionnels.

Ensuite, le même fait, dans une zone de 200 mètres mesurée en ligne droite autour d'une forêt, entraîne la même peine et les mêmes conséquences.

Tout cela, bien entendu, abstraction faite de l'incendie : si celui-ci éclate, le délit de l'article 148 s'évanouit; il disparaît devant le délit plus grave de l'incendie involontaire, ou devant le crime, et se confond avec eux. Les agents forestiers sont alors incompétents pour poursuivre ; le ministère public seul a le droit d'agir ; mais comme l'imprudence est souvent difficile à prouver et que d'ailleurs le parquet est toujours libre dans son action, le propriétaire dont la forêt a été incendiée par un feu porté à moins de 200 mètres, aura la faculté, dans ce cas, de se porter partie civile devant le tribunal correctionnel. Sa citation saisit le tribunal (I. cr. 182), qui est libre d'appliquer soit l'article 148, soit l'article 458, indépendamment de toute conclusion du ministère public (n° 3). Les agents forestiers jouissent naturellement du même droit (n° 31), ils ont, de plus, la faculté de prendre des conclusions *subsidiaires* tendant à l'application des peines portées en l'article 148 pour le cas où le délit d'incendie involontaire ne serait ni prouvé, ni poursuivi.

Tout ce que nous venons de dire ne s'applique qu'au fait d'autrui et non à celui du propriétaire de la forêt. Ce dernier est libre de brûler sa forêt, pourvu qu'il ne cause pas volontairement un préjudice à autrui ou que son bois ne soit pas placé de manière à communiquer l'incendie (C. pén. 434). Il n'est punissable que s'il a, involontairement et par des feux allumés sans précaution suffisante ou à moins de 100 mètres, causé l'incendie du bois d'autrui. Il est libre, enfin, de porter ou d'allumer des feux de toutes sortes : écobuages, sartages, charbon, etc., dans sa forêt et aux environs, à la seule condition de ne pas les approcher de 200 mètres de la forêt voisine. Enfin, il peut exercer son droit lui-même ou le déléguer à des tiers.

Cette liberté a des inconvénients et souvent des dangers.

Les inconvénients sont de paralyser certaines pratiques agricoles parfois utiles et de gêner les propriétaires de bois voisins pour l'exploitation de leurs coupes. Les propriétaires sont libres de déléguer à leurs voisins leur propre droit d'allumer du feu à distance prohibée. L'administration des forêts n'y manque pas dans les saisons convenables. Le préfet accorde alors l'autorisation (Déc. min. du 14 juillet 1841), impose les précautions à prendre en réservant le droit des tiers et notamment celui des propriétaires de bois voisins. L'administration use de la plus grande tolérance avec les propriétaires pour les feux nécessaires à l'exploitation des coupes; elle peut dès lors compter sur la réciprocité; mais le droit est le même des deux côtés et l'administration doit demander aux propriétaires voisins une autorisation, sans laquelle ses employés seraient en délit. L'autorité administrative n'a point reçu de la loi, en effet, le pouvoir de lever les défenses de l'article 148; le préfet ne statue qu'au nom du Domaine (n° 6) sur les demandes qui lui sont faites.

Les dangers viennent de ce que la négligence de certains propriétaires ou de leurs ouvriers peut amener des incendies considérables dans certaines régions où ces graves accidents sont une menace continuelle pour la sécurité et la fortune du pays. Une loi spéciale à la région des *Maures* et de l'*Esterel* a pourvu, le 6 juillet 1870, aux inconvénients de la liberté que n'atténuait pas suffisamment l'intérêt du propriétaire (n° 13). Dans les pineraies du Midi et surtout des Landes, dans les taillis sartés des Ardennes et dans toutes les circonstances où la sécurité publique le commande, les préfets peuvent prendre des arrêtés pour interdire, même aux propriétaires, l'emploi du feu dans certaines saisons et en réglementer l'usage (n° 6).

2° Zones de servitudes applicables seulement aux bois soumis au régime forestier.

64. Zone de 500 mètres. — Un des caractères principaux du régime forestier, celui qui manifeste le plus le principe d'ordre public de la conservation des forêts, consiste dans la défense faite aux propriétaires voisins de construire dans trois rayons déterminés cinq sortes d'établissements. Cette défense, imitée de nos anciennes ordonnances, est une restriction à la liberté des héritages et les infractions sont érigées en délit : double raison pour interpréter strictement tout ce que la loi défend, largement, tout ce qu'elle permet.

1° *Maisons ou fermes* (C. for. 153). — Dans une zone de 500 mètres, mesurée en ligne droite, autour des forêts soumises, les maisons et fermes existant en 1827 et qui étaient alors sous le coup des défenses de la législation ancienne, reçoivent de la loi une autorisation définitive. Elles peuvent être réparées, reconstruites ou augmentées en toute liberté; cette faculté ne concerne pas seulement les augmentations contiguës aux bâtiments anciens, mais toutes les constructions, même séparées, que comporte le développement industriel ou agricole.

La construction des maisons ou fermes n'est défendue qu'à partir de 1827, et encore toute .

construction n'est prohibée qu'à la condition de servir à l'habitation ou à l'installation d'un ménage, circonstance que les tribunaux apprécient en déterminant le sens des mots *maisons ou fermes*. Ils ont déjà usé de ce pouvoir en décidant, par exemple, qu'un tissage mécanique dans lequel aucun ménage n'habite, n'est pas un établissement défendu. La prohibition ne s'applique pas aux bois communaux, d'une contenance inférieure à 250 hectares, et ne concerne, en tout cas, que les maisons ou fermes *isolées*. Si ces constructions dépendent d'un village ou d'une agglomération, elles sont licites à cause de la surveillance que les habitants exercent naturellement les uns sur les autres. Il en résulte que la plus faible réunion de maisons, celle de deux habitations occupées par des ménages indépendants et ayant vue sur la construction projetée, suffit pour conférer à celle-ci le bénéfice de l'agglomération. Celle-ci est une question de fait que les tribunaux tranchent souverainement sans que la décision de l'administration puisse les lier en aucune façon (C. for. 156).

2° *Ateliers à façonner le bois* (C. for. 154). — Dans toutes les maisons ou fermes isolées du même rayon autour des mêmes forêts, antérieures ou postérieures à 1827, autorisées ou non, il est défendu d'établir aucun atelier à façonner le bois, aucun chantier ou magasin pour faire le commerce des bois. Cette défense ne concerne donc que les ateliers établis dans l'intérieur des maisons et non ceux dont l'accès est ouvert au public ou dont l'installation est faite à air libre. Elle ne concerne, non plus, que les chantiers destinés au commerce (n° 52). Ainsi, celui qui étant propriétaire de bois, fait façonner et vendre ses produits dans une maison isolée, celui qui, n'étant pas propriétaire, achète des bois et les fait travailler pour les besoins de sa famille, quand bien même il en vendrait accidentellement une partie, ne tombent pas sous le coup de cette défense. La loi a voulu seulement protéger les forêts contre les disparitions et dénaturations rapides qui naissent des actes de commerce, c'est-à-dire des achats faits dans le but unique de revente.

65. Zone de 1,000 mètres. — Dans ce rayon, deux sortes d'établissements sont défendues, quelles que soient l'importance et la nature des forêts soumises et sans que le bénéfice d'agglomération leur soit acquis.

1° *Fours à chaux et à plâtre, briqueteries et tuileries* (C. for. 151). — Ces quatre espèces d'établissements, temporaires ou permanents, sont limitativement désignées. Les verreries, forges, distilleries, séchoirs, fours à puddler, etc., s'établissent donc en toute liberté. Et encore parmi les quatre établissements désignés, ceux-là seuls sont défendus qui ont une construction de nature à permettre la démolition ; autrement l'article 151 serait inapplicable par l'impossibilité pour les tribunaux d'en prononcer la sanction. Ainsi, la cuisson des briques à la flamande, la fabrication de la chaux en fours volants, telle qu'elle se fait dans certaines régions pour les besoins agricoles, ne sont nullement défendues. La défense d'allumer du feu dans le rayon de 200 mètres (n° 63) permettrait seule de les atteindre, à la condition que le feu soit allumé à l'air libre et non dans des bâtiments.

2° *Maisons sur perches, loges, baraques ou hangars* (C. for, 152). — Ni l'habitation, ni l'aptitude à l'habitation, ni le mode de construction ne caractérisent la nature de ces établissements défendus ; car l'article 153 prévoit uniquement la restriction faite à l'habitation, et la nature des matériaux imprime des caractères bien différents aux constructions de chaque région. Telle baraque dans les montagnes où la pierre abonde serait une maison dans les plaines de la Champagne. Il faut donc en déduire que certaines maisons licites comme habitations, en vertu de l'article 153, peuvent devenir par leur abandon ou leur destination des établissements défendus par l'article 152. Ce que la loi a voulu atteindre, ce sont les établissements qui, par leur destination, pourraient devenir des lieux de recel préjudiciables au sol forestier, quel que soit leur mode de construction. Les tribunaux seront, au surplus, juges souverains des questions de fait qui les caractérisent; et on voit par ces explications que les petites loges de jardin, les chapelles même fermées, les refuges et, en général, toutes les constructions ouvertes à l'accès du public ne sont pas défendus.

66. Zone de 2,000 mètres. — *Scieries isolées* (C. for. 155).—Cette défense ne concerne que les scieries mécaniques marchant à l'eau ou à la vapeur, et non les chantiers de scieries à bras que l'article 154 a spécialement en vue. Le bénéfice de l'agglomération, tel que nous l'avons défini (n° 64), leur est applicable; mais la plus petite forêt domaniale ou communale située dans le rayon de 2,000 mètres suffit pour rendre délictueuses les scieries isolées.

67. Autorisation. —Toute construction dans l'intérieur des forêts donnerait naturellement naissance à une action civile, soit possessoire, soit pétitoire, en revendication ou en délaissement de la partie occupée. Ce fait est, pour les établissements que nous venons de décrire, érigé en délit (sauf les maisons ou fermes) dans les forêts soumises au régime forestier. Le préfet peut, au nom des propriétaires, en autoriser la construction (Décr. 25 mars 1852); mais il impose alors, sur l'avis des agents forestiers, toutes les conditions qui sont de nature à conserver les droits du Domaine; ces conditions sont habituellement celles d'une concession de tolérance à prix d'argent, toujours révocable (n° 95).

La défense de construire, dont sont frappés les immeubles situés dans les zones forestières, constitue une servitude légale dans le sens juridique de ce mot. Cette servitude est d'ordre public en ce sens que nulle possession, nul laps de temps ne peuvent couvrir la construction (sauf les maisons ou fermes antérieures à 1827), et que l'administration peut toujours les soumettre à l'autorisation ou en poursuivre la démolition.

L'autorisation de construire est donc une *mainlevée* de cette servitude et en détruit tous les effets. Cette mainlevée ne peut être *tacite* que dans le seul cas des maisons ou fermes par défaut d'autorisation dans le délai de six mois (C. for. 153) après le dépôt de la demande au bureau de l'inspecteur des forêts (O. rég. 178). Habituellement l'autorisation est *expresse* et émane d'un arrêté du préfet, rendu en conseil de préfecture et sur l'avis conforme du conservateur (Décr. 25 mars 1852).

Cette autorisation qui confère la mainlevée a dès lors un caractère de *réalité* qui s'attache à l'immeuble et le suit en quelques mains qu'il passe (sauf pour les ateliers à façonner le bois où elle est *individuelle* : C, for. 154). Pour sauvegarder les intérêts forestiers, la mainlevée de la servitude est ordinairement *conditionnelle;* mais les seules conditions qu'il est licite d'imposer sont celles qui ont trait à la surveillance, comme l'obligation de démolir quand, par suite de délits forestiers, la construction serait devenue préjudiciable au sol forestier (Déc, min. 28 juin 1871). L'administration ne saurait, sans excès de pouvoir, détourner la loi du but que le législateur avait en vue (n° 6), et imposer, par exemple, au constructeur d'une scierie, de recevoir, avant tous autres, les bois des forêts de l'État, au propriétaire d'un four à chaux de s'approvisionner dans les forêts soumises.

Que l'autorisation soit pure et simple ou conditionnelle, elle aura, si elle est expresse et non tacite, les effets suivants :

1° Les établissements (autres que les maisons et fermes) pourront être visités par les agents et gardes forestiers (n° 29).

2° L'autorisation administrative et, à plus forte raison, l'autorisation tacite, pour les maisons ou fermes, engendre au profit des constructions nouvelles le bénéfice d'agglomération. Celle-ci est un fait qui résulte de la surveillance possible des voisins, quelles que soient les conditions d'existence de leur habitation. Aucun droit n'est, du reste, compromis, puisque la poursuite du délit qui viendrait à naître par suite de la démolition des établissements autorisés est une faculté imprescriptible.

3° Les propriétaires des scieries autorisées sont soumis, avant d'y introduire aucun bois, à l'obligation de déclarer, non l'origine de ces bois, mais leur situation et leur nombre. Cinq jours après la déclaration faite au garde local, ils peuvent les introduire dans les dépendances de l'usine et les faire débiter. Pendant ce délai, l'administration a la faculté de les faire reconnaître et marquer par ses gardes. Le défaut, non de marque, mais de déclaration, est puni conformément à l'article 158.

Il ne faut pas confondre l'autorisation que le préfet délivre au nom des intérêts forestiers avec celle qui est imposée à certains établissements insalubres ou incommodes, comme les fours à chaux ou à plâtre, les briqueteries et les tuileries, et qui émane du sous-préfet pour les établissements de 3ᵉ classe (Décr. 15 oct. 1810), et du préfet pour ceux de 2ᵉ et de 1ʳᵉ classe (Décr. 25 mars 1852). Ces autorisations sont indépendantes et l'une ne dispense pas de l'autre, bien qu'elles émanent souvent de la même autorité administrative. Cet inconvénient de la concentration d'autorité, imaginée en l'an VIII (n° 6), peut induire le public en erreur, d'autant plus que les agents forestiers sont appelés à donner leur avis, au point de vue de la salubrité publique, sur les établissements de 1re classe dont le feu est l'agent principal (Ord. 14 janv. 1825). Cette formalité, qui n'est pas d'ailleurs une condition essentielle de la validité de l'instruction (Cons. d'État 23 juin 1819), ne concerne pas les établissements insalubres de 3e et 2e classes.

§ 4. Exécution des jugements.

68. Signification. — La mise à exécution d'un jugement par les voies de contrainte que la loi autorise est toujours précédée de la signification de ce jugement. Cette signification est le premier acte d'exécution quand il est *contradictoire*. Dès lors, elle ne peut se faire que par un huissier ou par un porteur de contraintes (Loi 29 déc. 1873) et quand les délais d'appel ou de pourvoi en cassation sont écoulés (n°s 5 et 29).

Au contraire, si le jugement est par défaut, la signification a pour but de faire courir le délai d'opposition ou d'appel; elle n'est pas encore un acte extrajudiciaire, mais constitue un acte judiciaire, une phase de la poursuite, que les gardes forestiers ont qualité pour exécuter à la requête de leur administration et à la diligence de l'agent forestier poursuivant (C. for. 173).

Il faut noter également dans le droit forestier une simplification à la procédure ordinaire : la signification doit habituellement contenir copie complète du jugement muni de la formule exécutoire. Dans le but d'éviter les frais, le Code forestier (art. 209) autorise la signification d'un simple extrait du jugement, lequel ne contient que le nom des parties et le dispositif du jugement, et ne coûte que 25 cent. de salaire au greffier (Décr. 18 juin 1811, art. 50).

Les jugements des délits commis dans les bois des particuliers sont mis à exécution de la même manière, c'est-à-dire que : 1° pour les condamnations prononcées à leur profit, ils sont, à leur diligence et par huissiers, signifiés et exécutés suivant les mêmes formes et voies de contrainte que ceux rendus à la requête de l'administration des forêts ; 2° pour les amendes et frais avancés par l'État, le recouvrement est effectué par les percepteurs des contributions directes (C. for. 215, loi 29 déc. 1873).

69. Modes d'exécution. — Si le délinquant n'exécute pas volontairement les condamnations prononcées contre lui, il y est contraint par les voies et moyens du droit commun. Pour la peine de l'emprisonnement, la gendarmerie le recherche et procède à sa capture. Pour les condamnations pécuniaires, ses biens sont saisis et vendus dans les formes de la saisie mobilière (Pr. civ. 583) et, s'il y a lieu, de la saisie immobilière (Pr. civ. 673). Les huissiers procédaient seuls à ces saisies-exécution, mais depuis 1873 les porteurs de contraintes leur sont assimilés dans ce but, et ont qualité pour y procéder; toutefois, le décret d'administration publique, annoncé par la loi du 29 décembre 1873, n'est pas encore rendu.

Les contestations qui peuvent s'élever à l'occasion des saisies-exécution sont de la compétence des tribunaux civils; celles qui concernent le sens et la portée du jugement de condamnation sont tranchées par le tribunal qui a rendu ce jugement.

A ces modes *ordinaires* d'exécution s'ajoute un moyen *spécial* de contrainte qui ne concerne que les condamnations pécuniaires et qui a pour effet de priver le condamné temporairement de sa liberté.

La *contrainte par corps*, qu'il ne faut pas confondre avec la peine de l'emprisonnement, consiste dans l'incarcération du débiteur aux frais du créancier, dans le but de l'amener à payer sa dette. Cette incarcération ne le libère donc pas de cette dette, qui devra toujours être payée s'il revient à meilleure fortune. Supprimée en 1867, pour les dettes civiles et commerciales, la contrainte par corps a été conservée pour le recouvrement des amendes, des condamnations civiles (Loi 22 juillet 1867) et des frais (Loi 19 déc. 1871), mais avec des atténuations qui ont pour but de la rendre moins lourde dans les circonstances dignes d'intérêt.

Ainsi, la contrainte par corps ne peut être exercée que lorsque le tribunal l'a prononcée, et celui-ci ne peut la fixer, en matière forestière, que dans les limites de huit jours à six mois. Le mineur de 16 ans en est affranchi; le sexagénaire n'en subit que moitié; le mari et la femme ne peuvent y être astreints ensemble, même pour des dettes différentes; s'ils ont des enfants, le tribunal peut en suspendre l'exercice pendant un délai d'un an. Le condamné qui justifie de son insolvabilité dans les formes prescrites par l'article 420 du Code d'instruction criminelle ne subit que la moitié du temps qui a été fixé par le tribunal, et à ce bénéfice de la misère, s'ajoutent les autres faveurs indiquées ci-dessus. Pour lui également, en matière forestière, la contrainte par corps produit la libération de la dette (C. for. 213 et Loi 1867, art. 18).

70. Rôle de l'administration des contributions directes. — En principe, c'est celui qui poursuit qui est chargé de mettre à exécution le jugement rendu à sa requête. Mais cette règle générale reçoit, en matière forestière, une exception très-étendue, en ce sens que les percepteurs sont chargés du recouvrement des condamnations pécuniaires (Loi 29 déc. 1873). Ce sont eux qui exercent les fonctions attribuées jadis aux receveurs des domaines par l'article 210 du Code forestier. Continuellement en contact avec les populations agricoles dont ils connaissent exactement les ressources par l'impôt direct, ils peuvent assurer le recouvrement des condamnations d'une manière plus efficace que le service de l'enregistrement, aujourd'hui surchargé par la perception des nouveaux impôts.

Les percepteurs font la répartition des sommes dues à l'État et aux communes propriétaires : les amendes et les frais à l'État; les restitutions et les dommages-intérêts aux propriétaires de la forêt dans laquelle le délit a été commis. Ils assurent à ces réparations civiles la préférence sur l'amende en cas d'insuffisance des biens du condamné (C. pén. 54 et 468).

Ils exercent également, au moins cinq jours après le commandement, la contrainte par corps contre les condamnés, soit directement (C. for.

211), soit par voie de recommandation quand ceux-ci subissent la peine de l'emprisonnement qui a pu être prononcée (Loi 17 avril 1832). Ils s'adressent, à cet égard, au procureur de la République, qui, sur leur demande, envoie les réquisitions nécessaires aux agents de la force publique ou donne des instructions au gardien de la prison.

Les percepteurs assurent encore le recouvrement des transactions prononcées, soit avant jugement (n° 30), soit après jugement irrévocable (n° 73). Alors, le paiement ne peut être que volontaire; en cas d'inexécution dans le délai déterminé, il est passé outre aux poursuites.

71. Rôle de l'administration forestière. — Les attributions des percepteurs pour le recouvrement des condamnations pécuniaires réduisent considérablement le rôle de l'administration forestière, qui est chargée de la mise à exécution des jugements en sa qualité de partie poursuivante.

L'emprisonnement n'est ordonné que par le procureur de la République, qui a dans ses attributions la surveillance des prisons. Les agents forestiers s'entendent avec lui pour la mise à exécution de cette peine qui n'est devenue assez fréquente que depuis 1859. Les frais de capture sont payés, s'il y a lieu, à la gendarmerie par l'administration forestière.

La confiscation ne s'exerce réellement que sur les objets matériellement saisis. Ils sont vendus au profit de l'État quand cette peine a été prononcée. L'administration des forêts fait déposer au greffe les objets susceptibles d'y être gardés (C. for. 198), et adresse au directeur des domaines le bordereau des bois confisqués (C. for. 81, 154); tout est vendu comme propriété mobilière de l'État par les soins du receveur des domaines.

Enfin, l'administration forestière fait exécuter, par des huissiers commis à sa requête, les condamnations à la démolition dans les cas prévus par les articles 151, 152, 153, 155 du Code forestier; elle prend les mesures qui lui paraissent nécessaires pour assurer l'exécution des jugements qui ont prononcé la privation du droit d'usage (C. for. 149), du droit d'obtenir un permis de chasse (Loi 1844, art. 18).

Condamnés insolvables. — Le percepteur fait constater d'office, contradictoirement avec les agents forestiers et dans les formes prescrites par l'article 420 du Code d'instruction criminelle, l'état de *carence* des condamnés insolvables qui devraient, à la rigueur, subir la contrainte par corps jusqu'à la limite du temps fixé par le tribunal, tant qu'ils n'ont pas fourni, eux-mêmes, la justification de leur insolvabilité. Cette constatation d'office a pour effet de décharger la comptabilité du percepteur et d'assurer au condamné la réduction de moitié dans la durée de la contrainte. Celle-ci prend alors un autre caractère qui résulte de la discussion de l'article 213 du Code forestier : elle libère le condamné des sommes dues par lui ; ainsi elle constitue bien plus une punition qu'un moyen de faire payer une dette que l'insolvabilité rend illusoire. Dès lors, le percepteur ne la met pas à exécution d'une manière générale. L'insolvabilité une fois constatée, il attend la désignation que les agents forestiers font des condamnés non libérés et les propositions qu'ils adressent tous les trois mois au procureur de la République. L'état d'incarcération, dressé par les agents forestiers, visé par le procureur, est envoyé par le conservateur des forêts au trésorier-payeur général, qui donne au percepteur les ordres nécessaires pour assurer l'incarcération.

Tous les six mois, l'état des condamnés insolvables est revisé par le garde général, de concert avec le percepteur. Ensemble, ils annotent les paiements faits, les libérations produites par l'effet de la contrainte ou de la prescription et ajoutent les noms des nouveaux insolvables ; deux années suffisent pour délivrer les condamnés des amendes et des peines de simple police (I. cr. 639), cinq années les libèrent des peines correctionnelles

(I. cr. 636), et trente ans, des condamnations civiles et des frais (C. civ. 2262).

72. Transaction après jugement. — Sans détruire les effets du jugement et par conséquent sans préjudicier aux peines de la récidive, l'autorité administrative peut atténuer la rigueur des condamnations et en prononcer la remise ou la modération. L'administration forestière a été investie, en 1859, du droit d'atténuer les condamnations pécuniaires, amendes et réparations civiles, après jugement devenu irrévocable (C. for. 159). Cet attribut, très-important puisqu'il participe du droit de grâce du Souverain et s'impose, à ce titre, aux communes (n° 12) devenues par le jugement créancières des condamnations civiles, s'appelle *transaction après jugement*, parce qu'il constitue une sorte de transaction sur l'exécution du jugement. Il s'exerce sous l'autorité du conservateur, du directeur général ou du ministre, selon les cas (Décr. 21 déc. 1859), et ne porte pas sur la prison ni sur les frais considérés comme une avance non rémissible des deniers publics. Il ne concerne naturellement que les délits forestiers dans lesquels l'administration a le droit de poursuite (n⁰ˢ 4 et 30).

Quand un délit a été commis par un individu dont l'insolvabilité est officiellement constatée

(I. cr. 420), l'administration des forêts est autorisée à donner à la transaction, avant ou après jugement, le caractère d'un rachat moyennant travail (C. for. 210). Elle peut même transformer en prestations les transactions consenties en argent. Le conseil général règle, tous les ans, la valeur de la journée de travail; le conservateur autorise la transaction en fixant soit un nombre de journées, soit une tâche à effectuer. Le travail fait libère le délinquant de toutes les condamnations, même des frais (C. for. 211); c'est seulement quand l'emprisonnement a été prononcé que cette peine doit être subie sans transaction possible.

Le travail s'effectue dans les forêts de l'État si toutes les condamnations lui appartiennent, et dans celles des communes pour la partie qui correspond aux sommes dont elles sont créancières. Il peut aussi s'exécuter sur les chemins vicinaux qui servent à la vidange des forêts soumises au régime forestier.

Les délits commis dans les bois des particuliers ne peuvent être transigés, avant jugement, que par les propriétaires, et seulement pour les condamnations civiles (n° 30). Le jugement prononcé, le propriétaire de la forêt conserve toujours son droit à l'égard des condamnations pécuniaires dont il devient créancier; mais le Gouvernement conservant aussi son droit de grâce pour les peines, il peut être prononcé des remises de prison par le Président de la République, des modérations d'amende par le ministre de la justice, et des transactions en nature sur les amendes et les frais par le sous-préfet, pour les condamnés insolvables (C. for. 215). L'administration forestière reste étrangère à ces diverses mesures.

Des allocations de nourriture, à récupérer en travail, peuvent être faites aux délinquants par l'administration des forêts, par les communes ou par le service des chemins vicinaux, dans le but d'ôter aux délinquants tout prétexte pour refuser les transactions.

Cette mesure, qui a été inspirée par les meilleures intentions et qui est imitée de ce qui se passe dans certains pays, a souvent peu de résultats par la difficulté trop irrémédiable de faire travailler, sans moyen de contrainte, des hommes que l'extrême misère maintient dans des habitudes de désordre et rend insensibles aux peines correctionnelles.

Statistique. — En 1852, les tribunaux correctionnels rendaient 168,000 jugements dont 94,600 en matière ordinaire, et 74,000 en matière forestière. Les délits forestiers ont diminué par l'accroissement du travail et du bien-être dans les campagnes, et le nombre des procès-verbaux faits à la requête de l'administration des forêts a baissé successivement; par suite les transactions ont pu aller en augmentant.

Voici les chiffres des procès-verbaux et des transactions accordées de 1862 à 1868 :

```
1862.   Procès-verbaux, 50,860 ; Transactions, 27,689, soit 54 p. 100.
1865.       —          44,150       —        30,731, — 69  —
1868.       —          38,470       —        28,808, — 75  —
```

En même temps, l'administration a pu se montrer moins sévère. Voici le montant des transactions perçues eu égard aux condamnations encourues ou prononcées.

```
1862. Transactions, 341,855 fr. pour 1,112,816 fr.; remise : 69 p. 100.
1865.       —         404,887    —    1,481,518      —     73  —
1868.       —         360,386    —    1,600,371      —     77  —
```

On ne saurait faire un usage plus modéré de l'autorité publique, et ces chiffres prouvent que toutes les demandes dignes d'intérêt ont reçu satisfaction.

SECTION II. — ADMINISTRATION

CHAPITRE Ier. — OBSERVATIONS GÉNÉRALES

73. Distinction des fonctions administratives et judiciaires. — Avant 1870, il était très-important de déterminer si un acte d'un agent ou d'un préposé forestier appartenait à l'exercice de ses fonctions administratives ou judiciaires. Car, dans le premier cas, les poursuites que les tiers voulaient exercer contre lui à l'occasion de ses fautes étaient subordonnées à une autorisation administrative. Dans le second cas, au contraire, cette condition n'existait pas. Le décret du 19 septembre 1870 a supprimé les entraves apportées à la poursuite des fonctionnaires par des lois diverses (Loi 7-14 oct. 1790 et art. 75 de la Constitution de l'an VIII) et a ainsi fait disparaître la nécessité de distinguer, à ce point de vue, les fonctions administratives et judiciaires.

Cette distinction, cependant, a encore de l'intérêt en ce qui concerne les préposés forestiers, officiers de police judiciaire. S'ils commettent un délit lorsqu'ils sont dans l'exercice de ces dernières fonctions, ils ne peuvent être poursuivis que devant la Cour d'appel et à la requête du procureur général (n° 74), tandis que la poursuite de leurs fautes ou de leurs délits commis dans l'exercice de leurs fonctions administratives ne donne lieu à aucun privilége de juridiction en leur faveur. On peut citer comme exemples des fonctions administratives : les significations de délimitation, récolement, réarpentages, d'opposition au défrichement, la participation aux opérations de balivage et de récolement, etc., et pour exemples de fonctions judiciaires : tous les faits de re-

cherche et de constatation des délits (n°s 25 à 29).
Toutefois, il est bien certain qu'un garde peut
être à la fois dans l'exercice de ces doubles fonctions; dans ce cas, s'il vient à commettre lui-
même un délit, il jouit du privilége de juridiction. C'est ce qui fait décider, d'une manière
aujourd'hui constante, que le garde forestier qui
commet un délit de chasse dans son triage, ne
peut et ne doit être jugé que par la Cour d'appel,
où il entraîne ses complices.

A un autre point de vue et toujours relativement aux préposés, la distinction des fonctions
administratives et des fonctions judiciaires est
encore utile à observer. Le ministère public a le
droit de surveiller la manière dont celles-ci sont
accomplies, et la Cour d'appel a autorité sur les
gardes comme sur tous les officiers de police judiciaire (I. cr. 279); tandis que l'autorité judiciaire
est absolument incompétente pour s'immiscer dans
la manière dont les fonctions administratives sont
remplies (C. pén. 127).

74. Privilége de juridiction. — Dans un intérêt
de dignité pour la justice et dans le but que des
poursuites intéressées ne viennent pas, à dessein,
entraver les constatations judiciaires, le procureur général peut seul poursuivre devant la
chambre civile de la Cour d'appel, jugeant alors

correctionnellement en premier et dernier ressort, les délits commis par les magistrats et par les officiers de police judiciaire (I. cr. 479 et 483). Le décret du 19 septembre 1870 n'a rien abrogé en cette matière (Cass. 19 fév. 1872). Les officiers de police judiciaire n'ont pas un privilége de juridiction aussi étendu que celui des magistrats; ils n'en jouissent que pour les délits commis par eux dans l'exercice de leurs fonctions de constatations judiciaires, tandis que les magistrats le possèdent pour tous les délits commis par eux. Les grands-officiers de la Légion d'honneur, les généraux commandant une division ou un département, les membres de la Cour des comptes et les préfets jouissent du même privilége que les magistrats (Loi 20 avril 1810). Enfin, cette faveur ne concerne les contraventions de police que quand des lois spéciales ont attribué aux tribunaux correctionnels le pouvoir de les juger (Cass. 9 avril 1842).

Les agents forestiers ne pourront donc jamais poursuivre directement, même devant la Cour d'appel, un magistrat, par exemple un simple suppléant de justice de paix, pour un délit ou une contravention forestière; ils ne pourront pas plus poursuivre les maires, adjoints, gardes champêtres ou particuliers, si la situation où ils se trouvent en commettant le délit, permet de les considérer

comme étant dans leurs fonctions de police judiciaire. Les agents forestiers et les particuliers
lésés ne peuvent que se porter partie civile jointe
au procureur général, et non porter directement
leur demande civile devant la Cour si le procureur
général ne poursuit pas (I. cr. 182). L'action
civile devant les tribunaux civils est seule conservée aux parties lésées (Cass. 16 déc. 1867).

Garantie administrative. — L'article 75 de la
loi du 22 frimaire an VIII couvrait le fait répré-
hensible touchant l'exercice des fonctions administratives de l'État, et non l'acte même de ces
fonctions qui était placé sous la garantie de la
séparation des pouvoirs. Cette considération a
inspiré l'interprétation du décret du 19 septembre
1870 qui n'a fait qu'abroger cet article 75 et toutes
les dispositions similaires de lois spéciales. Ce
décret n'a pas eu pour effet de mettre à néant la
séparation qui existe entre l'autorité administrative et l'autorité judiciaire, et de donner à celle-
ci le pouvoir d'examiner, dans tous les cas et à
propos des poursuites dirigées contre les fonctionnaires, la légalité d'un acte administratif. Celle-ci
est placée sous le contrôle du Conseil d'État
(n° 6). Il en résulte que si on poursuit un fonctionnaire pour une faute commise à l'occasion
d'un acte administratif sans contester la valeur
de celui-ci, les tribunaux ordinaires seront com-

pétents; si, au contraire, on le poursuit pour le tort causé par cet acte administratif lui-même, les tribunaux ne seront compétents que si la partie poursuivante a fait au préalable annuler cet acte, comme entaché d'excès de pouvoir, par le Conseil d'État (Trib. des conflits 30 juill. 1873). Cette distinction, fort naturelle en théorie, ne laisse pas d'avoir de sérieuses difficultés pratiques pour l'application de ce décret de 1870 qui soulève les questions les plus délicates de notre Droit public.

75. Responsabilités. — Tout le monde, le fonctionnaire autant que tout autre, est tenu de réparer le préjudice causé par sa *faute,* c'est-à-dire par un acte commis sans droit, ou par sa *négligence,* quand un devoir impose l'obligation d'accomplir l'acte omis (C. civ. 1382). La responsabilité peut être mise en mouvement aussi bien par l'État que par les tiers lésés et les communes. Le Code forestier ne fait nulle exception à ce principe d'équité et de droit général applicable à tous les agents et préposés; il en contient, au contraire, deux exemples concernant l'un les gardes, l'autre les agents, dans lesquels les règles de la responsabilité ne sont que légèrement modifiées.

1° Les gardes sont responsables des délits qu'ils n'ont pas dûment constatés, et le tribunal est juge du délai dans lequel cette constatation doit être faite. Celle-ci n'a pas besoin, naturellement, d'être complète et de désigner un auteur à tout délit; il suffit qu'elle soit légalement accomplie sans que le garde soit tenu des omissions tenant aux difficultés du Droit. La mesure pécuniaire de cette responsabilité est fixée par la loi au paiement des amendes, restitutions et dommages-intérêts encourus par les délinquants (C. for. 6). Il en résulte que le tribunal correctionnel étant seul à même d'apprécier l'amende, est compétent pour statuer sur cette action civile de sa nature (nº 31), et que les agents forestiers sont également compétents pour l'intenter devant ce tribunal (nº 74).

2º Les agents sont responsables des erreurs d'arpentage, et la loi limite, dans leur intérêt, l'étendue de l'erreur donnant lieu à responsabilité au vingtième de la contenance des coupes (C. for. 52). L'action en réparation n'a plus de raison, alors, pour être distraite de son juge naturel, le tribunal civil; il a été décidé que le Domaine de l'État seul avait le droit d'intenter cette action, les adjudicataires ne pouvant qu'assigner le Domaine pour l'exécution des obligations nées du contrat de vente.

Les supérieurs ne sont jamais civilement responsables des fautes commises par les inférieurs dont ils ne sont ni les maîtres ni les commettants

(C. civ. 1384), et le Code forestier (art. 218) a fait heureusement disparaître l'obligation de responsabilité qu'avait édictée la loi des 15-29 septembre 1791 et dont l'effet était d'intéresser les chefs à cacher les fautes des subordonnés.

C'est l'État qui est, en sa qualité de commettant, responsable des fautes commises par tous ses agents, sauf les cas, assez nombreux, dans lesquels des dispositions de lois en ont ordonné autrement. Cette responsabilité, dont le principe est universellement admis, ne laisse d'indécision que sur la question de compétence. L'autorité judiciaire la réclame; le Conseil d'État la revendique pour l'autorité administrative; et la question n'a point encore été tranchée d'une manière générale par le tribunal des conflits. Le recours en responsabilité contre l'État peut être intenté par toute personne lésée; mais comme l'État n'est pas tenu des suites de la tutelle administrative que la loi lui confie sur les organes d'intérêts locaux, il en résulte que les communes ne pourront jamais l'intenter à l'occasion des fautes du service forestier (n° 18), et que ce recours ne peut, dès lors, s'exercer que par les tiers lésés.

CHAPITRE II. — PRÉLIMINAIRES DE LA GESTION.

76. Soumission au régime forestier. — Les règles administratives et légales qui constituent le régime forestier ont pour effet de créer, pour les immeubles qui y sont soumis et pour les tiers, des obligations diverses, dérogatoires du droit commun. Il s'ensuit que ce régime appliqué actuellement par l'administration des forêts, est indépendant du seul fait de la gestion de ces immeubles par cette administration; que celle-ci peut gérer des biens non soumis; et que ce régime a pu être mis à exécution par d'autres services administratifs (notamment de l'an V à l'an IX et de 1817 à 1820).

Le régime forestier n'est donc légalement appliqué que dans les cas et dans les conditions d'autorisation exactement déterminés par la loi. Le recours pour excès de pouvoir ferait justice des illégalités (n° 6), et, au besoin, les tribunaux ordinaires assureraient aux tiers une garantie supplémentaire, en refusant de leur en appliquer les effets si la soumission était prononcée au mépris des dispositions légales (n° 19).

En voici les principales conditions :

Immeubles de l'État (ou sur lesquels l'État a un droit de propriété divise, indivise ou éventuelle). — Les forêts *seules* y sont soumises, et on doit entendre par « forêt » les immeubles dont la production ligneuse constitue le but principal du propriétaire. Les terrains vagues et les pâturages ne sont susceptibles de ce régime que quand ils constituent une annexe, un accessoire d'une forêt dont ils suivent le sort (Cass. 16 mars 1833), ou quand ils sont compris dans des périmètres de reboisement obligatoire (L. reb. 11; C. for. 1), ou, enfin, quand ils forment une dune domaniale à l'état de plantation (C. for. 1).

Quand le droit de propriété de l'État n'est qu'éventuel (majorats réversibles ou de propre mouvement), le régime forestier est réduit aux articles 8 à 17 du Code (C. for. 89) et au droit de poursuite des agents forestiers (C. for. 159).

Il n'y a pas de décision administrative prononçant la soumission au régime forestier pour nos principales forêts, pas plus qu'il n'y a de déclaration de navigabilité pour nos grands fleuves soumis de toute ancienneté à cet état légal. Quand un immeuble est acquis par l'État, le ministre des finances le met à la disposition du service administratif auquel il est destiné (Déc. min. 11 oct. 1824), et cette décision suffit si l'immeuble satisfait par sa nature aux conditions voulues par la loi.

Immeubles des communes, etc. — Les bois et les terrains vagues peuvent être soumis au régime forestier, à la condition d'appartenir, à titre divis ou indivis, aux communes, sections de communes et établissements publics (C. for. 90). Les immeubles des établissements d'utilité publique et des départements n'y seraient pas astreints. Les formes de la soumission varient avec la nature de l'immeuble: elles sont ainsi nécessaires, mais non suffisantes pour la légalité de la soumission.

S'il s'agit de bois susceptibles d'aménagement ou d'exploitation régulière, la soumission au régime forestier peut résulter du consentement de la commune ou d'un état de gestion (nº 79) par le service forestier qui fait présumer ce consentement. Elle peut aussi être imposée à la commune par une décision du chef de l'État qui est purement administrative et discrétionnaire. Celle-ci ne peut, dès lors, être attaquée devant le Conseil d'État que pour cause de violation de la loi ou d'omission des formalités prescrites, qui sont l'avis du conseil municipal (C. for. 90) et du conseil général (L. 10 août 1871).

S'il s'agit de terrains non boisés, la soumission peut résulter du même état de fait et de consentement, ou d'un décret rendu avec les mêmes formalités; mais alors la commune peut discuter devant le conseil de préfecture, sauf recours au Conseil d'État, l'opportunité de la mesure qui est proposée par l'administration. C'est un des cas rares dans notre organisation administrative, où l'action de commandement peut être discutée par l'administré (nº 7). Le conseil de préfecture est ainsi appelé à juger la question de savoir si les terrains qu'il s'agit de soumettre sont en nature de bois ou de pâturage (Cons. d'État 28 juill. 1852), mais non si les bois sont susceptibles d'aménagement ou d'exploitation régulière.

Le reboisement d'un terrain communal inculte constitue un moyen de le mettre en valeur et peut, dès lors, être prescrit par décret présidentiel, en vertu de la loi du 28 juillet-4 août 1860; mais ce travail, auquel les agents forestiers peuvent et doivent apporter le concours de leur savoir et de leur expérience, ne suffit pas, à lui seul, pour produire, sans le consentement de la commune, la soumission au régime forestier. Il n'y a d'exception à cette règle que dans le cas où le terrain communal est compris dans un périmètre de reboisement obligatoire (L. reb. 13; D. reb. 21), ou quand la commune a reçu une subvention pour un reboisement facultatif en montagnes (L. reb. 13; D. reb. 2), ou quand des dunes communales sont reboisées d'office (C. for. 90). Dans ces cas, le seul fait de l'établissement légal des périmètres et de l'acceptation de la subvention produisent de plein droit la soumission au régime forestier.

Dans d'autres cas, les terrains vagues des communes sont soumis de plein droit à un *régime pastoral* qui n'est pas le régime forestier complet et qui est réglé par les articles 61 à 85 du Code forestier et par les articles 112 à 124 de l'ordonnance de 1827. Il est mis à exécution par l'administration des forêts (L. reb. 11; L. gaz. 2) quand ces terrains sont compris dans un périmètre de gazonnement obligatoire (D. reb. 21) ou quand les communes ont reçu de l'État des subventions pour effectuer le regazonnement dans les montagnes (D. reb. 2).

Immeubles des particuliers. — Il n'existe qu'un seul cas dans lequel des terrains de particuliers peuvent être soumis au régime forestier : c'est quand ils sont en nature de dunes et qu'ils ont été reboisés d'office avec les formalités prescrites par le décret du 14 décembre 1810 (Cass. 2 août 1867). Hors ce cas, les terrains des particuliers ne sont soumis qu'à la surveillance de l'administration pour le défrichement (n° 13) s'ils sont en nature de bois. Même dans les régions de montagnes, les terrains de particuliers, compris dans les périmètres de reboisement obligatoire, ne sont que soumis à la surveillance de l'administration des forêts pour l'exécution des travaux imposés (D. reb. 15), ou sont expropriés pour cause d'utilité publique en cas d'inexécution de ces travaux (L. reb. 7). Si le particulier a reçu une prime pour le reboisement facultatif, ou une subvention pour le reboisement obligatoire, son droit de propriété est restreint, relativement au pâturage, jusqu'à la défensabilité déclarée par l'administration des forêts

(L. reb. 12). Il n'en est pas de même des simples travaux de gazonnement (L. gaz. 2).

77. Délimitation. — Un des premiers actes de la gestion d'un immeuble soumis au régime forestier est d'en déterminer exactement les limites. Quand on fait l'opération sur toute la forêt ou, au moins, sur un ensemble de ses rives, les agents forestiers sont investis, par les articles 10 à 14 du Code, du droit de former administrativement le contrat de délimitation avec tous les riverains, de telle façon que si les formalités ont été observées, l'opération est réputée *contradictoire* et *conforme au droit* de chacun. Leur opération engage la propriété domaniale et communale de telle façon que le Gouvernement peut refuser d'y accéder pendant le délai d'un an; ce délai expiré, s'il n'a pas refusé son homologation, l'opération devient définitive et les riverains ont le droit d'exiger le bornage (C. for. 12). Les propriétaires riverains ont le même droit d'acceptation tacite ou de contestation dans le même délai (C. for. 12).

Délimitations partielles. — Il s'agit alors de ce que l'on appelle la *délimitation générale;* le Code se tait sur les opérations partielles qui peuvent être réclamées par les riverains, soit avant une délimitation générale, soit après celle-ci quand elle a été contestée. Il s'en réfère aux principes du droit commun (C. for. 8 et 9) qui doivent être combinés avec les règles du droit administratif relatives à la formation des contrats.

C'est que la *délimitation* est une convention, un *contrat* dans lequel deux propriétaires contigus déterminent la ligne séparative de leurs héritages. Le *bornage* est la *mise à exécution* de ce contrat par les signes apparents en usage dans la localité.

Dans le but de donner une ferme assiette à la propriété et de faire vivre en paix les propriétaires contigus, la loi donne à ceux-ci le droit d'exiger en justice la formation de ce contrat (C. civ. 646). Le juge de paix est compétent pour connaître de ces actions, chaque fois que la propriété ou les titres qui la confèrent ne sont pas contestés (Loi 25 mai 1838). Le tribunal civil en connaît dans tous les autres cas. Le droit commun régit les forêts soumises au régime forestier, comme tous les autres immeubles. Le Code forestier ne fait que donner à l'administration forestière le droit de surseoir aux actions partielles en offrant d'y faire droit en commençant dans le délai de six mois la procédure de la délimitation générale (C. for. 9).

On peut tomber d'accord avec le riverain ou un groupe de riverains pour faire l'opération à l'amiable; l'accord doit alors exister sur toutes les parties de l'opération : rédaction du contrat, signes du bornage et dépenses. On peut faire, à la fois, le contrat de délimitation et l'exécution par le bornage; on peut aussi constater l'accord sur la ligne de démarcation et procéder ensuite, soit à l'amiable, soit judiciairement, à la mise à exécution du contrat. Les règles sont les mêmes pour les deux actes.

Le propriétaire de la forêt est représenté par un agent forestier nommé par le préfet (O. rég. 58 et 130); il n'est alors qu'un expert qui éclaire, mais n'engage pas le Domaine ou la commune propriétaire. Le riverain assiste à l'opération ou s'y fait représenter par un mandataire muni d'une procuration spéciale.

Le procès-verbal descriptif des limites et des signes de bornage, rédigé suivant les instructions de l'administration (Déc. min. 26 janvier 1867), est soumis à l'examen des bureaux de l'administration centrale.

Il est ensuite présenté à la signature du riverain ou de son fondé de pouvoir si le mandat le comporte. Celui-ci est engagé par le fait de sa signature; mais le propriétaire de la forêt ne l'est que par un décret présidentiel rendu sur l'avis du conseil municipal s'il s'agit d'une forêt communale (n° 12), ou par une décision du ministre des finances s'il s'agit d'une forêt domaniale (n° 11).

Le procès-verbal est soumis au timbre et à autant de droits fixes d'enregistrement qu'il y a de riverains intéressés. La formalité se donne en débet.

Le conservateur procède ensuite à la liquidation et à la répartition des frais qui sont partagés : 1° par moitié, entre le propriétaire de la forêt et les riverains délimités ; 2° pour cette moitié, entre ces riverains en proportion de l'utilité pour chacun. Le recouvrement des sommes dues s'effectue dans les formes usitées pour les créances domaniales ou communales (n° 17).

78. Aménagement. — La base de la gestion d'une forêt est dans son aménagement, acte qui indique le but économique à atteindre, le plan des exploitations à réaliser, celui des travaux à effectuer, et la possibilité des coupes pour une période donnée. En cette matière, la loi ne pouvait intervenir d'une manière spéciale à chaque forêt ; elle se borne à déléguer son autorité au chef de l'État dont les décrets régleront l'aménagement de chaque forêt (C. for. 15, 90). En attendant que chaque immeuble soit pourvu d'un décret spécial, le Gouvernement a usé du droit que lui confère l'article 15 et, par l'ordonnance du 1er août 1827, il a tracé des règles générales d'aménagement relatives à l'âge et au balivage des taillis (O. rég.

69, 70), aux futaies pleines (O. rég. 68) et aux futaies jardinées (O. rég. 72). Les mêmes prescriptions sont applicables aux forêts communales (O. rég. 134), sauf une modification au balivage (O. rég. 137) et à l'éducation des futaies (O. rég. 134).

Il en résulte que les décrets spéciaux d'aménagement et les dispositions de l'ordonnance de 1827, relatives aux aménagements, ont une autorité plus grande que celle d'un simple acte administratif : ce sont des dispositions *réglementaires* (n° 6) prises en vertu d'une délégation de la loi et imposant la force légale d'exécution : 1° aux agents, qui ne peuvent rien y modifier ; 2° aux tribunaux, qui ne peuvent en paralyser l'exécution malgré les droits des tiers sur la forêt ; 3° aux communes, enfin, qui ne peuvent rien exiger, sous prétexte de possibilité, au delà de ce que fixe l'aménagement (n° 21).

Dans les forêts communales, l'acte d'aménagement revêt ainsi le caractère d'un contrat de gestion accepté par la commune (O. rég. 135) ou imposé par l'autorité administrative la plus élevée (C. for. 90), et tel que la jouissance de la commune, théoriquement assimilée à celle d'un usufruitier, est, en réalité, réduite à celle d'un usager dans ses propres bois (C. for. 112). Cette jouissance présente, en outre, cette différence que les recours qu'un usufruitier porterait devant les tribunaux ordinaires, sont déférés par la commune à la juridiction administrative du ministre (n° 19) ou du conseil de préfecture (n° 21) agissant sous l'obligation de respecter la loi de l'aménagement.

Pour produire de tels effets, l'acte d'aménagement a dû être entouré de sérieuses garanties :

Proposition. — L'avant-projet, dressé par un agent du service ordinaire ou du service extraordinaire (n° 10), est soumis au contrôle de l'administration centrale. Il est accompagné du plan topographique de la forêt et d'une statistique générale et locale qui en justifie les propositions.

Autorisation. — La décision du chef de l'État est rendue, pour les forêts domaniales, après cette instruction administrative et l'avis du conseil d'administration des forêts; mais cette décision n'est régulièrement prise, pour les forêts communales, qu'après l'avis du conseil municipal (C. for. 90), du préfet (O. rég. 135) et du conseil général du département (Loi 10 août 1871). Ces avis sont obligatoires, mais n'ont qu'une portée purement consultative.

Les modifications aux aménagements sont autorisés dans les mêmes formes (C. for. 90). Toutefois, les *coupes extraordinaires* définies par l'article 71 de l'ordonnance de 1827, pouvant apporter, dans une certaine mesure, des changements aux aménagements établis, sont autorisées par des décrets spéciaux du chef de l'État. Mais ces décrets ne sont réguliers qu'à la condition d'être insérés au *Bulletin des lois* (C. for. 16 et 90), et à la condition de ne pas *détruire indirectement* l'acte d'aménagement que la loi a entouré de garanties spéciales.

79. Quarts de réserve. — Un caractère spécial de la gestion des bois des communes et des établissements publics est l'obligation de mettre en réserve un quart de la forêt (C. for. 93). Cette disposition n'a plus pour but, comme sous l'ordonnance de 1669, la production des futaies imposée aux communes comme une ressource indispensable au travail national. Elle ne constitue plus qu'une simple mesure de prévoyance établie dans le seul intérêt de la commune (O. rég. 134, 68) et que la prévoyance même oblige à n'exploiter que dans les cas de dépérissement ou de besoins urgents (O. rég. 140).

Il en résulte que le quart de réserve n'est pas soumis à l'obligation d'un aménagement. Le plan d'exploitation qui a pu être établi pour la gestion de cette partie de la forêt, ou qui est réglé, à défaut d'acte spécial, par l'ordonnance de 1827 (O. rég. 137 et 140), ne lie pas la commune ni le Gouvernement au même titre que l'aménagement du surplus de la forêt. La commune ne peut en exiger la possibilité par les voies contentieuses. Les besoins urgents dont l'autorité administrative est seule juge, peuvent conduire à en faire la coupe totale ou partielle (O. rég. 140) ; l'administration des forêts n'y délivre pas d'office les coupes; il n'y a pas d'exploitations ordinaires; et les seules qu'on y pratique sont des coupes *extraordinaires* (O. rég. 134, 71) qu'un décret publié au *Bulletin des lois* autorise sur la *demande* du conseil municipal et après avis du préfet, du ministre de l'intérieur (O. rég. 140) et du ministre des finances, sur le rapport des agents forestiers (O. rég. 7).

La loi n'a pas indiqué le mode d'assiette de cette réserve de prévoyance. Il faut en déduire qu'elle peut être constituée à *assiette fixe*, c'est-à-dire par un quart de la contenance séparé sur le terrain, ou à *assiette mobile*, c'est-à-dire par un prélèvement d'un quart sur la possibilité des coupes ordinaires.

Les seules communes dispensées du quart de réserve sont celles qui ne possèdent que dix hectares de bois réunis ou divisés, et celles dont les forêts sont peuplées *totalement* en arbres résineux, sans que les communes puissent supprimer les quarts de réserve établis, avant 1827, dans les bois de cette nature. Le but de la première exception est que la réserve de prévoyance aurait été trop peu importante. La seconde se comprend moins, et aucun motif n'a été indiqué lors de la discussion du Code forestier. Elle ne peut, du reste, se présenter que bien rarement.

80. État d'assiette. — Les coupes ordinaires, c'est-à-dire celles qui constituent la possibilité prévue par l'aménagement ou par l'usage à défaut d'aménagement, sont autorisées par le directeur général des forêts dans les bois de l'État comme dans ceux des communes (Ord. 10 mars 1831); c'est donc le chef de l'administration des forêts qui a l'autorité active pour ces actes de la gestion habituelle des forêts. Les agents forestiers préparent tous les ans, au mois de mars, les propositions de coupes ordinaires, sans que les communes en fassent même la demande. Ces états contenant, pour chaque forêt, l'emplacement, l'étendue ou le volume de chaque coupe, selon les prévisions des actes qui ont réglé l'aménagement, sont centralisés par conservation, soumis au conseil d'administration des forêts, et sont approuvés en temps utile pour que les arpentages soient faits avant les opérations de balivage et de martelage.

L'état d'assiette est un acte d'administration intérieure qui n'est soumis à aucune formalité fiscale. Il peut former la preuve d'un état de fait et de gestion d'où résulte la soumission au régime forestier d'une forêt communale par consentement de la commune (n° 75). A cet égard, il remplace l'état de soumission proscrit par l'ordonnance de 1827 (art. 128) et qui a perdu son importance juridique par le seul effet du temps.

CHAPITRE III. — PERSONNEL.

81. Défenses faites aux employés forestiers. — Des considérations de diverses natures ont imposé au personnel de l'administration des forêts, agents et préposés, certaines défenses qui restreignent soit leur capacité civile, soit leur liberté individuelle. La loi leur défend, comme condition essentielle de la validité du contrat, d'acheter, en France, aucune coupe des forêts soumises, soit par eux-mêmes, soit par personnes interposées. Pareille défense est faite à leurs parents ou alliés en ligne directe, ou à leurs frères ou beaux-frères, oncles ou neveux, dans toute l'étendue du territoire pour lequel ils sont commissionnés (C. for. 21). L'ordre public et les règles mêmes de la séparation des pouvoirs veulent que leurs emplois soient incompatibles avec toutes autres fonctions administratives ou judiciaires (C. for. 4); qu'ils ne fassent pas partie du jury dans les départements où ils exercent des fonctions actives (Loi 21 nov.

1872). L'intégrité de la surveillance veut que les gardes n'obtiennent pas de permis de chasse (Loi 3 mai 1844, art. 7). La hiérarchie exige que les forestiers n'aient pas leurs parents sous leurs ordres (O. rég. 33). La dignité et l'intérêt du service commandent qu'ils ne fassent pas commerce de bois (O. rég. 31); que les agents ne prennent point part aux adjudications de chasse dans les forêts de leur circonscription (Circ. 3 sept, 1867); que les gardes ne se marient pas sans l'autorisation du conservateur (Arrêté min. 27 fév. 1861); qu'ils ne vendent pas leur bois de chauffage (Déc. min. 23 juin 1837), etc.

Ces défenses n'ont pas toutes le même degré d'autorité : une loi est nécessaire pour lever celles qui résultent du Code forestier; un décret suffirait pour modifier, en faveur de certains employés ou de certains postes, celles qui sont formulées par l'ordonnance de 1827; le directeur général peut lever, dans les circonstances dont il est le seul juge, les défenses faites par ses instructions générales. Enfin, au point de vue légal, les infractions aux défenses législatives frappent de nullité l'acte fait en violation de la loi; les infractions aux défenses de l'ordonnance ou de l'administration ne vicient pas l'acte professionnel, mais exposent simplement son auteur à des peines disciplinaires.

82. Entrée en fonctions. — Aucun agent ou garde ne peut entrer en fonctions avant d'avoir rempli certaines formalités qui sont, les unes, du domaine de la loi (*serment, dépôt du marteau*), les autres, d'ordre administratif (*installation*). Les articles 196 et 197 du Code pénal seraient la sanction de ces formalités, en punissant l'exercice illégal et intentionnel des fonctions publiques.

Serment. — Les anciennes formes d'investiture, qui conféraient symboliquement l'autorité publique et la faisaient réputer connue de tous les intéressés, sont remplacées actuellement par la prestation du serment professionnel, qu'il ne faut pas confondre avec le serment politique. Celui-ci a été abrogé (Décr. 5 sept. 1870), et le tribunal civil reçoit seulement le serment professionnel sur la réquisition du procureur de la République. Le tribunal est ainsi investi du droit de vérifier si les conditions légales d'âge, de nationalité et de capacité, ont été remplies par l'autorité qui a délivré la commission. L'acte qui admet un fonctionnaire au serment et qui en constate la prestation est un véritable jugement qui appartient, il est vrai, à la juridiction gracieuse, mais qui doit, comme tous les jugements, être enregistré à la diligence du greffier du tribunal. Le droit est de 15 francs pour les fonctionnaires dont le traitement est supérieur à 1,500 francs, et de 3 francs pour ceux inférieurs, avec moitié en sus et double décime et demi (Loi 28 févr. 1872). La commission doit être, au préalable, timbrée, mais non enregistrée (Déc. min. 17 fév. 1831). Au pied de cette commission, le greffier fait mention de l'acte de prestation de serment; il ne lui est dû aucun salaire, ni honoraire, et il ne peut prétendre qu'au remboursement du papier timbré occupé sur ses registres par l'acte de serment (Décr. 24 mai 1854).

Les agents forestiers doivent, avant la prestation de serment, se faire connaître du procureur de la République et des membres du tribunal par des visites qu'imposent les plus élémentaires convenances.

Le serment doit être prêté de nouveau à chaque changement de grade, par exemple de préposé à agent, de garde général à sous-inspecteur, etc. (C. for. 5), sans toutefois que l'on considère comme changement de grade, à ce point de vue, le passage de cantonnier à garde forestier, de garde communal à garde domanial, et même à brigadier (Circ. 11 avril 1867), ni de garde général en stage à chef de cantonnement.

Dans le cas de mutation d'emploi, en la même qualité, le fonctionnaire forestier n'est tenu qu'à faire enregistrer, au greffe du tribunal de sa nouvelle résidence, sa commission et l'acte constatant sa prestation de serment. Cet enregistrement est constaté, sans frais, par le greffier sur la commission. Les choses se passent de même quand la circonscription administrative embrasse le ressort de plusieurs tribunaux : le serment n'est prêté que devant l'un d'eux ; l'enregistrement se fait dans tous (n° 23).

La nullité absolue des actes professionnels est la sanction du défaut de prestation de serment ou de l'enregistrement qui le remplace. La date du serment est, pour les emplois actifs, le point de départ des services administratifs susceptibles d'être comptés pour la retraite.

Marteaux. — Chaque agent ou préposé est propriétaire d'un marteau qui est la marque publique de son emploi et dont la falsification et le faux usage sont punis des peines de crime comme pour les marteaux de l'État (C. pén. 140 ; Cass. 16 mars 1844). Il est donc important que l'authenticité et la publicité de ces marques soient assurées par le dépôt au greffe du tribunal ou des tribunaux dans le ressort desquels les fonctions forestières sont exercées (C. for. 7). Le dépôt des empreintes s'y fait sans aucuns frais, même de timbre, comme acte d'administration publique (Décr. 24 mai 1854). Les agents en conservent le certificat dans leurs archives avec ceux qui concernent les marteaux du personnel placé sous leurs ordres. Ce dépôt sert à constater les falsifications qui pourraient être faites et paraît donner seul le caractère de marque publique aux empreintes des marteaux forestiers (¹).

Installation. — L'agent supérieur installe administrativement celui qui est placé sous ses ordres : après avoir vérifié l'accomplissement des formalités légales du serment et du marteau, il constate la confection de l'inventaire des archives et du matériel, l'état de ce matériel, le dépôt des signatures dans les bureaux de poste; il recommande les visites que les règlements et les convenances imposent de faire aux fonctionnaires d'autorité active et aux magistrats.

L'installation des gardes est accompagnée de la vérification du triage et des délits que le prédécesseur n'aurait pas constatés (n° 75), de la visite de la maison forestière, du règlement des réparations locatives et des indemnités dues par les gardes pour leur culture et leur chauffage.

83. Organisation des triages. — Le directeur général a la *nomination* des gardes et des briga-

---

(¹) La falsification et l'usage préjudiciable des marteaux des particuliers sont des délits (C. for. 200) qui ne paraissent pas subordonnés à un dépôt au greffe que rien ne prescrit dans la loi. Les propriétaires sont, du reste, toujours libres de faire déposer, à leurs frais, l'empreinte de leurs marteaux dans les greffes des tribunaux. Les adjudicataires, dans les forêts soumises au régime forestier, sont obligés à un double dépôt au greffe d'arrondissement et chez l'agent forestier local (C. for. 32).

diers domaniaux (O. rég. 12), des gardes mixtes chargés de la surveillance de bois appartenant à l'État, aux communes et aux établissements publics (C. for. 97), et des gardes des forêts indivises avec l'État (C. for. 115). Il règle le *salaire* des préposés des forêts domaniales divises et indivises (C. for. 125).

D'un autre côté, le préfet *nomme* les gardes des communes sur la seule présentation du conservateur (Décr. 25 mars 1852).

Enfin, les communes fixent le *nombre* de leurs gardes (C. for. 94) et leurs *salaires* (C. for. 98); elles sont libres aussi de s'accorder avec l'administration des forêts pour confier au *même garde* certains cantons de leurs bois (C. for. 97). Ni le préfet, ni l'administration supérieure ne peuvent modifier leurs délibérations sur ces trois points (n° 6).

Il en résulte que les combinaisons générales d'organisation pour les garderies, la création de brigades mixtes ou purement communales, sous les ordres de brigadiers avec ou sans triage, ne peuvent s'effectuer que par une entente entre l'administration et les communes, qui doivent toujours être consultées. Le préfet autorise ces mesures pour ce qui regarde les communes, le directeur général pour ce qui concerne l'État. Toute organisation qui ne serait pas acceptée par une délibération du conseil municipal des communes intéressées serait susceptible d'être annulée pour excès de pouvoir (Avis C. d'État 6 août 1861), et le salaire des gardes ne saurait être, dans ce cas, une dépense obligatoire (Cons. d'État 24 février 1859).

Tel est le système de garanties organisé en faveur des communes. Une fois l'accord établi et accepté par elles, l'organisation approuvée ne peut plus être détruite sous prétexte de changement dans le nombre et le salaire du personnel. Car le préfet règle souverainement ce nombre (C. for. 94) et ces salaires (C. for. 98); et les autres questions de l'organisation sont certainement des actes indéterminés de conservation et d'amélioration des propriétés communales pour lesquels le conseil municipal ne fait que délibérer sous l'autorité du préfet (Loi 18 juill. 1837, art. 19). Celui-ci pourrait donc seul accéder à des modifications demandées par les communes, à la condition de prendre l'*avis* de l'administration forestière (C. for. 94).

La loi ne pouvait régler en aucune façon les conditions économiques de ces organisations, dont les bases varient dans chaque localité. Elle se borne à indiquer que le traitement des gardes mixtes sera payé proportionnellement par chacune des parties intéressées (C. for. 97).

84. Discipline. — La hiérarchie administrative ne serait qu'un vain mot s'il n'y avait des moyens de réprimer le mal et d'encourager le bien parmi les fonctionnaires. Ces moyens sont organisés avec un ensemble de garanties qui, sans compromettre l'autorité nécessaire en haut, rassurent et protégent en bas.

Les fonctions administratives sont toutes temporaires et amovibles. La *révocation* ne peut, en général, être prononcée que par l'autorité qui a fait la nomination. Il en est de même de la suspension; toutefois celle-ci peut être provisoirement ordonnée par le chef d'administration, à charge d'en rendre compte immédiatement à celui qui peut la prononcer définitivement. Ainsi le directeur général peut *suspendre* et *remplacer* provisoirement les agents qui ne sont pas nommés par lui; le conservateur peut suspendre les gardes généraux et les préposés (O. rég. 38).

Les gardes communaux étant placés sous l'autorité exclusive des agents forestiers (C. for. 99), peuvent être suspendus de leurs fonctions par le conservateur et révoqués par le préfet sur l'avis de l'administration forestière (C. for. 98). Celle-ci peut leur infliger les mêmes punitions disciplinaires qu'aux autres préposés.

A cet égard, les agents forestiers n'ont pas une liberté discrétionnaire qui répugnerait à nos mœurs et qui serait incompatible avec la dignité d'un fonctionnaire même le plus modeste : aucun acte de domesticité ne peut être demandé aux gardes, ni leur être imposé à titre de punitions. L'échelle et la nature de celles-ci sont exactement déterminées par un arrêté du 19 juin 1850. Enfin, les punitions ne doivent leur être infligées qu'après qu'ils ont fourni, par écrit, leurs moyens de justification (Circ. 8 août 1848).

Des notes individuelles tenues sur chaque agent et préposé servent à apprécier la conduite et le travail; elles sont annuelles, émanent de tous les degrés de la hiérarchie, sont toujours tenues à l'abri des indiscrétions, et sont centralisées entre les mains du chef de l'administration.

85. Fonctions des préposés. — Les gardes des communes sont entièrement assimilés à ceux de l'État (C. for. 99); ils reçoivent donc de la loi et des règlements qualité pour faire les mêmes actes et remplir les mêmes fonctions.

Nous avons indiqué de quelle manière ils concourent à la répression des délits forestiers (n°s 25 à 29); ce sont leurs fonctions *d'officiers de police judiciaire*.

Ils ont aussi des fonctions *d'officiers ministériels* analogues à celles des huissiers. Ils font, en cette qualité, les citations, significations et tous exploits judiciaires, procèdent aux saisies criminelles et même civiles ayant un caractère conservatoire.

Les saisies-exécution leur sont seules interdites (n° 29). Leurs actes sont taxés comme ceux des huissiers de justice de paix (C. for. 173). Ils sont soumis aussi à la responsabilité des huissiers (C. civ. 1991) et à des amendes concernant l'enregistrement (Loi 22 frimaire an VII), la remise des exploits (Décr. 14 juin 1813), l'écriture et le nombre de lignes des copies (Décr. 29 août 1813). Toutefois, ils sont dispensés du répertoire, dont leur registre tient lieu. Pour ne pas trop les distraire de leurs fonctions administratives, les écritures des citations et des significations sont faites, en leur nom, dans les bureaux des inspecteurs.

Il nous reste à parler de leurs attributions administratives :

Les *gardes* sont chargés de la surveillance continuelle du triage qui leur est confié ; ils reconnaissent et marquent de leur marteau les bois de délit et les arbres chablis ; ils informent leurs chefs de tout ce qui se passe au point de vue, tant des délits, que de l'état des limites, des coupes et des travaux d'amélioration; ils les accompagnent dans leurs tournées. Ils ont la surveillance, en dehors de leur triage et dans tout l'arrondissement pour lequel ils sont assermentés, des faits qui se passent dans les propriétés des particuliers et qui sont de la compétence de l'administration : défrichements, emploi du feu dans les Maures et l'Esterel (n° 13), pâturage dans les reboisements primés (n° 75), etc.

Ils ont qualité pour représenter, par délégation de leurs chefs, l'administration des forêts dans les chasses administratives aux animaux nuisibles (n° 13).

Ils notifient aux parties les décisions émanées de l'administration des forêts (celles des autorités actives, président de la République, ministres, préfets, etc., sont notifiées par les soins des maires).

Ils font les significations administratives nécessaires pour les opérations de délimitation, de réarpentage et de récolement, et celles des oppositions au défrichement des bois de particuliers (n° 106).

Ils assistent les agents dans les opérations de balivage, d'arpentage et de récolement (O. rég. 78, 98).

Ils délivrent les menus produits concédés aux habitants des campagnes et en signent le procès-verbal (Arrêté min. 1er sept. 1838).

Enfin, ils doivent effectuer les menus travaux d'entretien, de plantation et de nettoiement qui leur sont indiqués par les agents (n° 103).

Les *gardes cantonniers* sont spécialement chargés de l'entretien des routes et des ouvrages forestiers. Ils sont placés, non sous l'autorité, mais sous la surveillance des gardes à triage (Règl. 13 août 1840).

Tous les préposés ont une égale aptitude à faire les actes qui viennent d'être énumérés. Pour ne pas trop éloigner les gardes de la surveillance de leur triage et pour imprimer à leur service une direction plus utile, on a créé des brigadiers, avec ou sans triage, auxquels on a confié plus particulièrement certains actes de ces attributions générales.

Les *brigadiers* sont chefs des gardes de leur brigade et intermédiaires entre eux et le chef de cantonnement. Ils sont spécialement chargés des citations et significations, si ce n'est dans les cas exceptionnels; ils reconnaissent et marquent les places à ateliers et à feu dans les coupes, sauf au chef de cantonnement à désigner ces lieux par écrit aux adjudicataires (nº 46); ils font la délivrance des menus produits, excepté quand l'enlèvement, s'opérant sur plusieurs points à la fois, ne peut avoir lieu que sous la surveillance du garde local; ils marquent les bestiaux admis dans les cantons défensables (nº 53); enfin, dans certains postes, ils reçoivent de l'administration des attributions plus ou moins étendues (Règl. direct. gén. 2 avril 1846); ils ont reçu la faculté de remplacer, par délégation de leur chef, les agents forestiers dans les ventes, sur les lieux, des produits principaux et accessoires (n° 89) des bois appartenant aux communes, quel que soit le montant de l'estimation de ces produits (Ord. 13 janv. 1847).

CHAPITRE IV. — COUPES DE BOIS

86. Classement administratif. — Dans toute gestion, il faut donner aux mots une signification claire et précise, et cette obligation s'impose surtout à une grande administration où, sans elle, les ordres seraient mal exécutés, les résultats incompris et les statistiques sans valeur. Or, il y a autant de classements que d'ordres d'idées dans lesquelles on considère les produits et les coupes des bois soumis au régime forestier. Il y aura ainsi des classements faits uniquement au point de vue de la *sylviculture* (coupes d'ensemencement, secondaires, définitives, d'éclaircies, etc.), de l'*aménagement* (produits principaux et accessoires, ordinaires et extraordinaires, normaux et anormaux), de la *destination* (coupes vendues et délivrées), du *mode d'exploitation* (coupes exploitées sur pied, façonnées, à l'unité des produits), du *mode de vente* (coupes vendues en bloc, à la contenance, à la mesure des produits), du *mode d'assiette* (coupes arpentées, marquées en réserve ou en délivrance, etc.), et enfin de *l'autorité* qui statue (coupes ordinaires, extraordinaires, etc.). L'administration devait avoir un classement simple, purement administratif, et embrassant toutes ces distinctions dans de larges groupements :

Les produits en nature de bois susceptibles d'être vendus forment les *coupes;* tous les autres produits du sol, parmi lesquels figurent encore certains menus bois invendables, s'appellent *menus produits,* dont nous traiterons au chapitre V.

Les coupes ont une division spéciale selon la nature des forêts :

Bois domaniaux. — Quels que soient les modes de vente, d'exploitation ou d'assiette, on distingue trois catégories (Circ. du 28 déc. 1867).

1° Les coupes *ordinaires* sont les coupes principales ou d'amélioration, assises suivant l'aménagement ou d'après l'usage ; elles sont autorisées par le directeur général des forêts et constituent la possibilité des forêts.

2° Les coupes *accidentelles* sont les bois des recépages, élagages, essartements, abatages sur tracés de routes, les bois de délit et les chablis. Ces produits peuvent faire partie de la possibilité et être précomptés sur elle ou peuvent constituer des accidents supplémentaires. Ils sont, en général, autorisés par les conservateurs.

3° Les coupes *extraordinaires* sont toujours en

sus de la possibilité; elles sont déterminées par l'article 71 de l'ordonnance réglementaire et sont autorisées par décret du président de la République (n° 78). Toutefois, elles peuvent être autorisées par le directeur général quand les arbres sont morts ou dépérissants (Ord. 10 mars 1831). Ces coupes étaient, avant 1871, affectées au budget extraordinaire, avec ou sans destination spéciale.

Forêts communales. — La loi du 25 juin 1841 qui divise les produits en deux catégories, dont l'une (produits *principaux*) est soumise à la taxe du vingtième pour frais d'administration, et dont l'autre (produits *accessoires*) en est exempte, a obligé l'administration à un autre groupement:

1° Les *produits principaux* forment:

a) Les coupes *ordinaires*, définies comme dans les forêts domaniales et comprenant, en outre, les produits accidentels soumis à la taxe, c'est-à-dire tout ce qui est *principal* parmi les chablis, recépages, essartements, etc.;

b) Les coupes *extraordinaires*, définies comme pour les bois domaniaux, attendu qu'elles sont composées uniquement de produits principaux.

2° Les produits *accessoires* sont des coupes exemptes de la taxe et qui comprennent les bois de délit, recépages, essartements, élagages ou chablis, quand ils ne font pas partie de la possibilité, c'est-à-dire quand ces accidents ne portent pas sur des arbres ou des cantons destinés à faire partie des coupes ordinaires (Arr. min. 6 nov. 1838).

87. Classement de trésorerie. — Une autre considération importante sert à diviser les coupes au point de vue du comptable qui est chargé d'en encaisser le prix.

Forêts domaniales. — 1° Le trésorier-payeur général encaisse le prix des coupes *vendues sur pied* soit ordinaires, soit extraordinaires, soit accidentelles, mais, dans ce dernier cas, seulement quand les produits sont déduits de la possibilité. Le prix se règle en une ou plusieurs traites payables aux époques fixées par le cahier des charges générales (n° 101).

2° Le receveur des domaines perçoit le prix :

a) De toutes les coupes *vendues après façon*, que ces coupes dépendent ou non de la possibilité et quel qu'en soit le montant;

b) De tous les produits *vendus à l'unité*, qu'ils proviennent soit d'une coupe exploitée entièrement suivant ce mode, soit d'une imposition sur une coupe ordinaire ou extraordinaire attribuée à la caisse du trésorier-payeur général;

c) Des produits *vendus sur pied*, mais seulement quand ils sont accidentels et en dehors de la possibilité;

d) Des frais et accessoires de toutes les adjudications dont le prix est encaissé tant par eux que par le trésorier-payeur général (Arr. min. 31 mars 1863).

Les sommes dues s'encaissent sans traite, au comptant ou à un terme qui ne peut excéder six mois (n° 101).

S'il y a plusieurs receveurs des domaines dans le cantonnement, c'est celui du lieu où se fait l'adjudication, et non celui de la situation des bois, qui perçoit le prix principal et les accessoires, même quand il s'agit des produits cédés à l'unité et dépendants des coupes encaissées par le trésorier-payeur général.

Forêts communales. — Le receveur municipal, qui est tantôt un percepteur, tantôt un receveur spécial, encaisse, en principe, tous les produits qui viennent de la gestion de la forêt; il n'y a d'exception que pour les coupes extraordinaires (n° 86) vendues sur pied, dont le prix principal seul est perçu par le trésorier-payeur général. On attribue donc à la caisse du receveur municipal : 1° le prix principal de *toutes* les coupes ordinaires et des coupes extraordinaires vendues après façon ou à l'unité; 2° les accessoires de toutes les coupes; 3° *tous* les produits accessoires.

Le trésorier-payeur général n'encaisse que par des traites réglées aux échéances fixées par le cahier des charges. Le receveur municipal agit de même pour les coupes ordinaires vendues sur pied et pour les coupes vendues après façon, quand la vente se fait à terme et quand il s'agit de lots excédant 500 francs. Il encaisse tous les autres produits sans traite, c'est-à-dire au comptant ou à un terme dont la limite est réglée par les besoins de la commune et par les principes de la comptabilité communale (n° 101).

Le receveur des domaines n'intervient dans les ventes communales que pour encaisser les droits d'enregistrement et de timbre dus au Trésor.

Ces classifications ont une certaine importance pour les agents forestiers. Ils préparent les lots selon l'état du marché et les facilités de la vente. Ils agissent ainsi en vertu des pouvoirs de gestion qui sont confiés à l'administration des forêts, sous l'autorité du préfet (O. rég. 84), et doivent ne point mélanger dans un même lot des produits attribués par leur nature à diverses catégories du classement administratif ou à divers comptables.

88. Modes de vente. — La vente est un contrat par lequel l'une des parties s'oblige à transférer à l'autre la propriété d'une chose, et celle-ci à lui en payer le prix (C. civ. 1582). Il y a ainsi, dès que la vente est parfaite, c'est-à-dire dès que le consentement est acquis librement entre personnes capables sur des choses appartenant au vendeur, des obligations réciproques engendrées par la convention entre les parties.

Le vendeur s'oblige :

1° A livrer, à ses frais, toute la chose vendue dans toute son étendue et son intégrité (C. civ. 1603), soit immédiatement après la vente, soit à une époque ou sous des conditions convenues; il doit alors la conserver en bon état tant que la livraison n'est pas effectuée;

2° A garantir l'acquéreur contre tous les vices et défauts cachés qui rendraient la chose impropre à l'usage auquel il la destine, ou qui en diminuent tellement cet usage que l'acheteur ne l'aurait pas acquise ou n'en aurait donné qu'un moindre prix s'il les avait connus (C. civ. 1641), à moins que la vente n'ait été faite à forfait ou sans garantie (C. civ. 1643);

3° A garantir à l'acheteur une paisible possession, c'est-à-dire à prendre fait et cause pour lui lorsqu'il est troublé par des tiers se fondant sur des causes antérieures à la vente (C. civ. 1626), à moins qu'aucune garantie de cette nature n'ait été stipulée (C. civ. 1627).

L'acheteur s'oblige :

1° A recevoir et à enlever, à ses frais, la chose vendue au temps et lieux convenus;

2° A en payer le prix à l'époque et dans les conditions stipulées;

3° A payer les accessoires et frais de la vente ainsi que les droits d'enregistrement, qui sont 2 pour 100 sur la vente, 0,50 pour 100 sur le cautionnement, plus les décimes et les droits de timbre et d'enregistrement des actes accessoires relatifs au contrat (¹);

4° A observer et à exécuter toutes les autres conditions spécialement convenues.

Par le seul effet du contrat, il arrive que les parties sont respectivement liées, quoique la chose n'ait pas encore été livrée, ni le prix payé (C. civ. 1583); que la propriété de la chose vendue passe à l'acquéreur dès le moment où la vente est parfaite (C. civ. 711), et que les risques en sont, dès lors, à sa charge à partir de ce moment, quand bien même la chose ne lui serait pas encore livrée (C. civ. 1624).

Toutefois, ces effets généraux du contrat de vente peuvent être plus ou moins transformés selon les modalités qu'il est licite d'imposer à la convention. Ainsi, parmi les *modes de vente*, les propriétaires peuvent choisir :

______

(¹) Pour éviter le décompte de ces droits sur les nombreux actes relatifs à la vente, on fait payer aux acquéreurs une taxe de 1 fr. 60 c. pour 100 du prix de leur adjudication pour les coupes domaniales. Mais ce décompte est réellement établi pour les coupes communales.

1° La vente d'un corps *certain, déterminé*, qui sera faite en *bloc*, avec ou sans garantie, ou à la *mesure*, de telle sorte que le mesurage (arpentage ou comptage) ne soit qu'un moyen de déterminer le prix.

2° La vente d'*objets indéterminés* dans leur individualité, mais existant dans un lieu désigné, faite en *bloc* ou à la *mesure*, de telle sorte que la livraison ou le comptage soit un moyen, non-seulement de fixer le prix, mais, en outre, d'individualiser les objets vendus.

Dans le premier mode de contrat, l'acheteur est propriétaire dès la vente, subit tous les accidents et les risques, et ne peut jamais être considéré comme voleur s'il enlève sa propre chose avant l'époque fixée pour la livraison (n° 40). Dans le second, l'acheteur et le vendeur sont bien engagés dès le moment de la vente et se doivent des dommages-intérêts en cas d'inexécution des obligations contractées, mais l'acheteur ne devient propriétaire que par la livraison ou le comptage des objets vendus; tous les risques sont au vendeur tant que la délivrance n'est pas faite (C. civ. 1585), et, par contre, l'acheteur peut commettre un vol s'il s'empare frauduleusement d'objets dont la propriété ne lui est pas encore acquise (¹).

(¹) Tels sont les effets et l'inconvénient des ventes à l'unité de produits quand l'adjudicataire doit prendre à tant le

Ces deux modes de vente sont indépendants de la nature des choses à vendre, c'est-à-dire, dans les forêts, du *mode d'exploitation* auquel seront soumises les coupes. Toutefois, le mode d'exploitation a, relativement à la législation forestière, des conséquences importantes qu'il faut indiquer.

1° *Coupes sur pied.* — L'adjudicataire achète, en réalité, le droit d'exploiter et de mobiliser des bois qui étaient auparavant immeubles par nature. Introduisant dans la forêt des ouvriers pour faire cette exploitation, occupant le sol forestier pendant un temps assez long, faisant de la coupe son magasin et le lieu de son commerce, il doit être soumis à des dispositions protectrices du sol forestier. Les articles 29 à 53 du Code forestier lui seront applicables dans les forêts soumises au régime forestier.

2° *Coupes façonnées.* — Par un marché préalable de louage de service, contracté avec un bûcheron, l'administration a fait façonner des bois qui sont ensuite mis en vente, comme marchandises mobilisées, soit en bloc, soit à l'unité de

---

stère, des bois qui lui seront *désignés* par les agents forestiers. Tant que le dénombrement n'est pas fait, c'est-à-dire pendant tout le temps de l'exploitation, l'administration en est responsable; ce qui n'arrive pas pour les arbres même vendus à l'unité, si ces arbres ont été désignés ou marqués à l'avance.

mesure. Deux contrats distincts interviennent dans ce mode d'exploitation. L'un est un travail fait pour le service du ministère des finances ou de la commune, justiciable du ministre sauf recours au Conseil d'État dans le premier cas, des tribunaux civils dans le second (n° 22). L'autre est une vente de produits ouvrés qui est, dans tous les cas, de la compétence des tribunaux civils (n° 19). Les pénalités spéciales du Code forestier concernant les coupes sur pied n'ont rien à y voir; il n'y aura pas de permis d'exploiter dans le sens de l'article 30, ni de récolement ayant la portée de l'article 50. L'adjudicataire ne pourra commettre que des délits forestiers ordinaires et l'administration n'aura pas plus de droits pour ces ventes que les simples particuliers (¹).

3° *Coupes à l'unité de produits.* — L'adjudicataire fait façonner la coupe pour son compte par des ouvriers dont il est responsable, fait l'avance des frais d'exploitation, et en achète, par le même marché, tous les produits à un prix fixé à la mesure et dont le total ne sera déterminé que par le dénombrement des produits. Il a acheté, en réa-

---

(¹) L'article 88 de l'ordonnance de 1827, qui permettait de faire payer les frais du façonnage par l'acquéreur des produits ouvrés, vendus après façon, n'est plus en usage et paraît abrogé par le décret du 31 mai 1862.

lité, une coupe sur pied, déterminée ou indéterminée, et doit, dès lors, dans les forêts soumises, être astreint aux dispositions spéciales du Code forestier relatives à ces exploitations. Mais ces dispositions spéciales recevront des tempéraments tenant à la nature des choses. L'article 30 s'appliquera au permis d'exploiter et non au permis d'enlever (n° 40). Les articles 33 et 34 ne puniront la coupe des réserves qu'autant que celles-ci seront nettement désignées et ne résulteront pas d'un choix à faire en cours d'exploitation (n° 42). Le récolement offrira un plus large champ à discussion que dans les coupes sur pied. Si l'adjudicataire s'est soumis à exploiter la coupe sur les indications des agents forestiers, le récolement sera bien plus la vérification des agents que la sienne et pourra n'avoir aucune portée à son égard.

Ces trois modes d'exploitation peuvent du reste se combiner; ainsi, on peut, dans une coupe vendue sur pied, charger l'adjudicataire de faire le façonnage de certains produits pour les prendre ensuite à l'unité de marchandises.

Les cahiers des charges ont pour but de prévoir toutes les conditions des ventes et de leur assurer des sanctions efficaces là où les dispositions du Code feraient défaut et où les moyens d'action du droit commun seraient trop difficiles à mettre en mouvement (n° 90).

Incapacités. — La vente est un contrat usuel que la loi devait permettre de former facilement; mais il y a des incapacités générales et de droit commun qui sont établies dans l'unique intérêt de certaines personnes, les mineurs, les interdits par exemple. Il y a, en outre, des incapacités spéciales qui sont édictées dans un intérêt d'honneur administratif et comme une sorte de garantie pour le public. Elles interdisent aux agents forestiers, à certains de leurs parents ou alliés, à plusieurs magistrats ou fonctionnaires (C. for. 21), aux maires et receveurs des communes (C. for. 101), de prendre part aux ventes, soit directement, soit par des personnes interposées. L'inobservation de ces règles entraînerait la mise à néant du contrat fait avec les incapables. La nullité, toutefois, n'est pas absolue et doit toujours être demandée; il y a aussi cette différence entre les incapacités du droit général et celles du droit administratif, que la nullité des premières ne peut être demandée que par les incapables et uniquement dans leur intérêt, tandis que la rescision résultant des autres peut être invoquée par les parties, par l'administration et, en général, par tous les tiers intéressés. Les tribunaux ordinaires sont seuls compétents pour en connaître, car le contentieux administratif est, en général, étranger aux contestations qui naissent d'un contrat du droit civil (n° 19); or, la plupart des incapacités ordonnées par le Code forestier donnant naissance à un délit que le procureur de la République peut seul poursuivre (n° 4), il en résulte que la nullité peut être prononcée à sa requête par le tribunal correctionnel et que les agents forestiers peuvent même la demander devant ce tribunal par voie d'action civile née d'un délit, quand bien même le ministère public ne poursuivrait pas (n° 31). L'action en nullité ne dure que dix ans (C. civ. 1304); mais pour les incapacités délictueuses du Code forestier, elle ne durerait pas au delà du temps nécessaire pour prescrire l'action publique (I. cr. 638), attendu qu'il n'est pas possible de venir révéler à un tribunal des faits dont la punition ne pourrait plus être demandée.

89. Formalités des adjudications. — Vente signifie tout autre chose qu'adjudication : celle-ci n'est qu'un mode particulier de formation du contrat de vente dans lequel le vendeur établit seul les conditions de la vente qu'il veut effectuer et appelle le public à en fixer le prix par le seul effet de la libre concurrence.

Ce confiant mode de procéder devait être protégé par la loi : aussi l'article 412 du Code pénal punit ceux qui entravent la liberté des adjudications particulières ou administratives par des voies de fait, violences ou menaces, soit avant, soit pendant les opérations. Les adjudications faites par l'administration forestière reçoivent du Code forestier une protection spéciale : toute association secrète ou manœuvre tendant à leur nuire, à les troubler ou à obtenir les bois à plus bas prix, pourra être semblablement punie (C. for. 22).

Il fallait en outre donner au public des garanties de sincérité et de loyauté dont les administrations les plus honnêtes ne sauraient se passer. De là un ensemble de formalités édictées, les unes par la loi, les autres par les règlements.

Passons-les en revue, en faisant observer qu'elles s'appliquent à toutes les adjudications, quels que soient les modes de *vente* ou d'*exploitation* des coupes.

1° La loi voulant d'abord qu'aucune vente forestière ne se fasse autrement que par adjudication (C. for. 17), exige que toute adjudication s'effectue dans un lieu public, c'est-à-dire librement ouvert à l'accès de tous (C. for. 18), — qu'elle ait été précédée d'une publicité consistant en quinze jours d'affiches apposées au chef-lieu du département, au lieu de la vente, dans la commune de la situation des bois et dans les communes environnantes (C. for. 17), — que tous les moyens soient pris pour assurer la libre concurrence (C. for. 26).

2° Les règlements veulent que les conditions générales, spéciales et locales des ventes soient déposées, quinze jours avant l'adjudication, au secrétariat de l'autorité administrative qui doit présider la vente, avec les procès-verbaux d'arpentage, de balivage et de martelage des coupes (O. rég. 83); — que les affiches indiquent les fonctionnaires qui devront effectuer les ventes, la situation, la nature, l'essence, tant des bois à vendre que des arbres réservés (O. rég. 84), et les décrets qui ont autorisé les coupes extraordinaires (¹); — que les affiches rédigées par les chefs de service soient approuvées par le conservateur et apposées, sous l'autorisation du préfet, à la diligence de l'agent forestier qui rapportera les certificats d'apposition délivrés par les maires (O. rég. 84); — que les adjudications se fassent en présence d'un agent forestier et des receveurs chargés de l'encaissement, sous la présidence des préfets, sous-préfets ou maires (O. rég. 86); — qu'elles aient lieu au chef-lieu d'arrondissement (O. rég. 86) ou, par exception, dans les chefs-lieux de canton ou de communes voisines pour les petites coupes domaniales inférieures à 500 francs (O. rég. 86), pour les coupes communales, affouagères (Ord. 15 oct. 1834), pour les chablis et bois façonnés domaniaux

---

(¹) Les coupes extraordinaires faites sans décret inséré au *Bulletin des lois* sont nulles (C. for. 16).

(Ord. 20 mai 1837) et communaux (Ord. 15 sept. 1838, 10 juin et 24 août 1840, et Décr. 25 mars 1852), etc., etc.

L'observation de ces formalités est d'autant plus importante que les habitudes commerciales exigeant des opérations rapides, la loi s'y est adaptée et a déclaré *définitives* toutes les ventes faites par le service forestier dès que l'adjudication a été prononcée et sans aucune approbation de l'autorité supérieure (C. for. 25). Celle-ci ne pourrait donc en faire prononcer la nullité que pour les motifs et par les modes de recours légaux.

L'omission des formalités légales, et tout au moins de celles qui sont substantielles parmi les formalités administratives, entraîne, non la nullité absolue, mais l'annulabilité de la vente, en d'autres termes, le droit d'en demander la rescision par tous les intéressés, c'est-à-dire les marchands, acquéreurs ou non, et l'administration elle-même. Cette action en nullité qui tend à mettre à néant un contrat illégalement formé, et à remettre par conséquent les choses en l'état ancien, même au préjudice des tiers, est civile de sa nature, et dure dix ans (C. civ. 1304). Elle serait ainsi de la compétence des tribunaux civils ordinaires, s'il n'en avait été autrement disposé : l'omission des formalités essentielles à la formation d'un acte administratif, même d'un contrat du droit civil passé en la forme administrative, fait naître une contestation qui ne touche pas au fond même des droits et des obligations engendrés par le contrat (n° 19). L'annulation de cet acte administratif sera prononcée par le Conseil d'État statuant en la forme des recours pour excès de pouvoir (n° 6), à la requête de l'administration ou des tiers qui auraient intérêt et qualité. Il est vrai que l'omission d'un certain nombre de ces formalités peut donner naissance à des poursuites correctionnelles que le ministère public seul peut intenter pour des délits (C. for. 18, 19, 100) à l'occasion desquels la nullité est prononcée. Il en résulte que, dans ces cas particuliers, la nullité peut être demandée par le procureur de la République devant le tribunal correctionnel ; que, si le ministère public ne poursuit pas, la nullité peut être aussi demandée par un agent forestier exerçant l'action civile née d'un délit (n° 31) ; mais que dans tous les cas où la nullité ne résulte pas d'un délit, elle ne peut être prononcée que par un recours pour excès de pouvoir que le public ou l'administration peuvent également préférer à une instance devant le tribunal correctionnel, dans les cas où cette nullité est accessoire à un délit.

Bureau d'adjudication. — Composé d'un fonctionnaire d'administration active, préfet, sous-préfet ou maire, qui préside, d'un agent forestier et des receveurs chargés de l'enc… sement qui l'assistent, le bureau d'adjudication a le droit de trancher, séance tenante et sans appel, certaines contestations qui, sans cela, pourraient se soulever dans le but de nuire au succès des ventes. Sa compétence ne s'étend, dès lors, qu'aux incidents qui s'élèvent en cours de séance sur la *validité* des opérations et sur la *solvabilité* des adjudicataires ou de leurs cautions (C. for. 20). Et encore faut-il que ces incidents ne portent pas sur des causes *antérieures* à la séance d'adjudication. S'il était statué sur celles-ci, par exemple, sur l'insuffisance de la publicité, la décision serait sans portée et ne ferait pas obstacle aux modes légaux de recours qui viennent d'être exposés. Le président de la séance exerce seul cette juridiction sommaire ; il n'est pas tenu de consulter les membres du bureau d'adjudication (C. for. 20). Il prononcera, par exemple, l'exclusion d'un acquéreur qui ne présenterait pas une solvabilité certaine et dont les offres peu sérieuses auraient peut-être pour but d'écarter de certaines coupes des amateurs concurrents. Il statuera sur la simultanéité des offres, l'extinction des feux, et tranchera les contestations en prononçant l'adjudication suivant les inspirations de sa conscience. La publicité est le seul mais suffisant contre-poids de son pouvoir. Le président de la séance ne saurait, non plus, trancher les questions de *capacité* générale ou spéciale des acheteurs qui se présentent. Il n'est revêtu d'un pouvoir discrétionnaire que pour la validité et la solvabilité.

Modes d'adjudication. — On peut concevoir l'emploi de bien des moyens pour appeler le public à fixer le prix de la chose mise en vente. L'administration des forêts ne peut en employer que trois, entre lesquels elle choisit suivant que les circonstances l'exigent (Ord. 26 nov. 1836) : 1° *les rabais*, dans lequel des chiffres successivement criés s'abaissent jusqu'à ce qu'une personne prononce les mots « je prends » ou que la coupe soit retirée; 2° les *enchères par extinction de feux*, mode dans lequel de très-petites bougies servent à mesurer le temps du concours; 3° *les soumissions cachetées*, offres écrites et fermées des marchands, qui sont déposées pendant un certain délai et ouvertes en leur présence, pour l'adjudication être prononcée à celui qui a offert les prix les plus avantageux. Le premier mode rend de notables services quand on est en présence du grand commerce habitué aux opérations rapides; le second convient aux habitudes des campagnes; le troisième, fort employé pour les adjudications de travaux, n'est pas usité pour les ventes de bois.

Menus marchés. — Les formalités des adjudications publiques se simplifient quand les produits

à vendre sont peu importants et quand, par conséquent, le peu de valeur des objets mis en vente
n'exige pas un ensemble de garanties aussi rassu-
rant. Il y a donc deux espèces d'adjudications:
celles des *grandes ventes* et celles que l'ordonnance réglementaire appelle *menus marchés* (art.
103), concernant les ventes de menus produits
(n° 99), de chablis, bois de délit, recépages, élagages et essartements même sur pied (O. rég. 102),
celles des bois incendiés et abroutis (Ord. 4 déc.
1844). La publicité, le délai et les lieux d'affichage
et toutes les autres formalités sont toujours obligatoires; mais ces adjudications sont dispensées de
l'affichage au chef-lieu de département, du dépôt
au secrétariat de la vente du cahier des charges,
de l'approbation des affiches par le conservateur,
et de leur apposition sous l'autorisation du préfet
(Ord. 23 juin 1830). La limite de ces menus
marchés est la somme de 500 francs, et les formalités prescrites pour les adjudications principales doivent être observées lorsque l'évaluation
des objets mis en vente excède cette somme (Ord.
23 juin 1830).

90. Cahiers des charges. — Les conditions imposées à l'acheteur par le vendeur sont indiquées
dans un acte que les habitudes du langage administratif appellent cahier des charges à cause

du grand nombre des stipulations qu'elles contiennent et du poids dont elles pèsent sur les
parties contractantes. Ces conditions varient avec
les modes de vente et les modes d'adjudication :
il y a donc des cahiers de charges pour les ventes
de coupes sur pied, de bois façonnés, et de coupes
à l'unité de produits. Les conditions *générales*
applicables à toute la France sont discutées chaque année par le conseil d'administration des
forêts et approuvées par le ministre des finances.
Celles *spéciales* à chaque conservation sont proposées par le conservateur et arrêtées par le directeur général (O. rég. 82). Enfin les clauses
particulières à chaque coupe se trouvent dans les
procès-verbaux de balivage et d'arpentage, dans
les affiches à placarder, actes qui sont soumis au
conservateur (O. rég. 81, 84).

Toutes ces conditions sont de natures fort diverses et il ne peut y avoir d'embarras que quand
il s'agit de déterminer quelles sont les sanctions
de leur efficacité. Le principe général est que
toute condition inexécutée dans une vente entraîne
la résolution du contrat (C. civ. 1184) ou, au moins,
une action en dommages-intérêts (C. civ. 1383),
qui sont de la compétence des tribunaux civils.
Toutefois, les ventes faites dans les forêts obligeant toujours l'adjudicataire à respecter les arbres
non vendus et à ne rien faire contre les droits du

propriétaire, il s'ensuit que tout acte non permis à l'acheteur devient justiciable des tribunaux correctionnels, chaque fois que les faits illicites sont érigés en délit par un texte de loi. Telle est la situation des particuliers propriétaires de bois pour les conditions qu'ils imposent à leurs adjudicataires. Si ceux-ci coupent un arbre non vendu, l'article 192 leur sera applicable; s'ils ne font pas convenablement le nettoiement de leurs coupes, ils devront indemnité pour réparer le préjudice causé. Dans le but d'éviter les difficultés tenant à la constatation de ce dommage et les frais de la juridiction civile, on introduit d'habitude dans le contrat, des stipulations de *clauses pénales civiles* qui ne sont pas autre chose que l'indication faite à forfait et acceptée par les parties d'une somme d'argent pour réparer ce préjudice. Il ne peut plus, alors, s'élever de discussion que sur l'existence du fait qui donne lieu au paiement de la peine civile conventionnelle (C. civ. 1226).

Le droit de l'administration des forêts n'est pas autre dans son principe général, et l'inobservation des conditions du cahier des charges pourra donner lieu :

1° A des délits forestiers ordinaires (n° 50);

2° A des actions en dommages-intérêts (n° 14);

3° A des paiements de clauses pénales civiles.

Seulement ce principe général reçoit des *excep-*

tions qui en limitent l'application, et des *modifications* qui tiennent à la nature des êtres moraux propriétaires.

Les exceptions viennent : 1° de ce que le Code ayant formulé lui-même des règles d'exploitation, celles-ci n'ont pas besoin d'être écrites dans le cahier des charges, et que, si elles y figurent, leur infraction donne naissance à des délits spéciaux uniquement applicables aux adjudicataires des forêts soumises au régime forestier (n°s 40 à 49); 2° de ce que les infractions aux conditions relatives au mode d'abatage et de nettoiement des coupes sont, par le seul fait de leur insertion dans les cahiers des charges de l'administration, érigées en délit forestier (n° 45).

Les modifications viennent : 1° de ce que les actions civiles ne peuvent être intentées, pour ou contre les propriétaires, que par les préfets ou le maire, et non par les agents forestiers (n°s 15 et 16); 2° de ce que le recouvrement des clauses pénales civiles, dès lors fort nombreuses et fort efficaces, se fait suivant un mode spécial dans lequel les agents forestiers dressent les titres exécutoires (n° 17).

Ainsi les clauses et conditions des ventes faites par l'administration des forêts pourront avoir, selon leur nature, l'une ou l'autre des sanctions suivantes :

1° Un délit forestier spécial aux adjudicataires ;

2° Un délit particulier aux clauses sur l'abatage et le nettoiement ;

3° Un délit forestier ordinaire ;

4° Le paiement d'une clause pénale civile dont le titre est dressé par les agents forestiers ;

5° Des procès civils où ils n'ont qu'un rôle consultatif.

C'est par une étude détaillée des différentes conditions de chaque vente qu'on peut déterminer la sanction propre à chacune. Cette étude ne saurait entrer dans le cadre d'un livre élémentaire, et nous devons seulement faire remarquer que le renvoi fait par une clause du cahier des charges à un article de la loi pénale ne suffit pas, malgré son acceptation par l'acquéreur, pour contraindre le tribunal à lui en faire l'application. Les dispositions de la loi pénale sont d'ordre public et on ne peut faire valablement des conventions pour rendre applicable la peine d'un délit en dehors des cas qui le caractérisent. Ajoutons que l'interprétation de chaque clause des conditions de la vente se fait, non par l'administration, mais par le tribunal compétent pour juger l'infraction (n° 6). Le doute et l'obscurité de rédaction se tranchent toujours contre l'administration en faveur de l'adjudicataire, non par un esprit d'hostilité systématique envers les administrations, mais en vertu d'un principe d'équité et de droit qui favorise le débiteur de préférence au créancier (C. civ. 1162 et 1602).

Il sera bien rare, du reste, que des procès civils arrivent aux tribunaux, et le droit de transaction a fait diminuer beaucoup le nombre des procès correctionnels dans lesquels les juges ne peuvent que condamner sans apprécier les intentions. La justice réside aussi bien dans l'administration que dans l'enceinte des tribunaux, et une considération domine toujours ses rapports avec les marchands de bois : c'est que leur commerce est un des éléments essentiels de la valeur des forêts et de la prospérité du travail national. La législation forestière est, à leur égard, d'une sévérité habilement calculée ; mais si l'intérêt bien entendu commande la modération, il veut aussi que la loi conserve des rigueurs pour alarmer la fraude.

Nous n'avons parlé jusqu'ici que des obligations de l'acheteur et nullement de celles du vendeur. Si elles ne résultent qu'implicitement des clauses du cahier des charges, elles n'en existent pas moins par le seul effet du contrat et de la loi. Une administration s'honore en les ayant toujours présentes à l'esprit.

A leur égard, il n'y a point de droit spécial, et le propriétaire vendeur, que ses propriétés soient soumises ou non au régime forestier, est astreint à toutes les obligations du droit commun. S'il ne livre pas la coupe à temps, s'il ne fournit pas des moyens d'exploitation suffisants, si la chose vendue avec garantie n'est pas complète ou de qualité marchande, il est soumis à toutes les actions en dommages-intérêts, en diminution de prix et en résolution que la loi ouvre contre lui. Seulement, dans les forêts soumises au régime forestier, les agents forestiers ne seront pas compétents pour y répondre (n° 18), et le droit du tribunal ne pourra pas aller jusqu'à commander des actes d'exécution que la loi réserve, en général, à l'administration. Il ne pourra, le plus souvent, que condamner l'État ou les communes à des dommages-intérêts (n° 40).

91. Récolement. — Quand une coupe vendue a été exploitée, il est tout naturel que les parties, vendeur et acheteur, vérifient si les obligations résultant du contrat ont été exécutées. Cette vérification prend le nom particulier de *récolement* quand elle porte sur l'exploitation de la coupe et sur les ouvrages imposés, et de *réarpentage* quand elle concerne la contenance vendue. La vérification relative aux autres obligations du contrat n'a pas de nom particulier dans le langage de la loi. On voit que le récolement est bien loin d'être une décharge des obligations nées de la vente, comme le croient la plupart des marchands de bois.

Nous avons indiqué quel est l'effet du récolement sur la poursuite des délits et sur le pouvoir du tribunal (n° 42) et devant quelle juridiction seront tranchées les contestations que cette vérification peut faire naître (n° 20). Il nous reste à parler des formalités que la loi lui impose.

La loi veut que la vérification soit *contradictoire* ou réputée telle : l'adjudicataire sera invité à assister à l'opération par une notification faite en la forme administrative à son domicile ou au domicile élu (C. for. 27), au moins dix jours d'avance (C. for. 48), par un garde de l'administration (C. for. 173) ; il aura le droit d'appeler un arpenteur de son choix (C. for. 49) ; le récolement sera fait par deux agents au moins en présence du garde du triage (O. rég. 98) ; le réarpentage sera opéré par un agent autre que celui qui aura fait le premier mesurage (O. rég. 97). L'acte constatant le résultat de l'opération sera notifié à l'adjudicataire ou soumis à sa signature avec ou sans réserve (O. rég. 98). Les procès-verbaux de récolement sont des actes administratifs non assujettis à la formalité de l'enregistrement ; c'est seulement lorsqu'ils constatent des délits et doivent être produits en justice qu'ils sont enregistrés (Loi 15 mai 1818, art. 80).

L'observation de ces formalités est placée sous le contrôle du conseil de préfecture (n° 20), qui peut annuler l'acte pour défaut de forme ou pour fausses énonciations (C. for. 50).

Par *défaut de formes*, il faut entendre celles qui sont essentielles et caractéristiques et non, par exemple, toutes celles que le Code de procédure civile impose aux significations en matière civile.

Par *fausses énonciations*, il faut comprendre toutes celles qui portent sur des appréciations ou même sur des faits matériels, sans qu'on puisse transporter à cette matière les règles sur la foi due aux procès-verbaux constatant des délits forestiers. Ces règles sont uniquement du domaine des constatations judiciaires régies par les lois de procédure criminelle.

La compétence du conseil de préfecture, exceptionnelle de sa nature, est ainsi limitée aux contestations relatives à la vérification faite sur le terrain ; elle ne s'étend pas à la vérification des autres obligations nées de la vente que le récolement n'a pas pour but de constater.

Décharge. — La vérification faite sur le terrain, les parties, acheteur et vendeur, peuvent se donner réciproquement décharge, par écrit ou verbalement, de toutes les obligations nées de la vente, si elles n'ont rien à se réclamer en dehors de l'exploitation de la coupe. Elles peuvent aussi ne rien stipuler après cette vérification, et alors elles demeureront engagées, l'une envers l'autre, pendant tout le temps que les obligations mettent à s'éteindre, c'est-à-dire pendant trente ans (C. civ. 2262).

Tel est le droit commun : le commerce aime les situations rapidement liquidées, et le Code a dû lui donner à cet égard toutes les facilités compatibles avec la sûreté du Domaine.

1° Il peut d'abord se faire qu'on ne vérifie pas la coupe aussi rapidement qu'un commerçant peut le désirer : l'adjudicataire doit attendre trois mois après les délais fixés pour la vidange ; il a le droit alors de mettre en demeure l'agent forestier de la localité, par un acte extra-judiciaire, et si, dans le mois qui suit la signification de cet acte par huissier, l'administration n'a pas procédé au récolement, l'adjudicataire est libéré (C. for. 47). La décharge est ainsi tacite ; l'administration, et par ce mot il faut entendre le propriétaire vendeur, ne peut plus rien lui réclamer, mais l'acquéreur reste avec tous ses droits et s'il lui est dû une diminution de prix pour défaut de mesure ou toute autre indemnité, le vendeur continue à en être tenu pendant trente ans.

2° Il peut ensuite arriver que, le récolement fait, l'adjudicataire demande sa décharge. (Il doit

attendre un mois après le récolement; C. for. 50.)
Le préfet seul la prononce au nom du domaine de
l'État et des communes (C. for. 51). Il s'éclairera
de l'avis des services auxiliaires qui représentent
ce domaine dans la vente : des comptables domaniaux et communaux pour l'encaissement du
prix, du percepteur pour l'exécution des jugements, du directeur des domaines et du maire
pour les procès civils, de l'administration des
forêts, enfin, pour l'exploitation de la coupe (n° 11).
Des contestations peuvent, en effet, être pen-
dantes, des obligations imposées peuvent n'être pas
remplies, et ces divers services peuvent contester
à l'adjudicataire le droit d'obtenir décharge. Mais
si aucun n'a élevé de contestations, le droit à
décharge existe pour l'adjudicataire et le préfet
ne fait pas, dans ce cas, un acte de pure administration contre lequel aucun recours ne serait
admis. L'article 51 est impératif, et le droit d'obtenir quittance est formel pour l'adjudicataire : si
elle lui était refusée sans être motivée par une
contestation quelconque, le tribunal civil condam-
nerait le Domaine à des dommages-intérêts sans
pouvoir délivrer lui-même la décharge dont la loi
a fait une opération administrative. Le but de
celle-ci a été de sauvegarder entièrement les intérêts du Domaine. Quant aux contestations formulées contre la décharge, elles peuvent résulter

de litiges nés ou à naître, et il leur est donné la suite que comportent les règles du droit : les tribunaux en connaissent s'ils sont pendants, ou le préfet leur imprime la direction à suivre. Il n'y a pas place, en cette matière, au contentieux administratif ordinaire.

3° Enfin l'adjudicataire peut ne rien réclamer du tout; c'est même ce qui arrive le plus souvent. Alors le droit commun reprend son empire et l'acheteur reste engagé pendant trente ans à toutes les obligations de la vente et notamment à celle de la responsabilité de tout délit qui peut arriver dans sa coupe (C. for. 45 et 46). Des fraudes ignorées au moment du récolement ont souvent été ainsi punies et ont même rejailli sur les cautions des adjudicataires. Toutefois cette durée de la responsabilité ne nous paraît pas devoir faire échec à la durée de l'action publique ou civile résultant d'un délit (I. cr. 638). L'adjudicataire sera responsable pendant trente ans, mais pendant ces trente années on ne pourra poursuivre que les délits qui remonteront à trois ans au *maximum* à partir du dernier acte d'instruction; autrement il arriverait qu'on pourrait intenter une action civile en responsabilité d'un délit, quand ce délit n'est lui même plus punissable (Cass. 10 juin 1836).

Voilà donc les trois cas qui peuvent se présenter : il est inutile de dire qu'en administration, les accords verbaux n'existent point comme ils peuvent se former entre particuliers et que la décharge tacite ne peut résulter que des deux seules circonstances où la loi l'a expressément autorisée.

Quant à l'administration, aucune décharge n'est prononcée en sa faveur pour les obligations résultant de la vente; elle est toujours tenue vis-à-vis de l'acheteur pendant trente ans, quand bien même le préfet aurait prononcé la décharge de l'adjudicataire (C. for. 51).

CHAPITRE V. — MENUS PRODUITS.

92. Définition. — Dans la gestion des forêts domaniales, on entend par *menus produits* :

1° Les productions du *sol* autres que les bois (herbes, mousses, sable, plants, etc.), et même les menus bois non vendables par adjudication publique;

2° Toutes les *recettes diverses* provenant des divers actes de la gestion (redevances, locations, clauses pénales civiles, etc.), autres que les ventes de coupes de bois.

Quant aux forêts communales, la taxe du 20ᵉ pour frais d'administration oblige à maintenir la dénomination de *produits accessoires* à tout ce qui en est exempt, c'est-à-dire aux produits indiqués dans l'arrêté ministériel du 1er septembre 1838. Ils comprennent certains produits en nature de bois (n° 86), et les deux groupes de menus produits venant du *sol* et des *recettes diverses* que nous venons d'indiquer pour le service domanial.

Les *recettes* qui en proviennent s'encaissent au moyen de titres de perception (n° 17) dressés par les agents forestiers dans les formes établies par les règlements, et sont attribuées, pour les forêts domaniales, à la caisse du receveur des domaines de la situation des bois (Décis. min. 26 juin 1863), et pour les forêts communales, à celle du receveur municipal.

Les menus produits du sol sont cédés à *prix d'argent* ou à charge de *prestations en nature*. Ils sont rarement délivrés *gratis* dans les forêts domaniales, sauf par des tolérances dues à des circonstances exceptionnelles, par exemple le ramassage du bois mort (Décis. min. 29 juin 1853). Les communes ont plus de latitude; elles fixent le prix des menus produits et par conséquent la gratuité, sous l'autorité du préfet (Ord. 4 déc. 1844).

93. Menus produits à prix d'argent. — Sans autorisation du propriétaire de la forêt, l'extraction des menus produits est délictueuse (n° 32). Leur cession à prix d'argent forme, en général, une vente ou un bail qui, transférant la propriété au cessionnaire, s'oppose à ce qu'il soit poursuivi correctionnellement s'il ne paie pas, à moins que le propriétaire n'ait imposé à son autorisation des conditions exclusives du contrat de vente. Les tribunaux ont un souverain pouvoir pour apprécier la nature de la convention. Ce droit général est appliqué de la façon suivante dans les forêts soumises au régime forestier :

1° *Forêts domaniales.* — Si les conditions imposées à l'extraction constituent un *bail*, ce contrat est approuvé par le ministre (Loi 19 août-12 sept. 1791) ou par le préfet sur estimation contradictoire au-dessous de 500 francs (Décr. 25 mars 1852). Le bail est assez rarement usité à cause de l'obligation de faire jouir imposée au bailleur (C. civ. 1709) et des réductions de prix qui peuvent en résulter (C. civ. 1722).

Habituellement, le conservateur autorise l'extraction par des décisions individuelles. On évite même de donner aux conditions imposées la forme d'un contrat de *vente* à cause des obligations réciproques qui en naissent (n° 88) et des inconvénients de l'action civile pour défaut de paiement. On se sert d'une sorte de contrat très-souvent employé dans la pratique administrative sous le nom de *concession* : le conservateur *autorise*; le concessionnaire paie une *somme déterminée,* sans qu'aucun engagement existe de part et d'autre ; un délai inférieur à une année est imposé pour l'extraction et celle-ci prend ainsi le caractère d'une mesure administrative qui permet d'invoquer l'article 144 en cas d'infraction aux conditions imposées. Quand la créance est *certaine* et *liquide*, le paiement se fait avant la délivrance, sans autres frais que ceux du timbre de la demande (Décis. min. 22 sept. 1857). Dans les autres cas, un décompte devant avoir lieu pour établir le prix, celui-ci est fixé par un procès-verbal de délivrance (n° 18) qui donne lieu à un droit d'enregistrement de deux pour cent.

Forêts communales. — Le maire autorise l'extraction des menus produits (Ord. 4 déc. 1844), mais son pouvoir est subordonné à celui du conservateur qui, dans tous les cas, règle les *conditions* et le *mode* d'extraction. Cela signifie que si les contrats de *vente*, de *bail* ou de *concession* sont adoptés comme conditions de l'extraction, ces actes ne sont autorisés dans les formes de la loi municipale, ou par le maire, qu'avec l'assentiment du conservateur chargé de la protection du sol forestier. La *concession* autorisée par le maire se fait, en général, à charge du paiement des frais de timbre et d'enregistrement du procès-verbal de la délivrance : celle-ci est toujours antérieure au paiement.

La cession de menus produits à prix d'argent s'effectue à l'amiable dans les forêts domaniales et communales ; mais rien n'empêche de faire les ventes, les baux ou les concessions par voie d'adjudication publique dont la forme est alors celle des *menus marchés* (n° 89). Le Code indique même des conditions spéciales pour celles de la glandée, panage et paisson (C. for. 53 à 57).

94. Menus produits à charge de prestation. — La vente étant caractérisée par le paiement d'un prix en argent, la fourniture de journées de travail en représentation des produits cédés ne peut jamais constituer un contrat de vente. Ces concessions sont considérées comme des mesures d'ordre et de police intérieure et exemptées de tous frais, même du timbre de la demande (Circ. 22 oct. 1857). Elles sont autorisées, en bloc et pour l'année, par le conservateur dans les forêts domaniales, par le maire, d'accord avec le conservateur, dans les forêts communales. Des permis individuels sont délivrés aux concessionnaires et les prestations s'effectuent en temps utile pour les travaux forestiers et commode pour les habitants des campagnes.

Comptabilité. — Un grand nombre de journées de travail est souvent mis par ce moyen à la disposition du service forestier et affecté à des travaux d'amélioration. Une comptabilité spéciale doit dès lors être tenue pour prévenir les abus. Elle est dans les attributions du chef de cantonnement : tous les trois mois, il rend compte du nombre de permis délivrés, des fournitures faites et de leur emploi; tous les ans, il arrête cette comptabilité en proposant les annulations qui résultent des décès ou des changements de domicile et le report à l'exercice suivant des prestations non effectuées dans l'année.

95. Concessions à titre révocable. — Quand on veut concéder à des tiers certains terrains ou des droits de passage, d'irrigation ou toutes autres facultés sur un immeuble, il faut naturellement prendre certaines précautions pour que des complaisances faites dans le but d'être utile à des voisins ne tournent pas, un jour, au préjudice du propriétaire et ne viennent pas à constituer des droits acquis. La formule la plus usitée du contrat qui intervient dans ce but et qui est en même temps la seule efficace au point de vue juridique, est encore celle qui était en usage dans le droit romain où elle était connue sous le nom de *précaire* : le propriétaire laisse jouir le concessionnaire de tous les attributs du droit et stipule une redevance annuelle en sa faveur ; la concession est toujours révocable à sa volonté et sans indemnité ; en cas d'extinction de la tolérance ou de révocation prononcée, les lieux doivent être remis dans l'état ancien aux frais du concessionnaire, sous peine d'exécution d'office, conformément à l'article 41 du Code (n° 103) ; un acte constate les clauses de l'engagement et doit se renouveler tous les neuf ans.

De cette façon, la trace de la concession ne se perd pas et aucun droit ne peut être acquis contre l'immeuble par le concessionnaire ou ses successeurs à titre particulier à cause du renouvellement qui est imposé avant que la prescription décennale des acquéreurs de bonne foi puisse être acquise (C. civ. 2265). Mais le concessionnaire qui est sans droit vis-à-vis du cédant, n'est pas désarmé en ce qui concerne les attaques des tiers. Il peut repousser par l'action possessoire ceux qui viendraient le troubler dans sa jouissance.

Cette formule, que des particuliers soigneux sauront toujours employer, est dans les habitudes administratives depuis un temps qui remonte, sans doute, à l'administration romaine. Le ministre des finances autorise le contrat, sauf pour les concessions de servitude conventionnelles, où le préfet a reçu du décret du 25 mars 1852 le pouvoir de l'autoriser quand le conservateur n'y fait pas opposition. Pour les forêts communales, le contrat est formé par une délibération du conseil municipal approuvée par le préfet (Loi 1837, art. 19) avec l'avis conforme du service forestier (n° 12). L'acte notarié est remplacé par un acte passé en la forme administrative devant le préfet ou son délégué pour toutes les concessions faites de cette manière, dans les forêts soumises au régime forestier.

CHAPITRE VI. — CHASSE.

96: Procès-verbaux. — Les gardes de l'administration des forêts et les gardes assermentés des particuliers ont qualité pour constater les délits de chasse (Loi 3 mai 1844, art. 22), mais l'arrêté du 28 vendémiaire an V et la loi du 19 ventôse an X, maintenus par l'article 31 de la loi de 1844, ont assimilé aux autres délits forestiers les délits de chasse commis dans les forêts de l'État et des communes. Il en résulte que le Code forestier forme, vis-à-vis de la loi de 1844, une loi générale qui ne cède à la loi spéciale que dans ses dispositions contraires et s'applique dans son silence. Non-seulement les attributions des gardes forestiers en sont modifiées, mais la compétence des agents est, en outre, étendue à la *constatation*, à la *poursuite* et à la *transaction* de *tout délit* de chasse à la seule condition qu'il soit commis en forêt.

Ainsi les procès-verbaux des gardes et agents forestiers ne feront jamais foi jusqu'à inscription de faux (Loi 1842, art. 22); — ceux des gardes devront être affirmés dans les vingt-quatre heures du délit (art. 24) et datés d'heure à moins qu'ils ne soient rédigés clos et affirmés dans la journée même du délit (n° 28-4°); — ceux des agents ne seront pas affirmés (C. for. 166); — le défaut d'enregistrement sera une cause de nullité qui n'existera pas pour les gardes particuliers (n° 28-5°); — l'écriture personnelle sera exigée à peine de nullité pour les gardes forestiers et non pour les gardes particuliers, sauf à remplacer cette formalité par la lecture de l'acte lors de l'affirmation (n° 28-1°).

En résumé, tout ce que le Code forestier prescrit ou autorise aux fonctionnaires de l'administration forestière sera applicable en matière de chasse, sauf ce qui est contrairement ordonné dans la loi de 1844 (n° 29-4°).

97. Chasses domaniales. — Le droit de chasse, interdit, en principe, dans les forêts de l'État dès 1790, livré de fait à la disposition du public jusqu'en 1796, laissé à la discrétion du Gouvernement qui délivrait des permissions gratuites jusqu'en

1832, n'a été mis dans le commerce qu'à partir de cette époque. Il a acquis depuis une haute valeur qui forme un *menu produit* des forêts et que l'administration forestière est chargée de mettre en valeur dans l'intérêt du Domaine et des goûts des chasseurs.

En vertu de la loi du 24 avril 1833, le droit de chasse peut être *affermé et mis en adjudication*. Dans les cas où ce moyen ne donne pas des résultats suffisants, les ordonnances des 20 août 1814-16 octobre 1832 et du 14 septembre 1830 autorisent le directeur général à délivrer des permissions ou *licences* de chasse dont il fixe le prix payable à la caisse du receveur des domaines de la situation des bois. Tels sont les modes de mise en valeur que le Gouvernement pourrait modifier par des règlements d'administration publique (Loi 24 avril 1833).

La mise en valeur par *bail* est réglementée par une ordonnance du 20 juin 1845. Les baux peuvent avoir une durée de neuf ans et le cahier des charges est approuvé par le ministre des finances. Les contraventions aux seules clauses de ces cahiers des charges qui sont relatives à la chasse donnent naissance à des délits (Loi 1844, art. 11), les autres à des actions civiles en dommages-intérêts ou en résiliation (C. civ. 1184). Le contrat qui se forme entre l'État et les adjudicataires de la chasse est, en effet, un véritable bail qui impose aux parties toutes les obligations des baux à ferme : le preneur doit jouir en bon père de famille (C. civ. 1728), peut faire garder sa chose (Loi 3 brum. an IV), a droit à des indemnités pour les privations de jouissance causées par le fait du bailleur ou par des accidents fortuits, même ceux résultant de la force majeure (C. civ. 1722). Le bailleur est obligé de garantir une paisible possession, d'entretenir le bien loué et d'en faire jouir le fermier (C. civ. 1719).

Ces conséquences que les événements de la guerre ont mises en lumière amèneront, sans doute, à remplacer le contrat de bail par un contrat de concession sans garantie, dans lequel l'adjudicataire serait simplement subrogé aux droits du propriétaire (n° 93). En tout cas, dans le bail actuel, la chose louée est uniquement le droit de chasse et non le gibier qui peuple la forêt ; ce gibier n'appartient à personne, ni à l'État, ni à l'adjudicataire. Cette considération explique quelle mesure comporte la responsabilité vis-à-vis des tiers que l'administration impose à l'adjudicataire, tant dans l'intérêt de l'État que dans celui du public, pour les dégâts causés par le gibier : l'adjudicataire n'est responsable qu'autant que par un fait personnel, commis ou négligé, il a laissé le gibier causer des dommages aux propriétés.

98. Chasses communales. — Le droit de chasse dans les forêts des communes est affermé par les maires sous l'approbation des préfets (Décr. 25 prairial an XIII). Il en résulte qu'il ne forme pas un produit accessoire soumis à la gestion de l'administration des forêts, et que les agents forestiers ne participent pas aux adjudications des chasses communales.

Aucun mode de mise en valeur n'étant imposé aux communes pour cette nature de bien, il en résulte qu'elles peuvent le louer, le concéder, ou le soumettre à des combinaisons multiples et même le laisser libre aux habitants, à la seule condition que ces actes de la gestion communale résultent de délibérations du conseil municipal approuvées par le préfet (Loi 1837, art. 19).

Cette liberté, qui a certains inconvénients pour les mesures d'ensemble à prendre en vue de la protection du gibier, n'empêche pas que les agents forestiers soient chargés de la surveillance des contraventions aux clauses des divers modes de mise en valeur régulièrement approuvés. Tout délit de chasse commis dans les forêts communales est, en effet, un délit forestier (Arr. 28 vend. an V; Loi 19 vent. an X); les contraventions aux clauses des locations sont des délits spéciaux de chasse (Loi 1844, art. 11, § 5), et les infractions aux autres modes de mise en valeur ne sont pas autre chose que des faits de chasse sur le terrain d'autrui sans le consentement du propriétaire (art. 11, § 2).

CHAPITRE VII. — DÉLIVRANCES USAGÈRES.

99. Usages au bois. — L'administration forestière n'effectue les délivrances d'usages que suivant les modes légaux ou réglementaires : par *entrepreneur* pour les droits aux coupes (C. fór. 81), par *mise en charge* aux adjudicataires pour les usages en stères (O. rég. 122), *sur devis* présenté par l'usager ou par un homme de l'art pour les bois de construction (O. rég. 123). Dans les cas non spécifiés par la loi ou l'ordonnance, par exemple, pour les morts-bois ou les bois morts, le ministre autorise des règlements par ajournement ou par alternance de cantons en vertu de son droit général d'administration sur le Domaine. La demande de l'usager est présentée chaque année sur timbre, formalité imposée à toutes les demandes adressées aux administrations publiques, même à celles qui sont l'exercice d'un droit (Loi 13 brum. an VII). Ce timbre est à la charge du propriétaire (C. civ. 1248), sauf quand il s'agit d'une forêt de l'État (Loi 13 brum. an IV, art. 29).

Le directeur général autorise tous les ans les délivrances ordinaires (Ord. 10 mars 1831); le préfet les autorise sur l'avis du conservateur dans les. cas urgents (O. rég. 123), qui sont ceux d'incendie, d'inondation et de ruine imminente (Décr. min. 11 déc. 1819). L'acte de délivrance se fait par écrit, n'est pas enregistré ou l'est gratis. L'exploitation et l'enlèvement se font aux frais de l'usager (C. civ. 1608).

Relativement aux bois de construction, le propriétaire d'une forêt grevée a le droit de refuser une nouvelle délivrance à l'usager qui, pour une cause ou pour une autre (même la perte ou le vol), ne les emploie pas à la réparation de ses bâtiments. Il peut aussi demander des dommages-intérêts pour l'aggravation de charges que la négligence à les employer pourrait lui causer, et enfin, prier le tribunal de fixer, pour cet emploi, un délai convenable passé lequel il reprendrait la disposition des bois délivrés. Les bois d'usage, en effet, ne sont jamais accordés que sous la condition résolutoire de satisfaire aux besoins de l'usager (C. civ. 630).

Le Code forestier déroge sur deux points à ce droit commun pour les forêts soumises : 1° le délai d'emploi est fixé à deux ans, sauf prolongation par l'administration forestière (C. for. 84); 2° les agents forestiers ont qualité pour intenter devant les tribunaux correctionnels l'action, civile de sa nature, qui a pour but de valider la saisie qu'ils font opérer pour revendiquer les bois non employés. Ne pouvant se faire justice à eux-mêmes, ils ne doivent disposer de ces bois que du consentement de l'usager ou des tiers qui peuvent y avoir droit.

Une vérification est donc faite de chaque devis délivré, pour être statué ensuite ce qu'il appartiendra : le défaut d'emploi et de représentation des bois n'est pas à lui seul une preuve de vente ou d'échange délictueux (n° 60) ; c'est toujours à l'administration, si elle poursuit, à faire la preuve du délit (C. for. 83) ; dans tous les cas, le défaut d'emploi entraîne seulement la déchéance pour l'adjudicataire d'obtenir du bois pour les mêmes besoins.

100. Usages en pâturage. — L'ancien mode de délivrance par mise *en ban* ou *en défends* et les modes par alternance de cantons ne sont pas employés par l'administration des forêts qui s'en tient au mode légal du canton défensable. Chaque année, les usagers particuliers ou les maires des communes usagères remettent au chef de cantonnement, avant le 31 décembre, pour le pâturage, et avant le 30 juin, pour le panage, l'état des bestiaux que chaque usager possède (O. rég. 119). Le chef de cantonnement propose le canton défensable, les chemins d'accès, le nombre des bestiaux à y admettre et la durée du parcours qui ne peut excéder trois mois pour le panage (C. for. 66). Le conservateur statue avant le 1er février, pour le pâturage, et avant le 1er août, pour le panage. Sa décision est notifiée à l'usager particulier ou au maire investi du mandat légal de représenter les habitants des communes usagères.

Statistique. — Avant 1857, environ 320,000 hectares, plus du quart du domaine forestier de l'État, étaient grevés d'usages au bois. De 1858 à 1868, grâce au décret du 19 mai 1857, qui a favorisé les opérations de cantonnement, 194 forêts ont été dégrevées, en tout ou en partie, de 475 droits d'usage, au moyen de l'abandon de 44,461 hectares, dans 24 départements. Ainsi, 119,421 hectares étaient encore grevés de ces servitudes en 1868. Ces opérations ont rendu au domaine de l'État sa liberté d'administration, ont enrichi les communes et supprimé des inégalités et des habitudes qui ne sont plus de notre époque.

Les nombreux droits de pâturage qui grèvent encore les forêts ne sont rachetés que dans des circonstances exceptionnelles; ils diminuent tous les jours d'importance sous l'influence du progrès agricole qui substitue la stabulation aux fausses pratiques du parcours.

CHAPITRE VII. — TRAVAUX.

101. Comptabilité. — Le budget est l'acte par lequel sont prévues et autorisées les recettes et lès dépenses annuelles de l'État et des communes : *prévues*, caractérise l'acte de gestion et de régie économique ; *autorisées*, signifie que le budget étant voté ou approuvé, l'administration est chargée d'effectuer les recettes et les dépenses, mais en se conformant aux lois qui régissent leur perception ou leur emploi.

Les *comptables* sont chargés du service matériel des recettes et dépenses ; les *administrateurs* ont mission de préparer les titres de recouvrement et d'effectuer les travaux et fournitures. Les administrateurs ne peuvent jamais être comptables et réciproquement ; mais ils sont bien obligés de connaître les règles générales de la comptabilité, parce que les comptables devant *justifier* de la régularité de leurs recettes et de leurs dépenses, au moyen de *pièces comptables* fournies par les administrateurs, les encaissements et les paiements pourraient ne pas s'effectuer régulièrement : il y aurait désaccord dans les deux services au détriment du public (¹). Les agents forestiers sont doublement en contact avec les comptables, puisque la gestion des forêts donne lieu à des opérations de recettes et de dépenses. Les règles

---

(¹) En cas de désaccord sur la *régularité matérielle* des pièces de dépenses, le dernier mot appartient à l'administrateur qui donne, sous sa responsabilité, réquisition au comptable de payer (Décr. 31 mai 1862, art. 91).

de la comptabilité sont fort nombreuses et résultent d'un décret du 31 mai 1862 (en 883 articles), éclairé par un long règlement ministériel du 26 décembre 1866.

Nous ne pouvons qu'en indiquer l'esprit.

Les opérations de recettes et de dépenses ne peuvent pas durer indéfiniment, parce qu'il faut les vérifier et en régler le compte qui fait suite au budget. *L'exercice* est la *période d'exécution* des services de recettes et de dépenses du budget. Il prend le nom de l'année à laquelle il se rapporte. Les règles principales d'exécution sont les suivantes :

Règles des recettes. — Les comptables peuvent encaisser toutes les recettes prévues par un article du budget, quand bien même elles en dépasseraient les prévisions.

La période d'exécution des recettes comprend deux parties : la *constatation* et l'*encaissement*.

1° Les droits doivent être *acquis* et *constatés* du 1er janvier au 31 décembre de l'année qui donne son nom à l'exercice (ainsi une recette est acquise à l'exercice par la date de l'adjudication ou du certificat qui fait titre de recouvrement). Les titres datés après le 31 décembre sont compris dans le compte du budget suivant. Comme il est important que les recettes d'un budget correspondent, dans le même compte, aux dépenses qui les ont fait naître, les agents forestiers s'appliquent à vendre, avant le 31 décembre, les produits des coupes façonnées.

2° Les *encaissements* peuvent valablement se faire jusqu'au 31 août de l'année qui suit celle qui donne son nom à l'exercice. Ainsi le terme accordé à l'adjudicataire d'un produit vendu le 25 décembre 1876 ne doit pas dépasser le 31 août 1877 (n° 87). Les coupes à exploiter sur pied étant vendues en octobre et les adjudicataires ayant besoin d'un crédit plus long, on leur fait souscrire des traites qui, sans rien changer aux droits résultant de la vente, forment des valeurs de Banque entrant pour leur *date* et non pour leur *échéance* dans le portefeuille du Trésor.

Dans la comptabilité communale, la période d'exécution, c'est-à-dire l'exercice, dure, pour la constatation et l'encaissement, du 1er janvier au 31 mars de l'année suivante.

Règles des dépenses. — Les sommes autorisées pour une nature déterminée de dépenses ne peuvent être dépassées sous aucun prétexte, puisque l'autorisation constitue la base même du budget. Ces autorisations de dépenses sont appelées *crédits*. Ceux-ci sont répartis par le Directeur général pour les travaux et les services de chaque conservation. La dépense autorisée pour un travail spécial forme, vis-à-vis des agents d'exécution, un crédit qui ne doit pas être dépassé, afin que les dépenses partielles n'excèdent pas les crédits alloués pour chaque article du budget.

L'exercice, sous le rapport de la dépense, se termine toujours le 31 août; mais il faut distinguer dans la période d'exécution générale des limites extrêmes pour l'*exécution* des services, l'*ordre de paiement* et le *paiement* lui-même.

1° Les travaux et fournitures doivent être complétement terminés le 31 décembre, et les certificats de réception datés antérieurement, sauf un délai de grâce (jusqu'au 31 janvier suivant) pour les travaux qui n'ont pu être terminés au 31 décembre par des circonstances imprévues ou de force majeure.

2° Le paiement s'effectue par tous les comptables du trésor public, au moyen d'ordres de paiement ou de *mandats* délivrés par les administrateurs : le ministre à Paris (*ordonnateur principal*), le préfet et les chefs d'administration tels que le conservateur des forêts (*ordonnateurs secondaires*) dans les départements. Ces mandats sont visés *bons à payer* par le chef des comptables dans le département, le trésorier-payeur général, qui s'assure si les justifications réglementaires les accompagnent. Pour l'ordre dans le mouvement des fonds, l'ordonnateur secondaire reçoit chaque mois du ministre des *ordonnances de délégation* pour les paiements qu'il a demandé à faire dans le mois. Les mandats destinés à payer les dépenses effectuées au 31 décembre de l'exercice ne peuvent être délivrés que jusqu'au 31 juillet de l'année suivante.

3° Quant au paiement lui-même, il s'effectue dès que le mandat est présenté à une caisse publique par le titulaire de la créance ; il ne peut pas dépasser le 31 août, date extrême de la clôture de l'exercice.

Quand une créance a été *liquidée* (n° 102), le créancier doit présenter son mandat au paiement avant le 31 août. S'il ne le fait pas, le paiement est remis à l'exercice suivant et les crédits annulés faute d'emploi sont perdus pour le service administratif qui était chargé de les utiliser. Mais l'État ne peut pas rester indéfiniment à la discrétion du créancier. Celui-ci a cinq ans pour se faire payer sur les crédits des *exercices clos* ; passé ce délai, sa créance est frappée de déchéance et perdue pour lui (Loi 29 janv. 1831). Cette déchéance quinquennale est une véritable prescription relative aux *créances* contre l'État ; elle est la peine qui frappe celui qui pouvait être payé sur les crédits votés et dont la négligence ne doit pas entraver les services de l'État ([1]).

([1]) L'article 2227 du Code civil qui assujettit l'État et les communes aux mêmes prescriptions que les particuliers, est

Or, il peut arriver qu'un créancier soit en pourvoi contre la liquidation de son marché, ou que
des circonstances venant du fait de l'administration empêchent le paiement. La déchéance alors
ne l'atteint pas (Loi 1831, art. 10), et la dépense
est dite d'*exercices périmés*. Les paiements d'exercices périmés s'effectuent donc plus de cinq ans
après la clôture de l'exercice auquel les dépenses
se rattachent ; celles-ci ne peuvent être mandatées
que sur un crédit spécial ouvert au budget ou
voté comme lui.

Les délais de la comptabilité communale sont
moins longs ; l'exécution des services peut se faire
jusqu'à la période du mandatement, 15 mars, et
les paiements s'effectuent jusqu'au 31 mars de
l'année suivante. L'exercice comprend donc
15 mois pour les communes, tandis qu'il embrasse
20 mois pour l'État ; il n'existe pas de déchéance
quinquennale ; les crédits sont annulés faute
d'emploi et ouverts de nouveau après la clôture
de l'exercice par des délibérations spéciales ou

---

ainsi modifié, non pour les droits *réels*, mais pour les droits
personnels qu'on peut avoir contre l'État. Ces droits sont
échus à partir du tort ou du dommage qui les fait naître et
non à partir du jugement qui les *constate*. La créance appartient donc à l'exercice de sa date, et si les dommages ne
sont pas réclamés dans les cinq ans à l'amiable ou judiciairement, ils sont frappés de déchéance. Il suffit, du reste,
pour l'interrompre, d'une simple demande adressée au ministre ou au préfet (Cons. d'État 21 déc. 1854).

par un ensemble de votes particuliers qu'on appelle *budget additionnel.* Celui-ci se rattache et fait corps avec le *budget primitif* de l'exercice auquel il se rapporte.

102. Travaux dans les forêts de l'État. — Entre l'*exécution* d'une dépense et la *délivrance du mandat* se place une opération très-importante à laquelle sont soumises toutes les créances contre l'État. C'est la *liquidation,* acte par lequel le ministre ou son délégué (directeur général ou conservateur) vérifie la créance, en arrête le montant et l'accepte au nom de l'État pour figurer au nombre de ses dépenses. La liquidation ne peut être faite que par l'autorité administrative, jamais par les tribunaux (Loi 26 sept. 1793); on peut se pourvoir contre le décompte, c'est-à-dire faire valoir les droits qu'on tient de la loi ou d'un contrat devant les tribunaux judiciaires ou devant les tribunaux administratifs, selon les règles de leur compétence, mais les créances, même reconnues par l'une ou l'autre juridiction, doivent être admises dans la comptabilité par le ministre. C'est ce qui a fait dire (n° 14) qu'on ne peut exécuter contre l'État un jugement en matière personnelle par les moyens de saisie et d'exécution autorisés entre particuliers. Il en est de même des créances contre les communes (Avis Cons. d'État 26 mai

1813). Cette règle de la liquidation administrative repose sur les principes constitutionnels des dépenses publiques qui ne peuvent être payées que par des crédits votés comme les ressources de l'impôt destinées à y faire face.

Les travaux exécutés dans les forêts domaniales sont de deux natures : 1° les travaux d'*exploitation* pour le façonnage, au compte de l'État, de coupes dont les produits seront vendus, après cette opération, dans le même exercice (n° 101); 2° les *travaux d'amélioration* qui sont les routes, maisons forestières, plantations, cultures, etc., faites dans le but d'améliorer le domaine forestier. On les distingue en *travaux d'entretien* qui doivent être effectués avant tous autres, et en *travaux neufs* autorisés après satisfaction des besoins de l'entretien. Le conservateur autorise les travaux d'entretien (Décis. 10 déc. 1860), le directeur général, les travaux neufs de moins de 2,000 francs, le ministre, ceux qui dépassent cette somme (Rég. min. 26 déc. 1866).

103. Modes d'exécution. — Les travaux qui intéressent les forêts de l'État peuvent s'exécuter de plusieurs manières dont nous parlerons uniquement au point de vue des principes du droit administratif.

1° *Imposition sur les coupes.* — Du moment où

le budget prévoit séparément les recettes et les dépenses, il faut que chacune figure intégralement dans la comptabilité et que les administrateurs ne cherchent pas à atténuer une recette par une dépense, ou celle-ci par des ressources qui devraient figurer en recettes.

Il y a aussi une autre raison à cette règle : c'est que s'il était permis d'atténuer des recettes par des dépenses, celles-ci ne s'exécuteraient plus suivant les règles d'autorisation et d'exécution qui forment la garantie de la comptabilité publique.

Ainsi, la concession d'un droit de passage doit se faire à prix d'argent et non à la condition d'exécuter un travail d'amélioration; on ne doit pas prendre dans la forêt les bois qui sont utiles à une construction. Il y a toutefois à cette règle fondamentale des exceptions qui sont dans la nature des choses : on peut imposer au concessionnaire les travaux d'entretien qui sont la conséquence de l'exercice de sa concession; on peut prendre dans la forêt des matériaux pour construire une maison et même des bois, mais la valeur de ces derniers est remboursée à l'État par l'entrepreneur de la construction (Décis. min. 15 fév. 1875).

Il y a aussi certaines exceptions autorisées par les règlements en vertu de l'article 41 du Code forestier qui permet d'imposer aux adjudicataires des coupes sur pied tous ouvrages pour l'exploitation, l'entretien et l'amélioration des forêts.

1° Les agents forestiers proposent les travaux d'exploitation et d'amélioration à imposer sur les coupes; ils sont approuvés par le conservateur (O. rég. 81). En ce qui concerne les travaux d'amélioration, on n'exécute jamais de travaux neufs suivant ce mode; et parmi les travaux d'entretien, on n'impose que ceux relatifs à la réparation des dégâts causés par la vidange de la coupe aux chemins et aux ouvrages forestiers. Les adjudicataires sont les premiers à en profiter, et pour qu'ils n'en exagèrent pas la charge dans leurs estimations, on évalue à un chiffre qui ne peut être dépassé, la réparation des chemins de vidange; celle des autres dégâts reste seule indéterminée. Les adjudicataires font exécuter les travaux sous la surveillance des agents forestiers ou fournissent les ouvriers nécessaires.

2° En vertu du même principe, on peut imposer aux adjudicataires : la fourniture de certains bois à livrer aux usagers (O. rég. 122); l'abatage et la façon des arbres marqués pour la marine (Décr. 16 oct. 1858); la façon et le transport du chauffage des gardes (Décis. min. 23 juin 1837).

La réception des travaux imposés sur les coupes est faite par le récolement, mais l'acceptation définitive de cette réception par le Domaine ne résulte que de la décharge délivrée par le préfet (n° 91), car le récolement n'est qu'une opération de vérification contradictoire. Le conseil de préfecture est donc compétent pour les contestations qui peuvent s'élever sur leur exécution : statuant sur toutes les fausses énonciations du récolement, il décidera si les travaux sont réellement faits, si leur exécution est convenable ou imparfaite, mais il ne prononcera pas de dommages-intérêts, parce que sa juridiction incomplète (n° 20) ne lui permet que d'annuler ou de confirmer l'acte de récolement. Les dommages-intérêts seraient, dans ce cas, de la compétence des tribunaux civils, car il s'agit bien plus d'une clause accessoire à la convention de vente que d'un contrat spécial de fournitures et de travaux pour le service du ministère des finances (n° 103-5°).

L'inexécution des travaux dans les délais fixés n'est pas punissable (n° 48). L'engagement de l'adjudicataire consiste en une obligation de faire qui se traduit par des dommages-intérêts (C. civ. 1142); on peut aussi en demander au tribunal l'exécution par autorité de justice aux frais du débiteur (C. civ. 1144), mais une mise en demeure, signifiée par huissier, doit toujours le rappeler à ses engagements et précéder la demande en justice (C. civ. 1139). Ce droit commun est modifié dans les forêts soumises par la faculté d'exécuter les travaux non effectués, d'office et par voie administrative ou de *régie*, aux frais de l'adjudicataire.

Après l'expiration des délais d'exécution, après une mise en demeure notifiée administrativement par un garde (C. for. 173), le préfet ordonne l'exécution d'office par un arrêté qui est notifié pareillement à l'adjudicataire. Les travaux sont exécutés par les soins des agents forestiers, et le mémoire des frais, rendu exécutoire par le préfet, est mis en recouvrement par le receveur des domaines (C. for. 41).

L'exécution administrative remplace donc l'exécution par les voies judiciaires (C. civ. 1144). Elle ne peut être entravée ni suspendue par l'autorité judiciaire qui est sans pouvoir sur l'action administrative; mais elle doit laisser place à un recours au cas où on viendrait à léser les droits que l'adjudicataire tient de son contrat : par exemple, si on exécutait la régie avant l'expiration des délais d'exécution, si on l'effectuait sans les formalités voulues ou avec des négligences équivalentes à faute lourde. L'adjudicataire qui n'est pas déchu de son contrat, a le droit de surveiller cette exécution sans pouvoir, toutefois, y résister. Il saisirait le tribunal civil par voie d'opposition à la contrainte; celui-ci ne pourrait pas le replacer à la tête de son chantier, mais serait compétent pour lui allouer des dommages-intérêts.

L'adjudicataire pourrait aussi s'adresser, par voie de réclamation, au préfet qui a le droit de lever ou de maintenir la régie. Le recours pour excès de pouvoir pourrait enfin être dirigé contre l'arrêté de régie, s'il était pris sans droit, par exemple avant l'expiration du délai d'exécution.

Il peut arriver qu'aucun délai autre que celui de la vidange n'ait été assigné pour l'exécution des travaux. Dans ce cas, une mise en demeure de procéder au récolement pourrait amener la décharge de l'adjudicataire (n° 91) ; l'administration devrait alors procéder au récolement et constater dans cet acte l'état des travaux. La spécialité de compétence du conseil de préfecture ne lui permettrait que de statuer sur les énonciations relatives à ces travaux, et jamais sur le règlement de la dépense, les erreurs du mémoire ou les indemnités réclamées.

2° *Concessionnaires de menus produits*. — Nous retrouvons encore dans les travaux exécutés au moyen des prestations dues par ceux qui ont obtenu des menus produits (n° 94), une exception à la règle budgétaire qui défend d'atténuer les recettes. Ces menus produits devraient figurer en recettes, mais ils sont le plus souvent invendables à prix d'argent, et les prestations qui sont fournies en travail ou en graines constituent des ressources qu'on ne pouvait négliger. Le conservateur autorise, au commencement de l'année, les travaux à effectuer (Circ. 14 août 1866); ce sont des travaux d'entretien ou des travaux neufs de plantation ou de culture.

La spécialité des crédits veut que les sommes affectées aux travaux ne soient point augmentées par des ressources puisées en dehors de ces crédits. Il est donc défendu d'affecter des journées de prestations à l'achèvement ou à l'aide d'un travail effectué par voie d'entreprise : on veut connaître exactement la dépense de chaque ouvrage.

3° *Gardes forestiers.* — Les gardes cantonniers sont chargés de l'entretien des routes et des travaux forestiers; ils exécutent ces travaux suivant un règlement du 13 août 1840, sous la direction des chefs de cantonnement qui en rendent compte tous les trois mois. Les gardes forestiers doivent consacrer le temps qui n'est pas employé à la surveillance, à l'entretien des laies et tranchées, des semis et plantations, à leur nettoiement, etc. Ils font ces travaux sous la direction du chef de cantonnement et reçoivent en indemnité, soit des gratifications, soit le menu bois de ces nettoiements (Décis. min. 10 nov. 1835).

4° *Régie.* — Il ne faut pas confondre la *régie*

ou *économie*, mode spécial d'exécution de travaux autorisés à *prix d'argent*, avec la mise en régie des travaux imposés à un adjudicataire (n° 103-1°), ou exécutés par entreprise (n° 103-5°). Un agent forestier peut être nommé *régisseur comptable* de travaux dont l'exécution demande des soins particuliers que le marché ne pourrait assurer. Il choisit alors les ouvriers, achète les objets nécessaires au travail, les paie directement comme ferait un propriétaire ou un entrepreneur, et justifie à la comptabilité publique des sommes dépensées par des quittances régulières. Il reçoit dans ce but des *mandats d'avances* délivrés à son nom par le conservateur, sauf à justifier de l'emploi dans le mois qui suit et à reverser au Trésor les sommes non dépensées. Il peut recevoir aussi des *mandats de remboursement* des dépenses faites si les ouvriers et fournisseurs consentent à lui faire crédit. Il devient, en réalité, comptable, et ce mode d'exécution forme une exception à la règle de la séparation des comptables et des administrateurs, mais une exception limitée à un travail particulier et qui ne rend pas, pour cela, l'agent forestier justiciable direct de la Cour des comptes (C. civ. 2121). Sa comptabilité est comprise dans celles des comptables du trésor public, et ce serait par voie de recours de ceux-ci, qu'il aurait à payer les erreurs faites par lui et mises en *injonction* aux comptables par arrêts de la Cour des comptes.

Ces injonctions peuvent provenir d'erreurs de calcul ou de justifications irrégulières : les justifications consistent habituellement en états émargés (listes de quittances des ouvriers établies sur papier libre) ou en mémoires acquittés des fournisseurs (formulés sur papier timbré). Le timbre-quittance, qui est, en principe, à la charge du débiteur (C. civ. 1248) est, pour les dettes de l'État, à la charge des créanciers (Loi 13 brum. an VII, art. 29).

La convention qui se forme avec l'agent forestier est pour les fournisseurs un contrat de fournitures, et pour les ouvriers, un louage de travail qui sont tous deux de la compétence du ministre des finances (n° 22); l'agent forestier ne devrait donc point se rendre à des citations qui pourraient lui être adressées devant le juge de paix ou le conseil des prud'hommes s'il s'élevait des contestations entre lui et les ouvriers (n° 18).

5° *Entreprise.* — Le plus habituellement les travaux à prix d'argent s'exécutent par un entrepreneur. La règle générale est même celle de l'entreprise par voie d'*adjudication publique* qui n'est définitive que par l'approbation du directeur général et dont le concours ne s'ouvre qu'entre gens capables d'exécuter convenablement les travaux (Ord. 4 déc. 1836) ; on peut faire cependant des *marchés directs* quand les travaux demandent des connaissances spéciales ; les soumissions ne sont définitivement acceptées que par l'approbation du directeur général, mais les règles sont les mêmes parce qu'il ne s'agit que du mode de formation du *contrat de travaux*.

Ce contrat est d'une nature mixte qui tient à la fois de la vente et du louage de services. Il en résulte que la perte des matériaux fournis est, comme dans la vente, pour l'administration quand elle les a reçus ou a été mise en demeure de les recevoir (C. civ. 1788) ; que le contrat se dissout par la mort de l'entrepreneur (C. civ. 1795), à la différence de la vente dont les effets passent aux héritiers.

Les conditions de l'engagement réciproque des parties sont réglées dans un cahier des charges générales approuvé par le ministre des finances, et dans les devis et plans remis à l'entrepreneur ; elles constituent un marché qui est à la fois à forfait et à l'unité de travaux : à *forfait* pour les prix du bordereau et certains ouvrages évalués à la pièce ; à l'*unité* pour l'exécution générale des travaux. Cette exécution ne saurait toutefois être étendue indéfiniment, comme cela se pratique dans les travaux du génie militaire ; la masse des travaux ne peut être augmentée ou diminuée que pour des motifs d'*utilité* ou d'*économie* et en vertu d'ordres *écrits* émanés du directeur des travaux.

Il en résulte que le décompte dû à l'entrepreneur comprend des augmentations ou des diminutions sur les prévisions du devis qui sont dues à la rectification des erreurs matérielles, aux changements prescrits dans les ouvrages ou à la désignation de nouvelles carrières. Les *réceptions partielles* ne servent qu'à payer des à-compte jusqu'à concurrence des cinq sixièmes des services faits; la *réception provisoire* établit le décompte par voie de comparaison avec chaque article du devis qui lui est joint comme pièce justificative; et la *réception définitive* ne sert qu'à constater le bon état d'entretien des travaux pendant le délai de garantie et à payer à l'entrepreneur le solde de ce qui lui est dû.

Le décompte est soumis à l'entrepreneur, libre de l'accepter ou de faire dans un court délai (10 jours) des réserves motivées qui lui donnent droit à se pourvoir devant le ministre (n° 22); son acceptation le lie, mais la réception n'engage l'administration que quand elle a été approuvée et *liquidée* (n° 102) par le directeur général.

Toutes les contestations sur l'exécution du marché sont de la compétence du ministre, sauf recours au Conseil d'État (n° 22). Les mal-façons, l'inexécution totale ou partielle, la résiliation à titre de droit réservé ou pour défaut d'exécution des engagements contractés sont de la juridiction administrative, sauf les délits forestiers que l'entrepreneur pourrait commettre dans la forêt.

Si les ouvrages languissent, l'administration se réserve, par le cahier des charges, le droit de les effectuer d'office aux frais de l'entrepreneur par une *mise en régie* qui est prononcée par le conservateur et qui est analogue à celle des adjudicataires (n° 103-1°). L'entrepreneur n'est déchu que de la direction de son chantier et des bénéfices résultant des travaux; il reste obligé à tous les engagements de son marché, supporte les excédants de dépenses causés par la régie, mais a le droit de surveiller son exécution. Seulement, les contestations à l'occasion de cette régie sont toutes de la compétence du ministre; celle-ci est ordonnée d'une manière discrétionnaire pour simple négligence et non pour le seul motif d'inexécution dans les délais (C. for. 41); le directeur général peut la lever, ou la maintenir, ou prononcer la résiliation du contrat. Ces actes reçoivent leur exécution nonobstant pourvoi, et les droits lésés se traduisent par des indemnités pour ou contre l'administration.

Il n'y a d'autres différences à faire entre les

travaux d'*amélioration* et les travaux d'*exploitation* que celles qui résultent de la nature du travail. L'entrepreneur ne fournit que ses services et point de matériaux ; il peut commettre plus souvent des délits forestiers dont le tribunal connaît. Mais il ne saurait être assimilé à un adjudicataire, et si dans une poursuite pour délit forestier ordinaire il excipe des clauses ou du sens de son marché, le tribunal correctionnel est incompétent pour en connaître et doit surseoir à prononcer jusqu'à ce que le ministre, saisi dans le délai fixé, ait rendu sa décision (C. for. 182).

Toutes ces règles du contrat de travaux sont indépendantes de celles de la comptabilité publique ; c'est aux agents forestiers à ne pas dépasser les crédits, à pourvoir à leur insuffisance par des demandes supplémentaires, à les utiliser en temps utile et à rester dans les limites d'exécution budgétaire. Le délai de garantie peut fort bien dépasser la date assignée pour la clôture de l'exercice pendant lequel un travail a été exécuté (n° 101).

Statistique. — Les travaux exécutés dans les forêts domaniales sont de diverses natures. En outre des repeuplements faits dans les montagnes en exécution de la loi de 1860, l'administration a semé ou planté dans les vides des forêts ou dans les coupes 32,500 hectares de 1859 à 1867 :

4,050 hectares en moyenne par an. Elle avait construit, au 31 décembre 1867 :

126 scieries;
1,218 maisons forestières logeant 1,400 gardes.
12,532 kilomètres de routes. { 8,657 en terrain naturel;
{ 3,925 empierrés.

104. Travaux dans les forêts communales. — La loi devait fournir au service forestier le moyen d'assurer non-seulement la conservation des forêts communales, mais encore leur entretien et leur amélioration, autrement le régime forestier serait à peine armé pour empêcher le mal et deviendrait impuissant pour faire le bien.

Les prescriptions légales concernent les travaux d'exploitation et ceux d'amélioration.

1° *Exploitation.* — Les coupes ne peuvent être exploitées que par un entrepreneur responsable de l'*exploitation* et de la *vidange*, agréé par l'inspecteur et soumis à tout ce qui est prescrit aux adjudicataires des coupes sur pied (C. for. 81, 112). Cette disposition exclut, par le fait, tout façonnage en régie ou par entreprise au compte de la commune et opéré directement par elle. Mais rien n'empêcherait que des fonds fussent mis par la commune à la disposition des agents forestiers pour être employés par eux suivant les règles de la comptabilité communale et par une régie dont ils seraient les régisseurs-comptables.

Les produits façonnés seraient alors, non délivrés au maire ou vendus par lui, mais vendus par les soins de l'administration forestière. L'absence d'entrepreneur ne peut, en effet, se suppléer que par la gestion complète des agents forestiers, et c'est seulement quand il y a eu un entrepreneur responsable de la vidange que les produits façonnés peuvent être délivrés, si la commune le demande, et vendus par le maire dans les formes de la loi municipale. — Dans ce cas, le marché relatif à l'exploitation est une affaire purement municipale, étrangère aux agents forestiers qui ne doivent pas en constater l'exécution autrement que par le récolement auquel est soumis l'entrepreneur comme les adjudicataires. Les contestations sont de la compétence du tribunal civil n° 22), mais si l'entrepreneur commet un délit forestier (n°ˢ 40 à 49), et s'il excipe des clauses de son marché, le tribunal est juge de l'incident sans qu'il y ait lieu à un sursis que ne justifierait pas ici la séparation de l'administratif et du judiciaire (n° 103-5°). — La responsabilité de la vidange est lourde pour l'entrepreneur et tend à faire payer cher le façonnage. Certaines communes ont songé à en affranchir l'entrepreneur et à contracter avec lui un simple marché de façonnage dans lequel il serait entièrement soumis à la direction des agents forestiers, comme pour les marchés domaniaux. L'administration peut y consentir comme pour la régie, à la condition que la vente des produits façonnés sera faite par elle seule et sous les clauses qu'elle déterminera.

2° *Amélioration.* — Les travaux de cette nature peuvent être imposés à la commune par l'administration forestière autorisée à vendre ou à délivrer les coupes à charge de leur exécution (C. for. 112, 41); c'est pour ce motif que l'ordonnance du 1er août 1827 reconnaît au chef de l'État le pouvoir de les ordonner d'office (art. 136) sur le rapport du ministre des finances. Cette ordonnance n'exige l'avis du conseil municipal que pour les travaux *extraordinaires* d'amélioration, repeuplements, clôtures, routes, logements pour les gardes. Le préfet peut les autoriser en cas de consentement de la commune qu'il est toujours désirable d'obtenir. Il en résulte que cette formalité n'étant pas prescrite pour les travaux *ordinaires,* c'est-à-dire d'*entretien,* les agents forestiers peuvent, sous l'autorisation du conservateur et du préfet, les imposer directement sur les coupes vendues ou délivrées (O. rég. 81, 84, 146). Quant à l'exécution des travaux ordinaires ou extraordinaires, la commune peut les laisser exécuter par les adjudicataires ou les entrepreneurs des coupes (n° 103-1°), ou bien s'entendre avec l'administration pour qu'ils soient exécutés en régie ou par entreprise, sous la direction complète des agents forestiers, comme nous venons de le voir pour les travaux d'exploitation; c'est même ce qui se fait le plus souvent pour les travaux importants. Les contrats de travaux qui sont faits dans les formes municipales sont de la compétence des tribunaux civils (n° 22). Les agents forestiers sont chargés de la direction en vertu de leurs fonctions qui consistent à mettre à exécution le régime forestier; ils ne sauraient pas, dès lors, être assimilés à des hommes de l'art soumis à la responsabilité décennale des architectes (C. civ, 1792). Ils ne le seraient que pour des travaux dont ils auraient accepté la direction en dehors du sol forestier.

105. Concession de vagues. — Le désir de repeupler promptement et sans déboursés immédiats, les vides qui existent dans certaines forêts domaniales, a conduit à autoriser la concession de ces vides à charge de repeuplement (O. rég. 105 à 108). Ces concessions, qui sont dans les attributions générales du ministre des finances (Loi 19 août 1791) et qui peuvent être autorisées, dans certains cas, par le directeur général (Ord. 10 mars 1831) et par le conservateur (Ord. 4 déc. 1844), seraient un moyen efficace d'arriver au but désiré si les terrains restant à repeupler n'étaient de la dernière qualité et s'il était facile de trouver des concessionnaires. Elles peuvent être faites aux gardes forestiers (Ord. 4 déc. 1844). Le contrat qui intervient n'est pas une location (n° 93), mais un transfert de jouissance qui constitue le prix des travaux d'amélioration. Ceux-ci sont le but essentiel de la convention et lui impriment son caractère; aussi nous pensons que les contestations sur son exécution seraient de la compétence du ministre (n° 22), sauf pour les délits forestiers qui sont toujours dans les attributions des tribunaux correctionnels.

On peut faire de pareilles concessions dans les forêts communales, mais à la condition expresse du consentement du service forestier (n° 12). Ce serait alors un marché de travail de la compétence des tribunaux civils et dont la surveillance appartiendrait aux agents forestiers (n° 104).

CHAPITRE IX. — SERVICES DIVERS.

106. Défrichement des bois de particuliers. — Nous avons indiqué la nature du droit de l'administration sur les forêts des particuliers et le sens du mot défrichement (n° 13) ; il nous reste à parler de l'instruction des demandes, ainsi que des droits et des obligations qui naissent de la loi du 18 juin et du décret du 22 novembre 1859.

Les bois sont divisés en deux catégories :

Les uns sont tout à fait affranchis de la surveillance de l'administration, et le propriétaire est
absolument libre de les défricher sans aucune
formalité. Ce sont :

1° Les jeunes bois plantés depuis moins de 20 ans,
sauf quand la plantation a été ordonnée par le ministre
à la suite d'un défrichement illégal ou quand la plantа-
tion, faite dans les montagnes, a été primée ou a été
comprise dans un périmètre de reboisement obligatoire ;

2° Les bois de parcs ou jardins clos ou attenant aux
habitations ;

3° Les bois non clos d'une étendue au-dessous de
10 hectares lorsqu'ils ne font pas partie d'un autre bois
qui compléterait une contenance de 10 hectares, ou
qu'ils ne sont pas situés sur le sommet ou sur la pente
d'une montagne.

Tous les autres bois sont soumis à la surveillance de l'administration ; mais celle-ci ne peut
s'opposer au défrichement que pour l'un ou l'autre
des six motifs suivants :

1° Le maintien des terres sur les montagnes ou sur
les pentes ;

2° La défense du sol contre les érosions et les enva-
hissements des fleuves, rivières ou torrents ;

3° L'existence des sources et cours d'eau ;

4° La protection des dunes et des côtes contre les
érosions de la mer et l'envahissement des sables ;

5° La salubrité publique ;

6° **La défense du territoire** dans les parties de la zone frontière qui sont déterminées par un décret d'administration publique (Décr. 31 juill. 1861 et 3 mars 1874).

Le ministre des finances est juge absolu de la question de savoir si les bois sont nécessaires à ces divers objets; mais sa décision doit être *motivée*, ne peut l'être que par des *causes légales* et doit être rendue dans les *formes* imposées par la loi. Autrement, elle pourrait être annulée par le Conseil d'État pour excès de pouvoir (n° 6); cette annulation laisserait le propriétaire libre de défricher son bois.

La loi veut qu'une déclaration mette l'administration à même de surveiller le droit du propriétaire (¹), que l'instruction soit contradictoire, que la décision soit prise à deux degrés et, enfin, que cette décision intervienne dans un certain délai, passé lequel la liberté est acquise.

Déclaration. — Elle est faite en double minute et sur timbre (n° 109) à la sous-préfecture où il en est tenu registre. L'une des minutes, visée par le sous-préfet, est remise au propriétaire et forme

______

(¹) C'est aux propriétaires à décider, à leurs risques et périls, s'ils veulent faire une déclaration et si leurs bois sont compris dans la première catégorie. L'article 221, en punissant le défaut de déclaration comme le défrichement fait malgré l'opposition administrative, laisse les tribunaux correctionnels maîtres de décider si le bois est compris dans l'une ou l'autre classe.

la base de son droit. Cette déclaration doit contenir le nom, la contenance, la situation du bois et tout ce qui est nécessaire pour déterminer exactement la partie à défricher, un plan, par exemple, s'il n'est pas possible de la reconnaître sans ce moyen. Elle renferme, en outre, élection de domicile dans le canton de la situation du bois si le propriétaire est domicilié en dehors.

Instruction. — Un préposé forestier signifie au propriétaire, huit jours au moins à l'avance, le jour où la reconnaissance sera faite par un agent forestier ; copie du procès-verbal de la reconnaissance lui est également notifiée avec invitation de présenter ses observations. C'est seulement après cette notification que le conservateur peut faire opposition.

Dans ce cas, celle-ci est signifiée administrativement ; le conservateur adresse le dossier au préfet pour qu'il donne son avis en conseil de préfecture. Cet avis est notifié par les soins du préfet au propriétaire et au conservateur, et huit jours après, le dossier, accompagné des nouvelles observations du propriétaire ou du conservateur, s'il en est fourni, est envoyé au ministre des finances.

Opposition. — C'est le conservateur qui possède réellement l'exécution de la loi, puisqu'il met seul le ministre à même de statuer en faisant opposition et qu'il rend la liberté au propriétaire en n'en formulant point. L'opposition ne peut donc venir que de lui seul, même si les besoins de la zone militaire exigeaient la conservation de l'état boisé. Mais cette opposition n'est que préparatoire et de premier degré ; aussi il nous paraît simplement utile, mais non indispensable de la motiver.

Décision. — Le ministre statue définitivement après s'être éclairé préalablement de l'avis de la section des finances du Conseil d'État. Il valide ou infirme l'opposition du conservateur. L'administration n'ayant que la surveillance d'un attribut de propriété qui appartient non à l'État, mais aux propriétaires, il s'ensuit que le ministre ne peut imposer aucune condition à une décision qui n'est pas une *autorisation* de défricher. Sa décision sur l'opposition ne cesse pas d'être purement administrative ; elle est acquise tant qu'elle n'a pas été rapportée, et paraît ne concerner que le déclarant ou ses héritiers, et non les acquéreurs du bois.

Délais. — Quatre mois à partir du visa de la déclaration sont accordés au conservateur pour faire opposition, et six mois au ministre pour statuer sur celle-ci. Ces délais constituent un droit pour les propriétaires ; ils ne sauraient donc être étendus que par des circonstances de force majeure dont les bois de montagnes offrent souvent l'exemple, et non par des oppositions *provisoires* dont l'usage serait la négation du système de la loi.

Sanction. — Le défrichement fait sans déclaration ou au mépris d'une opposition est puni d'une amende calculée sur la contenance (C. for. 221). Le tribunal correctionnel est ainsi compétent pour examiner la validité de la déclaration et l'accomplissement des formalités de l'opposition (n° 19). Le ministre peut ajouter à la condamnation l'obligation de reboiser, si cette mesure lui paraît nécessaire à la satisfaction des intérêts que la loi a voulu protéger ; l'exécution du travail ordonné peut alors être faite administrativement par les agents forestiers (C. for. 222) et la dépense est recouvrée sur mémoire rendu exécutoire par le préfet.

107. Chemins vicinaux. — Ces voies du domaine public communal, inaliénables et imprescriptibles, se divisent en chemins de grande communication, d'intérêt commun et de vicinalité ordinaire, qui peuvent appartenir ou non au réseau subventionné par l'État (Lois 21 mai 1836 et 11 juill. 1868). Leur législation spéciale intéresse les forêts et les forestiers à plusieurs points de vue.

Prestations. — Tout homme valide de 18 à 60 ans doit fournir annuellement, pour lui et ses attelages, trois journées de travail destinées à l'entretien des chemins vicinaux (Loi 1836, art. 3). Les gardes et les agents forestiers sont naturellement assujettis à cet impôt payable en nature ou en argent. Les agents qui sont obligés par les règlements à entretenir un cheval pour leur service ne sont pas soumis à la prestation ni pour leur cheval (Cons. d'État, 6 nov. 1839), ni pour leur voiture (Cons. d'État, 6 janv. 1858).

Subventions. — En outre des prêts et subsides qui sont accordés par la caisse des chemins vicinaux en vertu de la loi du 11 juillet 1868, l'État peut, en qualité de propriétaire et comme tous les particuliers, allouer aux communes des subventions pour construire des chemins utiles à ses forêts. L'acceptation de la subvention forme un contrat dont l'engagement principal est l'exécution du chemin dans des conditions prévues. Les contestations naissant soit du paiement des offres de concours, soit de l'exécution des engagements pris et de l'affectation des sommes payées aux travaux prévus, sont de la compétence des conseils de préfecture comme résultant de l'exécution de travaux publics (Loi 28 pluv. an VIII).

Dégradations extraordinaires. — Des centimes additionnels pesant sur tous les immeubles, sans aucune exception pour l'État (Loi 1836, art. 13), complètent les ressources des chemins vicinaux. Les établissements industriels, les exploitations de forêts, de mines et de carrières, sont assujettis, en outre, au paiement de *subventions spéciales* pour les dégradations extraordinaires causées à ces chemins (Loi 1836, art. 14). Cette mesure, dont l'équité est fort contestée par les propriétaires de forêts, a donné lieu à de nombreux litiges desquels il résulte que les subventions sont dues seulement pour le temps de la vidange, mais à toutes les communes dont les chemins sont dégradés d'une manière extraordinaire, soit permanente, soit temporaire; qu'elles concernent les chemins, ponts et autres ouvrages vicinaux, et qu'elles ne peuvent être réclamées que pour les chemins en état de viabilité avant la dégradation; cette viabilité est un fait dont la constatation préalable et contradictoire n'est pas exigée par la loi comme condition du droit des communes.

La subvention ne peut être réclamée qu'à l'exploitant et non au propriétaire, sauf dans les cas où lui-même exploite par lots de minime importance (Cons. d'État, 19 avril 1859). Aussi, l'administration des forêts en charge ses adjudicataires pour les coupes vendues sur pied ou à l'unité de produits ou après façon, mais en un seul lot (Décis. min. 25 mars 1863).

Les contestations sur le montant et l'opportunité des subventions pour dégradations extraordinaires sont jugées par le conseil de préfecture. Il serait compétent aussi pour trancher celles qui naîtraient de l'emploi de subventions que la loi consacre uniquement aux chemins dégradés et qui peuvent être fournies en nature, au choix de celui qui les doit.

CHAPITRE IX. — TENUE DU BUREAU.

108. Matériel. — Nous ne saurions entrer dans le détail des prescriptions administratives concernant l'instruction des affaires et la tenue du bureau d'un chef de cantonnement. L'esprit seul des nombreuses circulaires qui ont pour but d'assurer l'ordre et la méthode dans le service, peut être l'objet d'une analyse sommaire. Le matériel, assurément fort simple, d'un cantonnement, se compose surtout des objets suivants.

1° *Registres.* — Ils sont au nombre de trois : l'un, le *Livre-journal*, est destiné à la mention d'ordre des affaires reçues et expédiées et à l'indication des tournées ; l'autre, *Registre des procès-verbaux*, contient, avec le contrôle des feuilles remises aux gardes (n° 28-4°), l'indication des transactions faites à la suite de ces actes de constatation ; le troisième, *Répertoire des archives*, fournit par ordre alphabétique la table des dossiers du cantonnement.

Il peut exister, en outre, dans certains postes,

des registres fort utiles pour les chablis, la consistance des forêts, les comptes d'aménagement et les travaux imposés sur les coupes.

2° *Archives*. — Les dossiers sont tenus par nature d'affaires ayant chacune un numéro correspondant au *Répertoire*. Ils sont souvent groupés dans des casiers ou cartons dont le mode d'arrangement varie avec les localités. Le meilleur mode nous paraît être celui qui permet de reléguer aux anciennes archives tous les dossiers d'intérêt secondaire, en conservant toujours sous la main ceux qui sont intéressants pour l'histoire administrative de chaque forêt. Un inventaire revisé à chaque mutation d'emploi constate l'état des archives.

3° *Objets divers*. — L'inventaire constate aussi la nature, l'état et le nombre des marteaux, clefs, fers à marquer, cartes, plans, outils forestiers et tous autres objets mobiliers appartenant à l'État et affectés au service du cantonnement. Les formules imprimées, en usage pour assurer une marche uniforme à l'instruction des affaires, sont fournies, sauf les lettres, par l'administration.

109. Instruction des affaires. — Toute demande émanée du public, des communes ou des supérieurs, toute proposition due à l'initiative du chef de cantonnement, constitue une affaire administrative qui doit recevoir l'avis des divers agents placés dans la hiérarchie au-dessus du chef de cantonnement. Celui-ci doit l'instruire, c'est-à-dire fournir les renseignements de fait et d'appréciation qui permettent à ces avis de se formuler.

L'instruction comprend en général :

1° Le *communiqué*, sorte de bordereau contenant les dates de l'envoi et du départ, le nombre des pièces jointes et l'analyse des avis ;

2° La *demande*, qui doit toujours être sur timbre, sauf de rares exceptions et sauf quand elle émane des communes ou des autres administrations (Loi 13 brum. an VII);

3° Le *rapport*, qui contient un exposé fidèle et détaillé des faits, — une indication concise des motifs, — une proposition de la mesure à prendre que, dans certaines administrations, on formule en projet d'arrêté;

4° Les *plans* et *croquis* des lieux destinés à éclairer l'instruction ou à la compléter.

La netteté de l'écriture et de la rédaction est une condition essentielle des rapports administratifs ; la célérité de l'instruction est une dette de l'administration vis-à-vis du public.

Les affaires qui intéressent les travaux militaires pour la défense du territoire sont dites *mixtes*, parce qu'elles peuvent aboutir à la commission des travaux mixtes (Décr. 16 août 1853); toutes les autres sont dites *ordinaires*. L'instruction de celles-ci ne se fait jamais que par écrit, celle des affaires mixtes peut donner lieu à des conférences entre les représentants des divers services intéressés.

Correspondance. — Pour assurer l'expédition des affaires administratives, les fonctionnaires de l'État jouissent de la franchise postale dans des conditions réglées par différents arrêtés ministériels. La hiérarchie, qui est une condition essentielle de notre organisation, veut qu'ils ne correspondent qu'avec leurs supérieurs et leurs inférieurs dans leur service, sauf un certain nombre d'exceptions justifiées par les besoins et prévues par des règlements particuliers. Les préfets, par exemple, peuvent correspondre avec les inspecteurs placés sous les ordres des conservateurs pour les objets urgents du service communal; les renseignements leur sont transmis toutefois par l'intermédiaire du conservateur (Ord. 10 mars 1831).

110. États de fin d'année. — Toute gestion administrative se règle chaque année et doit chercher à centraliser les renseignements qui justifient le passé en éclairant l'avenir. Elle doit aussi réunir les éléments de la statistique, qui est la base de la science administrative, comme la donnée des problèmes de l'économie politique.

Tel est le rôle des États que le chef de cantonnement dresse à la fin de l'année et qui ont ainsi différents buts.

Les comptes d'aménagement établissent par *doit* et *avoir* ce que chaque forêt a fourni à l'exploitation en volume ou en contenance. La situation des défrichements permet de suivre l'état de la propriété boisée particulière; les États des menus produits concédés à charge de prestation, des travaux faits par les gardes forestiers et les cantonniers, ceux des reboisements, des travaux neufs et d'entretien, etc., sont des renseignements utiles pour l'administration. Les États des décisions prises par le conservateur l'éclairent sur l'usage fait des mesures dites de décentralisation. Tels sont, à larges traits, les renseignements produits à la fin de chaque année. Les inspecteurs et les conservateurs fournissent ceux, beaucoup plus nombreux, qui concernent le produit en argent des coupes vendues et la comptabilité des crédits.

FIN.

TABLE DES MATIÈRES

Suivant l'arrêté ministériel du 8 avril 1870.

PREMIÈRE PARTIE. — GÉNÉRALITÉS.

CHAPITRE Iᵉʳ. — ORGANISATION DE L'AUTORITÉ JUDICIAIRE.

CHAPITRE II. — ORGANISATION DE L'AUTORITÉ ADMINISTRATIVE.

DEUXIÈME PARTIE. — SERVICE FORESTIER.

SECTION Iʳᵉ. — CONTENTIEUX.

CHAPITRE Iᵉʳ. — CONTENTIEUX CIVIL.

§ 3. DÉLITS.

SECTION II. — ADMINISTRATION.

CHAPITRE Ier. — OBSERVATIONS GÉNÉRALES.

CHAPITRE II. — PRÉLIMINAIRES DE LA GESTION.

CHAPITRE III. — PERSONNEL.

CHAPITRE IV. — COUPES DE BOIS.

CHAPITRE IX. — SERVICES DIVERS.

CHAPITRE X. — TENUE DU BUREAU.

Nancy, imp. Berger-Levrault et Cⁱᵉ.

ERRATA

Page   4, ligne 5. — *Au lieu de :* supérieur, *lisez :* inférieur.

Page 122, ligne 12, — *Au lieu de :* qui entraîne, *lisez :* qui n'entraîne ni de la prison, ni. . . . .

MANUELS FORESTIERS

CHEZ

BERGER-LEVRAULT ET Cie, LIBRAIRES-ÉDITEURS

Paris et Nancy

Sylviculture, par M. G. Bagnéris, professeur à l'École forestière. 1873. — Un vol. in-12 . . . . Prix : 3 fr. 50 c.

Botanique, par M. H. Fliche, professeur à l'École forestière. 1874. — Un vol. in-12 . . . . Prix : 3 fr. 50 c.

Arpentage et lever des plans, par MM. Barré et Roussel, professeurs à l'École forestière. 1874. — Un vol. in-12 avec 4 planches . . . . Prix : 3 fr. 50 c.

CHEZ A. GOIN, LIBRAIRE-ÉDITEUR, PARIS

La Louveterie et la destruction des animaux nuisibles, par A. Puton, professeur à l'École forestière. 1872. Prix : 3 fr. 50 c.

Nancy, Berger-Levrault et Cie.